数字化六西格玛

赋能数字化转型的系统方法

李春生 ◎ 编著

A systematic approach to empower digital transformation

DIGITAL SIX SIGMA

内容简介

数字化转型是变革性的，也是精益和六西格玛理念和逻辑的延伸。在以精益六西格玛系统方法支持数字化转型这一思路的指引下，本书重点探讨数字化工具与精益六西格玛方法论融合以及数字化转型与精益六西格玛管理融合等重要课题。本书的内容以传统精益六西格玛为基础，围绕精益六西格玛与数字化结合这一主线展开；书中涵盖了数字化六西格玛思维、工具和方法、能力培养及项目管理等，并配有案例介绍。通过阅读本书，读者将能够对数字化转型、数字化六西格玛及二者的关系有较深的认识，对数字化六西格玛方法论有初步的全面了解，可将相关方法应用于持续改进和数字化转型工作中。

本书适合从事数字化转型、精益和持续改善工作的领导者、推动者和实践者，从事质量工程、工艺工程、设备设施等领域的工程师，以及对数字化转型或改善有兴趣的读者。

图书在版编目（CIP）数据

数字化六西格玛：赋能数字化转型的系统方法/李春生编著. —北京：机械工业出版社，2022.6
ISBN 978-7-111-70473-7

Ⅰ. ①数… Ⅱ. ①李… Ⅲ. ①企业管理-质量管理-研究 Ⅳ. ①F273.2

中国版本图书馆 CIP 数据核字（2022）第 058525 号

策划编辑：李馨馨　　责任编辑：李馨馨　陈崇昱
责任校对：张艳霞　　责任印制：郜　敏

三河市宏达印刷有限公司印刷

2022 年 7 月第 1 版·第 1 次印刷
184mm×240mm·17.25 印张·1 插页·290 千字
标准书号：ISBN 978-7-111-70473-7
定价：99.00 元

封底无防伪标均为盗版

电话服务
客服电话：010-88361066
　　　　　010-88379833
　　　　　010-68326294

网络服务
机　工　官　网：www.cmpbook.com
机　工　官　博：weibo.com/cmp1952
金　书　网：www.golden-book.com
机工教育服务网：www.cmpedu.com

序一

六西格玛管理在 20 世纪 80 年代诞生于美国摩托罗拉公司，最初用于改进产品质量，被证明是一种逻辑严谨、行之有效的持续改善方法体系。后来，联合信号公司和通用电气公司先后推行六西格玛管理，并根据公司实际需求对六西格玛管理的工具进行了扩充和完善。2000 年前后，一些公司把精益生产和六西格玛整合在一起，称为精益六西格玛，更加强调如何为公司创造更大价值。时至今日，六西格玛已经有三十多年的历史，其应用的范围和领域仍在不断拓展。

近年来，随着科学技术发展，尤其是信息化技术的发展，六西格玛的应用也遇到了一些新的问题，物联网、大数据、人工智能、云计算等技术的发展突飞猛进，在制造业、服务业的应用也日臻成熟，2013 年，德国在汉诺威工业博览会上提出了工业 4.0 的概念，美国提出了工业互联网的概念。2015 年 5 月，《中国制造 2025》正式获批，这是我国实施制造强国战略第一个十年的行动纲领，以推进智能制造为主攻方向，以满足经济社会发展和国防建设对重大技术装备的需求为目标，强化工业基础能力，提高综合集成水平，完善多层次多类型人才培养体系，促进产业转型升级，培育有中国特色的制造文化，实现制造业由大变强的历史跨越。2017 年发布《GB/T 23001-2017 信息化和工业化融合管理体系 要求》，以体系标准的形式来促进两化融合工作。以信息化带动工业化、以工业化促进信息化，走新型工业化道路。这些都对六西格玛的应用提出了新的要求。

本书作者李春生先生是施耐德电气中国区持续改善专家，他对六西格玛管理有很深的理解和认识，同时具有非常丰富的实践经验。近年来，他对六西格玛在数字化时代的发展有很深入的思考，并积极付诸实践，取得了很好的成果。本书就是他多年思考和实践成果的总结。

全书共十一章，我认为可以大致分为四个部分。第一部分包括第一章至第三章，主要是对新形势下六西格玛的发展方向进行了深入思考，提出了数字化六西格玛应该具备的思维，这与六西格玛核心价值观是紧密相关的，同时还梳理了数字化六西格玛与数字化转型的关系。第二部分包含第四章至第八章。在这五章中，根据六西格玛 DMAIC 改善路径，分析了数字化六西格玛遇到的新问题，并补充了大量新工具，使得六西格玛方法在数字化时代能更好地发挥作用。比如在 M 阶段，如何针对大量自动测量设备进行 MSA，工业大数据如何收集等；在 A 阶段，如何分析自相关数据，如何针对工业大数据进行建模，统计分析方法的应用有什么不同，机器学习和数据挖掘算法如何实现，如何进行异常检测等；在 I 阶段，如何让机器自动识别异常，如何进行自适应控制和智能控制，如何实现机器人流程自动化等；在 C 阶段，如何实现在线 SPC，判异准则应如何进行调整等。第九章和第十章作为本书的第三部分内容，主要阐述了数字化六西格玛对员工的能力要求以及数字化六西格玛项目管理应该如何进行。第十一章可以作为本书的第四部分，给出了四个数字化六西格玛的应用案例，这些案例对于准备实施数字化六西格玛的读者有很好的借鉴意义。

在本书即将出版之际，接到李春生先生的邀请，我非常高兴能为本书作序，热诚向读者推荐这本好书，相信读者会从本书受益良多。

李涛林
全国六西格玛管理推进工作委员会专家委员
精益六西格玛黑带大师

序二

数字化时代带来了众多新的理念和创新实践。如何基于我们的传统六西格玛质量管理优势,借助数字化转型和工具,实现质量改进、流程优化和客户体验的进一步提升,是我们很多人关心的。

从几年前开始,施耐德电气全球供应链就将实施数字化转型作为重点战略。在原有的精益管理基础和六西格玛 DMAIC 为主的持续改善框架下,正是借助一系列数字化改善项目成功开启了数字化转型,数字技术与原有知识和管理手段的结应用合使集团和工厂运营的各领域都看到了许多业务增长和员工成长的机会,抓住这些机会进行改善的过程不仅使全体员工都感受到了数字化转型的脉搏,更使转型工作得到上下一致的认可和参与。施耐德电气每年都通过众多的改善项目来增强客户体验和满意、实现流程优化和成本节约;随着转型的深入和更多改善需求的提出,我们还构建了工业物联网、数据仓库、数据分析平台等基础设施及数据治理方法,这又成为了进一步实现业务持续改进和创新的基础,对在当前 VUCA 的大环境下提高供应链的韧性也大有裨益。可以说当前施耐德电气的业务运营已经具备了较高的数字成熟度,这种成熟度使转型工作切实地具备了战略层面的意义。

李春生老师是施耐德电气爱迪生质量专家,多年来他在制造企业的质量管理、持续改善、数字化创新等工作经历和亲身实践中积累了丰富的精益生产、六西格玛改进和数字化应用等经验。本书正是把三者的融合在实践中总结出来,以实用易懂的语言让我们了解其中的机遇。

书中阐述了精益六西格玛和数字化转型的实践。在传统的精益与六西格玛完美结合的基础上,引入数字化思维,借助数字化技术透视现场的大数据,实现精准的质量控制和预防。书中更以大量篇幅探讨数据质量,数据的采集、分类、测量、模拟和分析,通过机器学习、智能控制调节,数字化改善等案例,很好地呈现了作者的理论和实践。在当前数字化转型尤其是对工业企业质量管理和数字化改善创新有着很好的借鉴作用。

张开鹏
施耐德电气全球供应链高级副总裁

前言

当前，许多制造企业都在以实现智能工厂和智慧企业为目标进行数字化转型。在全球政治、经济、疫情等外部环境都在发生深刻变化的大背景下，如何保持韧性并实现可持续增长是企业共同关心的话题，可以说谋求转型和改善是时代给企业提出的必修课，数字化转型正深刻影响着制造企业。

在转型过程中，工业4.0的一些技术使制造企业的机器、物与人开始广泛连接，系统也开始连通，工业互联网和大数据正在驱动生产模式和管理模式转型。这一切大家都有目共睹，同时我们也能清楚地看到许多制造企业面临的挑战是既要补工业化与信息化的课，又要确保在数字化转型的浪潮中争取领先或不被落下。在工业化时代，一般的共识认为产品质量是制造企业存在的基础。当前已进入数字化时代，许多企业还面临客户个性化需求增加的挑战，在制造业数字化转型的过程中，我们可以看到制造与服务的边界正变得模糊，服务业务的重要性甚至业务占比也在提高。除了要确保提供高质量的产品外，企业比以往任何时候都更重视客户综合体验，更加关注为客户创造价值。

最近几年，不少同事和朋友有一个共同的疑问：数字化转型对精益六西格玛有什么影响以及如何理解精益六西格玛与数字化转型的关系？提出问题的同事和朋友大多是精益或持续改善方面的负责人或实践者。一些朋友也和我讨论过数字化改善与传统的持续改善项目之间的异同。编写本书的目的正是为了更好地厘清这些问题背后关于制造业数字化转型的本质及在数字化转型背景下该如何更好地开展持续改善工作。

在实施数字化转型的过程中，诞生于工业化时代的精益六西格玛将何去何从？本书第一章会开门见山地直面此问题并就这一话题进行延伸探讨；第二章是关于在数字化时代实施精益六西格玛的重要思维和价值观的讨论；精益六西格玛与数字化转型的关系被安排在第三章。全书的重点篇幅是依照六西格玛DMAIC的逻辑顺序介绍数字化六西格玛在定义、测量、分析、改进和控制各个阶段的一些重要工具和方法，它们分别是第四章至第八章；构建持续改善文化与能力是一个永恒的话题，第九章将会对能力模型及如何获得企业需要的数字化能力展开讨论；第十章中分享了一些关于数字化六西格玛改善的趋势及六西格玛项目管理的经验。最后，在第十一章中对一些典型的数字化分析和改善工具给出了实战中的六西格玛项目案例参考。

限于篇幅，本书不包含对传统六西格玛的系统论述，而是主要集中在探讨数字化六西格玛相对传统六西格玛的区别与变化方面，因此本书中所体现的六西格玛程序虽与传统六西格玛一脉相承，且包含了完整的 DMAIC 程序逻辑，但内容主要围绕精益六西格玛与数字化结合这一主线展开，是对传统六西格玛的拓展与补充。对于需要补充传统六西格玛知识的读者，建议获取相应的培训资源或参考相关专著。

本书是我从事持续改善及数字化转型工作中实战经验的总结，着重于制造业尤其是电子行业的持续改善；书中既有一些新观点和理论，也有对一些常见问题的解答，还包括对一些数字化工具的介绍。"接地气"是我写作本书的一个原则，对于已具备一定 DMAIC 基础和实践经验的读者，阅读本书会觉得更亲切易懂，对于传统六西格玛了解较少的读者，也可以阅读本书并应用于实践。本书尤其适合以下人群，衷心希望能有所帮助：

- 数字化转型的倡导者、推动者及实践者。
- 精益六西格玛工作的领导者。
- 精益六西格玛黄带、绿带、黑带及精益专家。
- 精益六西格玛项目团队或 QCC 小组活动实践者。
- 质量工程、工艺工程、设备设施及物流工程等领域的工程师。
- 对数字化转型或精益六西格玛感兴趣的读者。

本书筹备时间较长，其中部分内容的写作时间可追溯至 2018 年，彼时我从施耐德电气工厂质量经理岗位转任持续改善与质量保证经理，负责几家工厂的持续改善等工作；后来也负责施耐德绩效体系（SPS）实施并主持工厂数字化转型工作。得益于一直以来在精益六西格玛方面的经验积累并投身于数字化转型中大量的改善实践，在几年踏实的工作中获得了一些与数字化转型改善相关的新知识和实战经验。过去几年间我曾整理出一部分探索和实践的结果并制作成了培训资料，有少部分文章发表在公众号上，还有一部分则以草稿形式存在着，并在不断增加中。

时间如白驹过隙，转眼间来到 2021 年。国内绝大多数企业都已将数字化转型作为战略，虽在 2019 年至 2020 年间做过几次关于数字化改善或数字化六西格玛的报告演讲，但仍感受到许多同事和朋友有进一步理顺数字化转型与精益六西格玛关系的愿望及如何通过改善活动来促进数字化转型的强烈需求；甚至也能听到"去六西格玛化"的声音。因此，认识到有必要系统整理并出版一本书，这既是对我主持数字化转型和持续改善工作的总结，又希望这些经验和心得能够对一些企业和朋友有所帮助。

事实证明我低估了整理成册并出版所需要的工作量，尤其是作为两个孩子的父亲，我需要在工作之余占用照顾孩子的时间来做这一切。因此，我要特别感谢我的妻子徐皎女士，在我沉浸于写作的每一个夜晚和周末，都是她承担了照顾孩子们的繁重工作，如果没有她的理解与支持，这本书不可能及时出版！

在探索和实践数字化改善的活动中，施耐德电气的许多同事给予了我大力支持和帮助，特别感谢李晓勇和孙凤晶在过去几年间为我提供的在持续改善和数字化转型方面的工作空间以及信任和关怀！感谢孙广青、顾剑勇、马蓉、顾俊、冒飞飞等领导和同事一直给予我的支持和鼓励！也感谢施耐德电气在武汉和全国各地的许多同事给予我工作的支持和帮助！

我还要感谢施耐德电气高级副总裁、全球供应链中国区负责人张开鹏先生和全国六西格玛管理推进工作委员会专家委员、精益六西格玛黑带大师李涛林老师为本书指导并作序。本书的顺利出版离不开机械工业出版社李馨馨老师的精心策划和辛勤工作，陈崇昱老师也为本书提供了很多建设性意见，还有机械工业出版社的其他编辑老师为本书出版做了大量细致的工作，感谢你们！

数字化六西格玛是一门覆盖面较广的交叉学科，并且还在不断发展。本书虽探讨了在制造业领域开展持续改善工作所涉及的思维方法、能力培养、项目管理以及一些主要工具、方法和应用经验等，但却不能涵盖所有内容，还有许多未尽之处，甚至可以说本书只是数字化六西格玛领域内的初步探讨，起一个抛砖引玉的作用。虽然尽了最大努力，但由于本人水平有限，一些观点和对数字化六西格玛的应用还停留在较浅的层次，难免会有错误或不当之处，恳请读者不吝赐教。

本书配套资源（包括一些案例数据集、代码和图片等）可在以下邮箱下载 digitalsixsigma@126.com，登录密码为 Digital6sigma。也可通过微信公众号【读书旅行】下载，在公众号主页留言"数字化六西格玛"即可获取下载链接。

李春生

Contents 目录

序一
序二
前言

第一章　数字化时代六西格玛何去何从？／1

看得见的历史与未来／2
六西格玛的迭代史／2
大数据与人工智能／4
智能制造与工厂转型／7
管窥转型的时代／9
从金州勇士队传奇看数字化转型／10
数字化转型的愿景、使命及共同价值观／12
工业互联网和工业物联网／13
数据处理及数字化工具／14
数字化知识及人才／15
制造业数字化转型的内涵和方向／16
数字化时代六西格玛何去何从／19
数字化转型相关的数字技术／19
传统 DMAIC 的优势与劣势／20
DMAIC 与数字化结合造就数字化六西格玛／21
本章小结／22

第二章　数字化六西格玛思维／24

价值思维／25
数据思维／27
系统思维／29
简约法则——奥卡姆剃刀／29
数字化意识与终身学习／31
本章小结／32

第三章　数字化六西格玛与数字化转型／33

数字化六西格玛因数字化转型而生／34
数字化六西格玛是管理创新／35

数字化六西格玛的数字化属性 / 36
通过数字化改善创造客户价值和提升客户体验 / 36
工业互联网是数字化六西格玛的数据基础 / 37
软件是数字化六西格玛的兴奋点 / 38
数字化六西格玛赋能数字化转型 / 39
通过改善项目实现生产及管理流程数字化和智能化 / 40
数字化六西格玛与业务模式转型 / 42
通过数字化六西格玛促进数字化创新 / 43
本章小结 / 44

第四章 识别和定义改善项目 / 46

识别改善机会 / 47
选择确定六西格玛项目 / 50
组建项目团队 / 51
定义项目 / 52
项目计划 / 53
本章小结 / 54

第五章 数据收集和探索性数据分析 / 55

工业大数据来源与数据质量 / 56
工业数据的来源 / 56
工业数据分类 / 59
SCADA 及 PLC / 60
传感器与测量系统 / 62
测量系统分析 / 63
测量系统分析设计 / 65
数据质量 / 74
浅谈工业大数据的特点及分析要点 / 75
工业大数据与商业大数据 / 76
工业大数据分析要点 / 77
工业大数据分析与知识发现 / 78
探索性数据分析（EDA）和描述性统计分析 / 79
探索性数据分析（Exploratory Data Analysis，EDA）/ 79
探索性数据分析软件工具 / 80
描述性统计和 EDA 的区别与联系 / 80
时间序列数据及其可视化 / 81
时间序列表示法 / 81

时间序列的趋势及周期特征 / 82

时间序列数据的离群值 / 83

时间序列数据可视化 / 87

工业数据管理和数据仓库 / 91

本章小结 / 95

第六章　数字化六西格玛分析方法 / 97

数据分析目的和应用分类 / 98

DMAIC 与 CRISP-DM / 99

CRISP-DM 流程 / 100

CRISP-DM 之局限 / 102

DMAIC 与 CRISP-DM 融合 / 105

DMAIC 数据挖掘 / 106

工业大数据分析建模概述 / 108

数据分析软件和平台 / 109

统计分析方法 / 111

概率分布及相互关系 / 111

参数估计 / 114

假设检验 / 115

蒙特卡罗分析方法 / 116

时间序列数据分析和处理 / 122

时间序列预测的统计方法：ARIMA / 130

机器学习和数据挖掘算法 / 140

回归和分类 / 141

聚类和降维 / 149

深度学习介绍 / 154

深度学习与人工智能 / 156

异常检测 / 157

数学模型综述 / 164

数字化六西格玛使用的数学模型 / 164

测试分析模型和机理分析模型 / 165

本章小结 / 166

第七章　数字化改善方案 / 167

计算机视觉 / 168

计算机视觉简介 / 168

计算机视觉技术的发展 / 170

卷积神经网络 / 172
人工智能异常检测 / 179
光学字符识别（OCR）/ 181
自适应控制和智能控制 / 185
控制的类型 / 186
自适应控制 / 187
智能控制 / 190
机器人流程自动化（RPA）/ 193
RPA 的价值 / 193
识别 RPA 项目机会 / 194
实施 RPA 项目 / 196
本章小结 / 197

第八章　数字化控制手段 / 198

基于数字化平台的统计过程控制（SPC）/ 200
在线 SPC 的应用范围和益处 / 200
在线 SPC 系统具备的主要功能 / 201
开发在线 SPC 系统的要点 / 202
在线 SPC 控制图的判异准则 / 202
应用在线 SPC 系统的注意事项 / 210
应用控制图的常见问题：测量数据的独立性 / 211
边缘控制节点 / 215
工业边缘节点 / 216
边缘节点在改善项目中的应用 / 218
商业智能 / 219
计算改善收益 / 220
本章小结 / 221

第九章　构建数字化改善能力 / 222

数字化改善能力的模型 / 224
数字化改善能力的构建 / 225
数字化能力社群运营 / 230
数字化转型与员工职业发展 / 231

第十章　数字化六西格玛项目管理 / 234

开始实施六西格玛 / 235
实践中的数字化改善现状及趋势 / 237

关于业务部门的数字化转型和改善 / 238

改善项目跟踪和状态管理 / 239

第十一章　数字化六西格玛项目案例 / 241

案例一：用蒙特卡罗方法优化零件尺寸 / 242

定义和测量 / 242

分析和改进 / 243

控制及经验总结 / 247

案例二：基于机器学习的自适应过程控制 / 247

定义：选择项目、确定目标 / 248

测量：收集与处理数据 / 248

分析：建立模型 / 248

改进：确定自适应控制方案、模型验证和调优 / 248

控制：模型部署、生产验证 / 249

案例三：用 RPA 将软件嵌入业务流程 / 250

定义和测量 / 251

分析和改进 / 251

控制及经验总结 / 252

案例四：用计算机辅助工程（CAE）优化注塑模具 / 252

定义和测量 / 253

分析和改进 / 254

控制及经验总结 / 259

后记 / 260
参考文献 / 262

第一章

数字化时代六西格玛何去何从？

蒸汽机的发明和技术进步让人类实现了工业化生产；电力的发明使科技创新突飞猛进并极大地促进了经济发展；计算机和互联网则让人类进入信息共享社会，改变了人类社会的组织和生活方式。现在，人工智能（AI）、物联网等数字技术已掀起技术变革的新浪潮，开创了一个新的时代——数字化时代。诞生于工业化时代的六西格玛，在数字化时代将何去何从？本书首先围绕这一广受讨论的话题展开。

看得见的历史与未来

六西格玛的迭代史

六西格玛诞生于 1986 年，到 2016 年为止的三十年间经历了几次重要的迭代。

第一代：摩托罗拉公司首创六西格玛质量改进。1974 年，摩托罗拉公司将其电视机制造部门 Quasar 打包出售给日本松下，摩托罗拉只是继续在美国伊利诺伊州昆西运营一家工厂。1976 年，该工厂也被转移到松下，摩托罗拉公司便彻底失去了电视机市场，美国媒体认为这次收购是美国电视产业崩溃的开始。松下接手几年后，1981 年，媒体和管理专家赞扬了伊利诺伊州昆西工厂生产操作的改进。工厂质量控制员工也指出，他们很少有不良品返工，而这在以前一直是个问题。加利福尼亚大学管理学教授威廉·大内在《理论 Z》一书中讨论了该工厂和松下的管理和制造过程。显然，摩托罗拉的问题出在质量管理上。1986 年，摩托罗拉的工程师威廉·比尔·史密斯（图 1-1）提出六西格玛方法，后来的事实证明这一方法是非常成功的，摩托罗拉因此在 1988 年获得了美国马尔科姆·鲍德里奇国家质量奖（1988 年是该奖项第一次颁奖，包括摩托罗拉在内一共有 3 个企业获奖）。从 1987 年到 1997 年的 10 年时间里，摩托罗拉公司销售额增长 5 倍，利润每年攀升将近 20%。由实施六西格玛产生的累计节约额达 140 亿美元。摩托罗拉的股价平均每年上涨 21.3%，摩托罗拉首创的六西格玛理论本身也成为一笔巨大的社会财富。

第二代：联合信号公司与通用电气（以下简称 GE）的六西格玛管理系统。1991 年，联合信号公司（Allied Signal，该公司 1992 年与霍尼韦尔国际公司合并后使用霍尼韦尔为公司名称）聘请了来自通用电气的拉里·博西迪（Larry Bossidy，图 1-2）。1992 年，博西迪将六西格玛引入联合信号公司，为使六西格玛更适合联合信号，在博西迪的带领下，许多被称为"软工具"的内容被补充到六西格玛方法中。其中包括大量的关于组织变革、领导力提升和变革企业文化方面的内容。

1995 年 6 月，在 GE 的高级管理委员会会议（GE 的最高决策会议）上，杰克·韦尔奇（图 1-3）专门邀请拉里·博西迪来讨论六西格玛问题。恰恰当时韦尔奇心脏病突发，动了手术，不能与会。博西迪是 GE 的前副董事长，他担心会给公众造成韦尔奇遭排挤、他又回到 GE 的印象，提出不参加会议。但韦尔奇认为六西格玛的推行一刻也不能等，博西迪是阐述六西格玛战略、能给他施以援手的最佳人选，所以他还是坚持要博西迪来进行展示说明。

图 1-1　威廉·比尔·史密斯

图 1-2　拉里·博西迪

图 1-3　杰克·韦尔奇

1996 年 1 月，GE 开始实施六西格玛战略。GE 将六西格玛从一项产品质量改进的管理技术演变成一种管理系统。六西格玛管理由此被发扬光大。在制造业得到了更广泛的应用。

第三代：精益六西格玛。精益六西格玛的第一个概念是在 2001 年由 Barbara Wheat、Chuck Mills 和 Mike Carnell 出版的一本书《向六西格玛学习：精益企业与六西格玛的整合之路》中提出的。

精益六西格玛主要使用六西格玛的 DMAIC 和 DMADV 两种程序（图 1-4），两者与戴明环（PDCA）有着高度的逻辑相似性。DMAIC 旨在改进现有业务流程的项目，DMADV 则用于创建新产品或流程设计的项目。本书只讨论与 DMAIC 相关的主题，而且在六西格玛 DMAIC 的基础上将其作为一种通用的改善方法论，并不局限于传统六西格玛的范畴。

精益六西格玛的 DMAIC 工具箱包括所有精益和六西格玛工具。精益六西格玛依靠团队协作的方法，利用分析和改善工具通过系统地消除浪费和减少变差来提高绩效。精益六西格玛不仅可以减少流程缺陷和浪费，而且为整个组织的文化建设提供了一个框架。通过精益六西格玛，员工和管理者的思维方式和行动集中在通过流程优化实现增长和持续改进。企业文化和思维方式的这种变化最大限度地提高了效率，增加了盈利能力。

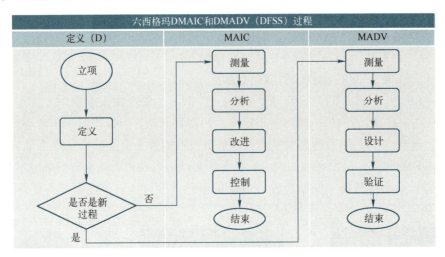

图 1-4　六西格玛过程

六西格玛及精益六西格玛在 21 世纪初快速扩展到各行各业，虽然他们的产品不同，拥有不同的客户，但精益六西格玛原则仍然可以通用。也是在这一波大潮中，施耐德电气（笔者工作的企业）于 21 世纪初开始采用六西格玛，随后演进为精益六西格玛，并形成了非常独特而实用的精益六西格玛改善文化。精益六西格玛的使用已被证明是一种持续创造卓越绩效的强大而有效的方式。

自 2012 年德国提出工业 4.0 以来，尤其是 2016 年以后，精益六西格玛在数字化转型的大背景下进一步发生重要的演化，通过将精益六西格玛与一些新的数字化工具融合使用，以及数字化转型战略与精益六西格玛管理的融合，展现出精益六西格玛更强的生命力和更广的应用空间。因此，无论从方法论的角度还是作为一种企业管理策略，笔者认为六西格玛已经进化到第四代。但要将第四代六西格玛的演化较准确地描述出来，还得从大数据与人工智能开始讲起。

大数据与人工智能

过去几十年，在六西格玛诞生并不断演化的同时，社会生产力也在不断进步，人类从工业时代进入了信息时代，并随着科技快速发展来到当前的大数据与人工智能时代。

根据 IDC（国际数据公司）的跟踪分析，全球产生的数据年度总量在 2010 年首次突破 1 ZB（10 的 21 次方字节），2012 年达到约 2.8 ZB，2020 年超过 40ZB，如图 1-5 所示。在这一数据的爆炸式增长过程中，人们将 2012 年或 2013 年称为大数据元年。

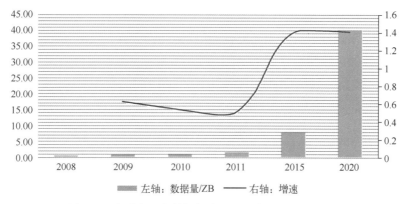

图 1-5　全球产生的数据年度总量（资料来源：IDC）

数据量呈指数上升这一趋势还在继续，预计到 2025 年全球数据量将会达到 175 ZB。此外，据 IDC 预测（图 1-6），到 2025 年，全球数据中超过四分之一的数据将是实时数据，实时物联网数据将占其中的 95% 以上。

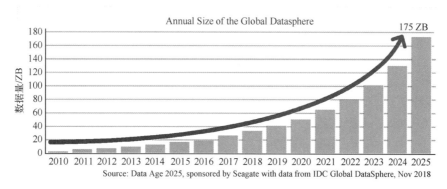

图 1-6　全球年度数据总量预测

大数据通常是庞大的、复杂的、大量的数据集，能被计算机存储。但这些数据集又是如此复杂，以至于无法由传统数据处理方法处理或者即便能够处理，效率也非常低下，大数据的分析和处理需要新的方法。人工智能是处理大数据的有效方法，因此大数据催生了新一代人工智能的发展，人工智能和大数据相辅相成取得了突破性的发展。

2017 年 5 月 23 日，世界排名第一的中国围棋选手柯洁在围棋比赛中输给谷歌（Google）旗下的人工智能程序 AlphaGo。这场比赛柯洁九段执黑，在进行了四个多小时之后负于 AlphaGo，AlphaGo 赢四分之一子。两天后，AlphaGo 在次回合大获全胜（图 1-7），只用了 155 手，柯洁便在中盘投子认输。

在输掉两局之后，柯洁表示人生观都几乎被颠覆了。根据柯洁与 DeepMind 公司（一家 2010 年创建于伦敦并于 2014 年被谷歌收购的人工智能公司）的约定，2017 年 5 月 27

日,人机大战三番棋第三局继续在乌镇进行,柯洁九段执白对阵 AlphaGo。在历时约 3 个半小时的对弈后,柯洁投子认输,执黑的 AlphaGo 中盘获胜。至此,柯洁在与 AlphaGo 的三番棋较量中,连输三局完败(图 1-8)。

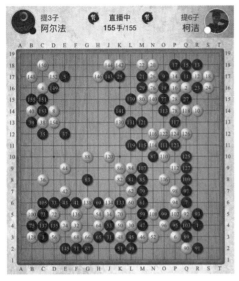 

图 1-7　柯洁与 AlphaGo 对弈第二回合　　　　图 1-8　柯洁 0∶3 完败

后来,中国棋院给"阿尔法围棋"(AlphaGo)颁发了职业九段证书。

让我们再把时间往前推一点,2016 年末 2017 年初,AlphaGo 在棋类网站上以"Master"为名与中、日、韩数十位围棋高手进行快棋对决,连续 60 局无一败绩。首先是 2016 年的 12 月 29 日到 31 日,"Master"在弈城网上连胜柯洁九段、陈耀烨九段、朴廷桓九段、芈昱廷九段、唐韦星九段等高手,取得 30 连胜。然后于 2017 年 1 月 1 日晚登录腾讯围棋继续与中、日、韩三国的多位大师战斗。1 月 4 日下午,"Master"与聂卫平进行了对战。之前的棋局"Master"都只接受一手 30 秒以内的快棋挑战,但面对已经 64 岁的聂卫平,"Master"的操作人员将棋局调整为 1 分钟一手,最终仍然是"Master"取胜。

代为执子的 AlphaGo 团队黄士杰博士在对战古力前亮明身份。随后,"Master"不出意外地赢下古力,达到了一周来的第 60 场胜利。最后,DeepMind 团队发布官方声明,表示"Master"就是最新版本的 AlphaGo。

在更早的 2016 年 3 月,AlphaGo 与围棋世界冠军、职业九段棋手李世石进行围棋人机大战,以 4∶1 的总比分获胜。赢下韩国棋手李世石后,AlphaGo 也曾获得韩国棋院颁发的名誉九段证书。

AlphaGo 是第一个战胜围棋世界冠军的人工智能机器人。今天,我们回顾这段历史,令人肃然起敬的是背后涉及的深度学习等先进算法。AlphaGo 以大量的棋谱数据为基础进行深度学习，不断完善，又通过自我模拟比赛提高实力。AlphaGo 的下棋方式打破了人类上千年来对于围棋玩法的认知，使其得以用最稳健的方式赢遍人类世界的所有围棋高手。

关于 AlphaGo 的记忆已深深地印在许多人脑海中。但在 2016 年以前，除人工智能专业人士外，大众并不知人工智能和深度学习已经进化到何种程度，正是因为 AlphaGo 打败李世石并随后战胜柯洁，震惊了整个世界，在这一事件的轰动效应下，云计算、大数据、卷积神经网络、深度学习带来的人工智能才逐渐展现在大众面前。于是，2016 年被认为是人工智能元年，得到许多人一致认同。

2016 年，确实是一个让人铭记的年份，在这一年，更多的制造业企业也开始了数字化转型（少数企业开始数字化转型的年份更早，但几乎都是在 2012 年后开始转型）。从 2013 年大数据元年，到 2016 年人工智能元年，新技术发展并转化为生产力的速度非常快。

智能制造与工厂转型

在大数据与人工智能时代，通过数字化转型实现智能制造是国家战略。以下整理一下我国在信息化与工业化方面的大事件。

- 2008 年 3 月 11 日公布的国务院机构改革方案，组建工业和信息化部（简称：工信部）。工信部是在 2008 年"大部制"改革背景下新成立的，工信部的主要职责为：拟订实施行业规划、产业政策和标准；监测工业行业日常运行；推动重大技术装备发展和自主创新；管理通信业；指导推进信息化建设；协调维护国家信息安全等。
- 2010 年，工信部启动实施国家级两化融合试点示范工程。
- 2015 年 5 月，国务院印发了部署全面推进实施制造强国的战略文件，这是我国实施制造强国战略第一个十年的行动纲领。以促进制造业创新发展为主题，以提质增效为中心，以加快新一代信息技术与制造业深度融合为主线，以推进智能制造为主攻方向。
- 2016 年，工信部发布《信息化和工业化融合发展规划（2016—2020 年）》。提出到 2020 年，全国两化融合发展指数达到 85，比 2015 年提高约 12；进入两化融合集成提升与创新突破阶段的企业比例达 30%，比 2015 年提高约 15 个百分点。
- 2016 年底，工信部和财政部发布《智能制造发展规划（2016-2020 年）》。作为指导"十三五"时期全国智能制造发展的纲领性文件，明确了"十三五"期间我国智能制造发展的指导思想、目标和重点任务。
- 2017 年，我国出台《信息化和工业化融合管理体系 要求》（GB/T 23001-2017）。以体系标准的形式来促进两化融合工作。笔者所在的施耐德电气也已有几个工厂自主选择认证该体系并通过了认证，用两化融合规范的体系来指引数字化转型实战工作。

- 2018年，我国发布《工业互联网发展行动计划（2018-2020年)》。明确了行动目标，到2020年，企业外网络基本具备互联网协议第六版（IPv6）支持能力，形成重点行业企业内网络改造的典型模式；初步构建工业互联网标识解析体系，建成5个左右标识解析国家顶级节点，标识注册量超过20亿；分期分批遴选10个左右跨行业跨领域平台，培育一批独立经营的企业级平台；推动30万家以上工业企业上云，培育超过30万个工业APP；制定设备、平台、数据等至少10项相关安全标准，初步建成工业互联网基础设施和产业体系。

- 2021年，我国发布《工业互联网创新发展行动计划（2021-2023年)》。2018-2020年起步期的行动计划全部完成，部分重点任务和工程超预期，网络基础、平台中枢、数据要素、安全保障作用进一步显现。2021-2023年是我国工业互联网的快速成长期。为深入实施工业互联网创新发展战略，推动工业化和信息化在更广范围、更深程度、更高水平上融合发展，制订了该行动计划。工信部将深入实施工业互联网创新发展战略，推动工业化和信息化在更广范围、更深程度、更高水平上融合发展。

- 2021年底，《"十四五"智能制造发展规划》正式发布，提出了我国智能制造"两步走"战略。

通过梳理这些大事件，既可看到以《中国制造2025》为主的宏观战略以及为配合战略的组织机构改革；也有两化融合这一推进路线，并前瞻性地提出工业互联网和智能制造的指导要求及具体目标。

信息化和工业化的深度结合，以信息化带动工业化、以工业化促进信息化，走新型工业化道路；两化融合的核心就是信息化支撑，将电子信息技术广泛应用到工业生产的各个环节，信息化成为工业企业经营管理的常规手段。信息化进程和工业化进程不再相互独立进行，不再是单方的带动和促进关系，而是两者在技术、产品、管理等各个层面相互交融，彼此不可分割，并催生工业电子、工业软件、工业信息服务业等新产业。两化融合是工业化和信息化发展到一定阶段的必然产物。据了解，两化融合目前已进入加速期，到2021年初已经有接近10万家企业贯标。

工业互联网平台是工业全要素链接的枢纽与工业资源配置的核心，由工信部信息和软件服务业司指导，工业互联网产业联盟（AII）启动了工业互联网平台标准体系框架的研究。据不完全统计，关于中国工业互联网平台目前已有以下主要出版物。

- 2016年，《工业互联网标准体系框架（版本1.0）》。
- 2017年，《工业互联网平台白皮书（2017）》。
- 2017年，国务院印发《关于深化"互联网+先进制造业"发展工业互联网的指导意见》。
- 2019年8月，《工业互联网体系架构2.0》。

- 2020年6月，《工业互联网及其驱动的制造业数字化转型》。
- 未来的计划：到2035年，要建成国际领先的工业互联网网络基础设施和平台，形成国际先进的技术与产业体系，工业互联网全面深度应用并在优势行业形成创新引领能力，安全保障能力全面提升，重点领域实现国际领先。到21世纪中叶，工业互联网网络基础设施全面支撑经济社会发展，工业互联网创新发展能力、技术产业体系以及融合应用等全面达到国际先进水平，综合实力进入世界前列。

智能制造的推进目标分两步，第一阶段就是到2020年实现智能制造基础和支持能力明显增强，传统制造业领域基本实现数字化制造，有条件有基础的重点产业智能转型取得明显进展。第二步是到2025年智能制造支撑体系基本建立，重点产业基本实现智能转型。

从工业化和信息化到智能工厂的转型，本质上是在大数据和人工智能时代对数据的深度利用，许多改善目标可通过一个一个项目来实现。本章剩下的内容会先从多个角度介绍数字化转型的特征，然后讨论本章的中心问题：数字化时代六西格玛何去何从？以及通过对六西格玛 DMAIC 方法论的优势与劣势分析来探讨六西格玛与数字化融合。

管窥转型的时代

AlphaGo 让人工智能深入人心，从而开启了广泛的数字化转型。但从大众对人工智能技术的认可到实现智能制造，还有很长的路要走，尤其是两化融合道路会很不容易。

正因为如此，在人工智能时代，在两化融合、工业物联网、智能制造各种概念并起时，作为持续改善工作者投入到数字化转型实践中去，在实践中探索数字化与改善应如何结合，是一件非常开心的事，也是一种责任。

本章开始的时候提到在1986年到2016年这三十年中六西格玛经过了几次迭代，我们也可看到六西格玛几乎在各个行业都得到非常广泛的认可和使用。那么，当六西格玛来到数字化转型的时代，会发生什么呢？这是一个有意思的问题，探究此问题时有必要对数字化转型和六西格玛分别进行讨论，记得几年前有同事提出这个问题的时候，笔者分享了一个故事，在那之后也曾用这个故事来促进一些关于数字化转型的讨论以激发兴趣及取得管理层的支持等。这个故事是美国金州勇士篮球队从2010年开始的崛起之路（图1-9），让我们在此也回顾一下。

图 1-9　金州勇士队的崛起之路

从金州勇士队传奇看数字化转型

2005年，以色列导弹追踪以及光学领域的顶尖科学家Gal Oz和Miky Tamir利用导弹追踪技术发明了一个名叫SportVU的系统，它是一个每秒钟能够收集25次数据的相机系统，而STATS最初则是一家为足球比赛创建的运动数据公司，可跟踪球和场上的所有球员，通过软件和统计算法实时提供球员和球的定位等统计数据。2008年金融危机期间，STATS收购了SportVU，于是这套系统很快被应用到了篮球场上。

2009年，在奥兰多举行的美国职业篮球联赛（以下简称NBA）总决赛期间，STATS为NBA高管演示了他们的SportVU技术。2010-2011年赛季开始时，四支球队签约使用SportVU，分别是达拉斯小牛队、休斯敦火箭队、俄克拉荷马城雷霆队和圣安东尼奥马刺队。每个球场都部署六个运动捕捉摄像头，它们会以每秒钟25帧的速度捕捉球员的空间坐标，与此同时，为每个坐标点加上时间戳和球员ID，将这些数据捕捉到服务器端之后，数据收集的工作就已经基本完成了。SportVU系统的使用可以说是NBA球队数字化运营的起点。

在2011-2012赛季期间，SportVU将他们的跟踪系统从延迟处理转变为实时数据传输。在2012-2013赛季时，有10支球队在使用SportVU。自2013-2014赛季以来，SportVU摄像系统已安装在所有NBA赛场上。

2010年，当时的金州勇士队还是一支不折不扣的中下游球队，这一年，金州勇士被乔·拉科布（Joe Lacob）和好莱坞制片人皮特·古柏（Peter Guber）以4.5亿美元收购，他们（图1-10）成为这支球队的新老板。来自硅谷的拉科布坚信自己可以带领勇士队在五年内夺得总冠军。

勇士队第一次用SportVU系统是在2012年，利用系统的6个相机分析球员的每一次运球、传球、速度、和队友间的距离等各种数据。随着团队对数据的运用愈加成熟，其胜率不断攀升。

勇士队通过智能运动服监测运动量，让球员更了解自己的身体；还有专门用于训练的眼镜以及监测肌肉状态的仪器，等等。

图1-10 拉科布（左）和古柏（右）

传统上投篮、运球、脚步、意识等都是篮球的基本功，尤其强调个人突破和扣篮等能力；勇士队却主要依靠完美的传切配合，把精准投篮的能力发挥到极致。采用和勇士队非常相似策略的还有火箭队，火箭队前任总经理莫雷也曾是个数据科学家,他为此花重金建立数据团队。火箭队必须多投三分球,就是他的分析结果。传球和精准的投篮(图 1-11),而不是彰显个人能力的突破和扣篮,勇士队和火箭队通过数据引领 NBA 在打法上发生巨大的变化。

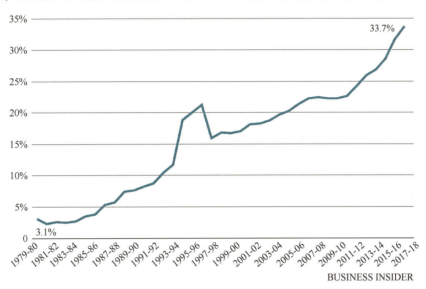

图 1-11　NBA 每赛季 3 分球的占比(来源于 Business Insider 网站)

得益于金州勇士队对科技的深度探索,在 2016 年 10 月,他们获得了斯坦福商学院颁发的安可奖(全称是 The Entrepreneurial Company of the Year Award,简称为 Encore Award),这使他们成了全球职业体育历史上首支获得这项荣誉的运动队,在此之前得奖的都是像推特、亚马逊、阿里巴巴这样的科技公司(表 1-1)。

表 1-1　安可奖(Encore Award)获奖企业

年份	企业
2016 年	金州勇士(Golden State Warriors)
2015 年	阿里巴巴集团(Alibaba Group)
2014 年	奈飞公司(Netfix)
2013 年	特斯拉(Tesla)
2012 年	领英(LinkedIn)
2011 年	推特(Twitter)
2010 年	亚马逊(Amazon)

篮球作为一项极具观赏性的体育运动,在这个属性没有大变化的情况下,篮球俱乐部的主要客户和经营业务似乎就不会有质的变化。但在获得了安可奖后,球队主席表示:"我不认为我们只是一支篮球队,从目前的状况来看,我们更像是一支集合了职业体育、

媒体和科技的企业。"

与此相仿，如果制造企业不通过转型提供数字化产品和服务，工厂的主要使命似乎也不会发生质的改变。但正如篮球队的自我定义正在发生改变一样，数字化时代的制造型企业也不会一成不变，勇士队的传奇表明采用数字化技术能给企业的经营绩效带来颠覆性的改变，这一点也同样适用于制造企业，数字化转型的需求不分行业。

还有，金州勇士队虽然不是制造业，但作为球队成功与否的最主要指标，球队成绩的提升和制造业的绩效提升本质上是一样的。此外，篮球俱乐部不仅仅局限于向观众提供现场观看门票，也可以提供基于虚拟现实的观众参观服务。同样，制造业在没有改变制造属性的同时，也有很多选项创造额外的顾客价值并为企业带来收益。我们已经看到，对于传统的制造企业，在数字化时代一方面可以在生产运营和管理方面借力数字化技术与现有技术和资源一起实现企业效益提升，同时企业的业务模式也可能面临转型。

从勇士队的传奇故事中我们体会到数字化转型意味着将数字技术融入企业的方方面面，这一本质与企业的类型无关。以制造业为出发点，通过勇士队的传奇故事，我们可以从一些不同的侧面来看看数字化转型，比如：

1）企业数字化转型的决心、愿景、使命和价值观。
2）IoT 技术广泛应用和海量数据。
3）数字化分析工具的使用。
4）数字化知识及人才。
5）数字化转型的方向。

接下来，将对这几点逐一展开，谈谈对数字化转型的理解。相信这些内容也将有助于进一步加深读者对精益六西格玛的认识，并确立其在数字化转型中的地位和作用。

数字化转型的愿景、使命及共同价值观

愿景、使命、价值观，这是三个非常重要的战略规划工具，也是企业管理中非常重要的三个概念。近年来，越来越多的企业制定了或者更新了愿景和使命，都体现了数字化时代的企业价值取向。在施耐德电气，不仅仅是集团公司层面有愿景、使命、价值观，组织里的一些社群也都有各自的愿景与使命，并被成员奉行。据笔者了解，在社会各行业里许多公司没有显式地描述这些，或者混杂着表述，这可能会造成一些理解上的困难或分歧，不利于实现企业的目标。

说到这里，对 ISO 9000 熟悉的读者可能会想到方针或者质量方针，这也是 ISO 9000 术语中的一个非常重要但在不少企业里常被忽视的概念。弄懂并真正将这些概念作为一种管理工具是非常有帮助的。因此，让我们回顾一下相关的概念。

- ✓ **方针**：最高管理层正式表达的组织意图和方向。质量方针是关于质量的方针。通常，质量方针与组织的总体方针一致，可以与组织的愿景和使命保持一致，并为

质量目标的设定提供框架。方针的日语拼音为 Hoshinn，由此产生了方针管理（Hoshinn Kanri）一词，它同时涵盖战略（实现一个长期的或总体的目标的计划）和日常管理两个层面。在一部分企业，只使用 ISO 9000 对方针的定义，而在另一部分企业则在拥有 ISO 9000 定义的方针的同时还使用方针管理方法。

- ✓ 愿景：最高管理者表达的组织希望成为什么样的组织的抱负。即组织希望在未来成为什么样的组织。它是一个长期目标，为组织提供方向。它还向员工和其他利益相关者传达组织的目标，并为他们提供实现该目标的灵感。愿景是一种抱负，是理想，像一颗"北极星"，提供组织要遵循的方向。
- ✓ 使命：最高管理者表达的组织的存在目的。使命陈述描述了组织的当前状态及其主要目标。它提供了有关组织做什么、如何做以及为谁做的详细信息。与愿景声明不同，它本质上是短期的。使命是企业的责任，是通往愿景的路径，比较"接地气"。

几年前，当有些企业刚提出数字化转型战略时，笔者观察到的现象是大多数员工容易忽视这一战略，或者仅限于不冷不热的口头支持，使用传统方式进行质量改进和效率提升仍是主要的工作模式，整个数字化转型工作似乎处于一种积蓄启动能量的阶段。笔者认为，这种现象与缺乏令人信服的愿景和能带动人们去挑战的使命有很大关系。

愿景和使命确定组织的宗旨，激励员工为了取得成功而努力工作。

将使命和愿景分别描述为组织的指南针和目的地，有了它们，企业运营就像是明确方向和目的地的一次旅行。在这趟旅行中，还有一个很重要的指南针，即：价值观。企业价值观是指企业及其员工的价值取向，是指企业在追求经营成功过程中所推崇的基本信念和奉行的目标。企业价值观是企业全体或多数员工一致赞同的关于企业意义的终极判断。

由具有共同价值观的人肩负共同的使命朝着共同的愿景快速前进，是数字化时代比以往更突出的组织行为特征。实践证明，作为管理者、战略或体系策划者、持续改善社区运营者，花费充分的时间来定义属于自己的组织的愿景、使命与价值观重要的意义。

工业互联网和工业物联网

六西格玛离不开数据，数字化时代一个显著的特点是数据收集。从传统的几乎全靠抽样演变为越来越多的"全数据"，这要求六西格玛改善实践者开阔视野，既有抽样思维又有全数据思维；分析问题时不仅专注于因果关系，也得擅于利用相关关系。

"全数据"从哪里来，从金州勇士队的故事中可看出，包括许多相机和传感器在内的 IoT 技术的广泛应用是关键。对制造业来说，关键技术力量就是工业物联网（Industrial Internet of Things，IIoT），物联网在工业的应用即是工业物联网，工业物联网技术是工业大数据的基础，海量的工业大数据构成数字化改善的生产资料。比工业物联网范围更大的是工业互联网（Industrial Internet，通过英文名称之间的差异可粗略领会二者的关系），它最初由美国提出，涵盖了工业物联网并进一步延伸到企业的信息系统、业务流程和人员。工业物联网和工业互联网都非常重要。

如果说决心、愿景与数字化知识存在于人的脑中，并不是每个人都能体会得到；那么包括各种传感器、射频识别等在内的许多 IoT 技术的广泛应用无疑是这个时代每个身处制造现场的人最直观的感受。

因为有大量的传感器用于采集数据，我们看到预测性维护和闭环反馈控制（自适应控制）有巨大潜力；因为有大量的 PLC 数据可以被充分利用，我们已经实现设备状态精准监控和效率的大幅度提升。制造业数字化转型过程中 IIoT 技术至关重要，工业物联网和工业互联网是工业 4.0 的基石，越来越成熟的 IIoT 技术使持续改善工作面临的挑战从收集和存储数据转变到如何充分使用数据，这刚好是数字化六西格玛的工具和技术可发挥作用的地方，在 IIoT 的基础上实现 AI 结合的应用，生产和管理的颠覆还将继续。

数据处理及数字化工具

不仅仅是肉眼所见的 IoT 设备和技术，在工厂里我们还看到深度定制化的 MES 系统越来越受企业欢迎，ERP 的功能也越来越强大，此外还有各种大大小小的业务系统如雨后春笋一般出现，如图 1-12 示例。

图 1-12　一些典型系统及数据类型

除了传统上得到较多分析和使用的连续型和离散型数字类型以外，还有来自于不同渠道和软件系统的多种类型数据，如文本、图片、位置、音频与视频等。同时，在分析和处理数据方面，比如数据挖掘、机器人流程自动化（RPA）、CAE、数据库等，许多计算机软件工具（图 1-13）得到了广泛应用并起到非常重要的作用。

传统制造企业里一般都有很多数据孤岛。笔者曾做过一次调查，各部门所使用的数据库加起来超过 70 个，其中有些系统覆盖用户数比较广、使用频次也很高，但也有相当一部分使用频次不高，甚至有些系统一年到头都鲜有人使用。这些系统不重要吗？也不尽然，主要是因为缺少连接不易于使用。

所以建立数据仓库是数字化转型过程中的一项重要工作，笔者在主持工厂数字化转型的时候，提出建立数据仓库的概念并得到了公司上下的全力支持，在过去的一年多取得了显著的进步，如今这个实践已逐步推广到集团公司的各分支企业。

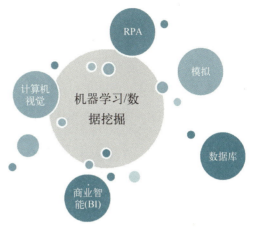

图 1-13　分析和处理数据的数字技术和软件类别

数字化知识及人才

在这个信息和知识爆炸的时代，你是否也经历过以下场景？

- 拇指轻轻一按，手机屏幕就亮了，看到几个 APP 图标上有提示红点，便忍不住一个一个点击查看，一遍朋友圈刷下来又看了一会儿短视频，不知不觉中很长时间过去了，才猛然想起拿起手机时的目的。
- 学生时代坐在图书馆里看着一排排书架中摆满的图书，你是否曾感觉过自己的所学少得可怜？毕业离开学校后不再轻易去图书馆；可是，在这个信息和知识爆炸的时代，当你深入具体的工作，接触各种背景不同的同事或业务伙伴，或者主动或被动地参加各种分享会的时候，你是否会发现即使身在图书馆外，依然会有"无知"的感觉？
- 在社会的大学里，所有人都在学习，没有毕业的那一天。当你这也学、那也学，就会觉得时间很不够用。似乎昨天的主要矛盾还是日益增长的物质文化需要和空瘪的口袋之间的矛盾，转瞬间主要矛盾就变成了完成工作、学习、照顾家庭同每天只有 24 小时之间的矛盾。

在以上的描述中不少人都能找到一点自己的影子，也许从这个独特的视角我们也能看到一个时代——数字化时代。

数字化时代工作中涉及的知识非常多。以六西格玛改善为例，经典的精益和六西格玛知识本来很丰富也很有系统，需要花很大工夫实践才能理解透彻（所以人们经常说培养一个合格的黑带是很困难的事）。可是在数字化时代，对从事改善工作的人员还有更进一步的知识和技能要求，例如：

- ✓ 关于数据收集和可视化的一系列知识、工具和方法。比如传感器和 PLC 等和 IoT 相关的技术、数据库技术以及要求更深入、更全面地理解数据类型及可用的处理方法。
- ✓ 探索性数据分析（EDA）相关的理论及计算机软件。
- ✓ 用于对工业大数据进行分析和处理的各种高级统计建模方法（比如时间序列）原理及相关工具使用。
- ✓ 数据挖掘方法和商业平台。
- ✓ 机器视觉、字符识别（包括文本字符识别和场景字符识别等）、自然语言处理等重要的机器学习方法，以及通用编程语言（尤其是 R 或者 Python）实现。
- ✓ 可靠性统计、设备 FMEA、FTA 等传统上偏重于设计而在 DMAIC 中涉及较少的工具。
- ✓ 蒙特卡罗方法、计算机辅助工程模拟方法及软件工具。
- ✓ 时间序列数据分析，包括预测、异常检测等。
- ✓ RPA 技术及商业智能等。

这已经是一个较长也令人感觉很有"负担"的清单了，但还没有列全，虽然要求每一个六西格玛黑带都具有所有这些知识不太现实，但总是越全面越好。而且除了以上这些"硬技能"外，本书将在第二章提到的数字化六西格玛思维也同样重要。

以上这些可以说是主要针对专业技术人员提出的要求。如果身处管理岗位，是不是可以忽略这些呢？答案显然是否定的，据笔者观察，数字化时代的管理者偏好是技术型管理者（也有的称为 H 型或 π 型人才），当然也是技术越全面越好（也许不一定都得专）。

这么多的数字化知识和技能，随之而来的问题是，谁会具有这些技能？应该如何培养数字化改善人员？尤其是如何培养六西格玛绿带及黑带？是否需要专业的数据分析师？这个主题涉及的内容比较多，本书会将它放在后边第九章中专门介绍。

制造业数字化转型的内涵和方向

以金州勇士队的故事为例，我们讨论了成功实施数字化转型的一些关键要素，包括组织内共同的愿景、使命、价值观，数字化知识和拥有知识的人才，从技术角度依靠工业互联网作为制造型企业数字化转型的支撑平台等。

我们的讨论在向制造业（尤其是电子行业）数字化转型的内涵与方向靠近。由于对数字化转型这一概念还缺乏统一的认识与定义（不仅仅是数字化转型，对近年来出现的许多新概念似乎都难有一个完整的、业界统一的定义），因此在不同的出版物或者各个不同的百科上可找到各种版本的定义。例如，百度上的定义："数字化转型（Digital transformation）是建立在数字化转换（Digitization）、数字化升级（Digitalization）基础上，进一步触及公司核心业务，以新建一种商业模式为目标的高层次转型。数字化转型是开发数字化技术及支持能力以新建一个富有活力的数字化业务模式"。

这是一个通用的定义，并不特别针对制造业。从这个定义中可以看到数字化转换与数字化升级两个重要的概念，以及落脚点在于业务模式转型。

对一部分制造业（例如电子行业及设备制造行业）来说，当前可感受到制造与服务的边界正变得模糊，企业在生产产品的同时也提供客户服务并致力于提升客户体验，有一些制造企业正在逐渐转型为服务型制造。多数企业内部的数字化转型主要涉及生产模式转型和管理模式层面的转型。因此，可将当前阶段的数字化转型归纳为以生产模式和管理模式数字化转型为主，同步促进业务模式（如服务型制造）转型。转型目标是实现业务模式数字化创新和以智能工厂（对于智能工厂作为转型目标的描述会因人或因组织而异，并在持续进化中）为主体的数字化供应网络，一些数字化平台创新将有助于企业具备智能决策和风险预判等智慧能力，这里用图1-14描述数字化转型（以笔者喜欢的歼-20双发战斗机为背景图）。

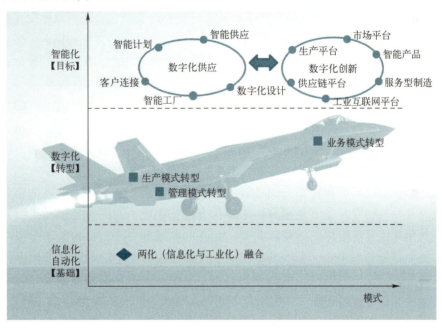

图1-14 数字化转型路线图

智能工厂具有互联、优化、透明性、主动性和敏捷性等功能和显著特征，这些功能可以帮助组织改进生产和管理过程，其中的每一个都可以在做出更好的决策方面发挥作用。

- 互联是最重要的特性之一，这一点很容易感受到。智能工厂需要连接底层流程和材料，以生成做出实时决策所需的数据。传感器可以不断提取数据，确保数据及时更新并反映当前状况。整合来自运营和业务系统以及供应商和客户的数据，可以全面了解上下游供应链流程，从而提高整体供应网络效率。
- 优化的特性意味着生产和运营以最小的人工干预和高可靠性执行。智能工厂固有的自动化工作流程、资产同步、改进的跟踪和调度以及优化的能源消耗可以提高产量、正常运行时间和质量，并降低成本和浪费。

- 透明，是数据的透明。实时数据可视化可以转换从流程和现场或仍在生产的产品中捕获的数据，并将其转换为可操作的见解，供人类或自主决策使用。透明的网络可以提高整个设施的可见性，并通过提供基于角色的视图、实时警报和通知以及实时跟踪和监控等工具，确保组织可以做出更准确的决策。
- 主动意味着员工和系统可以在问题或挑战出现之前进行预测并采取行动，而不是在问题或挑战发生后简单地做出反应。例如，识别异常、重新进货和补充库存、识别和预测质量问题以及监控安全和维护保养等。智能工厂根据历史和实时数据预测未来结果的能力可以提高正常运行时间、产量和质量，并防止出现安全问题。数字孪生能够使操作数字化，从而实现预测能力。
- 敏捷性使智能工厂能够以最少的干预适应计划和产品变化；还可以根据正在生产的产品和进度变化自行配置设备和物料，然后实时查看这些变化的影响；敏捷性还可以通过最大限度地减少由于生产计划或产品更改而导致的换型，实现灵活计划来增加正常生产时间和产量。

正如没有任何两片相同的树叶是一模一样的，也没有任何两个智能工厂的数字化转型是一样的，企业可以优先考虑与其特定需求最相关的各个领域和功能，这也符合两化融合体系打造独特的新型能力的要求。比如，由于透明性的作用是如此明显，以至于在数字化转型初期有领导将透明性作为数字化转型的目标。

集团总部和制造工厂在转型方面可能会有着不同的表现。集团总部在战略规划、文化与价值观及相关制度和政策制定方面依然保有传统职能，但同时实施敏捷组织要求集团管理扁平化并在几乎所有支持职能类部门建立共享服务中心；目前共享服务中心已经很普遍，比如财务共享中心、采购共享中心、人力资源共享中心等，甚至数字化专家中心也已成为好的实践，但集团扁平化的趋势还不明显，集团总部以数据驱动管理的思路将可能会使这一趋势最终到来，并伴随着集团管理模式的进一步转变。

制造业的各业务职能实施数字化改善和推进数字化转型时，应遵从集团战略方针和工厂的统一部署，明确理解数字化转型的内涵和方向，以培养数字化人才并实施转型项目和改善项目为手段，在所有业务活动中确保践行价值观并完成转型战略。

2018 年以来，出现一个新的专有名词："灯塔工厂"。"灯塔工厂"被称为"世界上最先进的工厂"，它是由达沃斯世界经济论坛和麦肯锡咨询公司共同遴选的"数字化制造"示范者。所谓"灯塔工厂"，指的是那些在第四次工业革命尖端技术应用整合工作方面卓有成效，堪为全球表率的领先企业。主要评判标准是制造商在运用第四次工业革命技术、提高经济和运营效益方面取得的成就。

2018 年，由达沃斯论坛首次评估灯塔工厂，全球一共 9 家工厂被确定为灯塔工厂

（表1-2），其中中国有3家工厂；9家工厂中包括施耐德电气在法国的一家工厂，当时施耐德电气位于中国武汉的工厂获得了第10名，被授予发展中的灯塔工厂。截至2021年，全球被授予灯塔工厂的总共有90家工厂，中国有31家。

表1-2 2018年公布的首批9家灯塔工厂

2018年公布的首批9家灯塔工厂		
公司名称	行业	工厂地点
拜耳生物制药	制药	意大利加巴纳特
博世汽车	汽车零部件	中国无锡
海尔中央空调互联工厂	家用电器	中国青岛
强生 DePuySynthes	医疗设备	爱尔兰科克
宝洁 Rakona	消费品	捷克
施耐德电气	电子元件	法国勒沃德勒伊
西门子工业自动化产品	工业自动化	中国成都
UPS Fast Radius	增材制造	美国芝加哥
菲尼克斯电气	工业自动化	德国

数字化时代六西格玛何去何从

　　数字化转型体现在企业运营和管理的方方面面，在企业管理、知识及人才战略、IoT技术的应用等方面都对企业提出了挑战，数字化转型带来的颠覆也无处不在，在一些六西格玛实践者看来，过去的几年数字化工具的应用对六西格玛（DMAIC）既有体系似乎也形成了较强的冲击波，甚至快要使不少同事失去六西格玛信仰。

　　基于所见到的情况，在多次集团内部演讲等场合，笔者曾清楚地陈述过一个观点：这些数字化工具当中，没有任何一个是能替代 DMAIC 的系统性改进方法论。

　　于是，我们可以坐下来继续讨论，讨论工业4.0数字化转型相关的技术到底有哪些，讨论传统 DMAIC 自身的优缺点以及如何在数字化时代进化发展，以及讨论六西格玛与数字化转型的关系。

数字化转型相关的数字技术

　　工业4.0是任何制造企业数字化转型最重要的内容，在不严格区分的情况下，我们甚至可以认为工业4.0就是工业领域里的数字化转型。数字化转型以工业物联网作为基础，使供应链中的一切都变得智能，从智能制造工厂到智能仓储和物流。它也与 ERP 等后端系统互连，从而能提供前所未有的可见性和控制力。

　　在上一节管窥转型的时代中，我们提到在转型的时代能感受到许多系统与技术的应用，关于这一主题我们可以进一步做一个汇总，可以看到，工业4.0或数字化转型涉及的许多新技术，如图1-15所示。

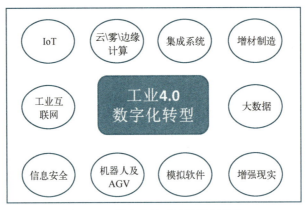

图 1-15 数字化转型涉及的新技术

工业 4.0 通过应用先进的信息系统和创新技术使制造更智能。自提出工业 4.0 之后，相关技术使得人、机、料等生产要素之间的连接性增强。此过程也使供应链的复杂性不断提高，产生了大量非结构化数据。实施数字化转型使企业有强烈的数据洞察需求，这必然需要一种经过检验的结构化方法将数据转换为决策，因此，我们可进一步分析六西格玛的长处与短处。

传统 DMAIC 的优势与劣势

总体来说，我们可以总结出传统六西格玛 DMAIC（图 1-16）有以下几个非常重要的优点。

图 1-16 DMAIC

- ✓ 它是结构化方法，有如 PDCA 一般的闭环逻辑。
- ✓ 数据驱动。
- ✓ 客户至上的理念。
- ✓ 帮助实现目标管理，包括定义、级联和驱动目标实现。
- ✓ 为公司创造可持续的成功（生存与成长）。
- ✓ 通过知识共享和项目实践促进学习文化。

但传统的六西格玛（DMAIC）方法同时也有着不可回避的弱点。

- ✓ 使用很多手动方法。

- ✓ 较少预测。
- ✓ 解决某些类型的问题成本太高。
- ✓ 面临大数据挑战时，数据的存储、处理、分析不经济，效率低。
- ✓ 对一些复杂的系统，即使用 DOE 等高级统计方法也难有最优解。
- ✓ 如果被用于解决一些较简单的问题，会显得麻烦。

精益六西格玛与其他持续改善方法（比如 PDCA、8D、合理化建议等）的应用一起构成许多优秀企业的改善文化基础，数字化转型的逻辑与精益六西格玛的高度一致性使我们认识到，在数字化时代精益六西格玛的优势仍能起到关键作用。但同时，传统精益六西格玛面临数字化转型的需求时它的缺点也非常明显，仅靠既有工具不利于从大数据和非结构化的数据中提取需要的洞见，因此将数字化工具引入精益六西格玛中是一个值得探索的思路。

DMAIC 与数字化结合造就数字化六西格玛

一些数字（数字化）工具在改善项目中的成功应用使我们清晰地看到这些工具对通过 DMAIC 实现业务目标可以起到非常重要的作用，但同时也留意到单个数字化工具无法取代 DMAIC 作为系统性方法论的江湖地位，反而传统 DMAIC 的弱点都因有合适的数字工具（通常是一系列工具）而得到弥补，这不由得令人感慨 DMAIC 的生命力。

当我们了解数字化转型及数字化工具的特点，以及对 DMAIC 进行一次中肯的剖析后，容易发现在方法上将数字化工具应用于 DMAIC，在管理上将精益六西格玛与数字化转型结合是一个自然而然的选择。精益六西格玛与数字化相融合也是必然的，这里用图 1-17 来描述这种融合，从图中我们既可感受到这种融合的必要性，也能感受到这些工具和方法的综合应用将具有很大的改善能量和应用空间。精益六西格玛是基于改善项目的方法论，从图中我们还可大致看出改善项目的类型。

笔者认为可以直接使用"数字化""精益""六西格玛"这三者的名称组合，例如"数字化精益六西格玛"或者其他顺序组合来称呼数字化工具与精益六西格玛融合的方法论及相关的改善活动，也可短缩为"数字化六西格玛"或者在不专门强调数字化或精益的时候仅用"六西格玛"一词。本书以"数字化六西格玛"为名，在后续各章节的不同语境下可能会交替使用数字化六西格玛和六西格玛；在特定语境下也可能会采用"数字化改善"一词，当使用此词时通常表示包括数字化六西格玛在内的所有改善手段及方法与数字化工具的结合。

基于奥卡姆剃刀原理，当前我们仍然推荐使用 DMAIC 这一程序，并以此为基础整合数字化工具与精益六西格玛工具，也不建议创造新的名词来代替 DMAIC。DMAIC 本身已是一套逻辑完整、被大家所熟知而且简单好用的程序。简单，意味着清晰与美，诺贝尔经济学奖得主也是著名的计算机科学家和心理学家赫伯特·A. 西蒙（Herbert A. Simon）

说过:"事物是简单的还是复杂的,取决于我们选择的描述方式。"

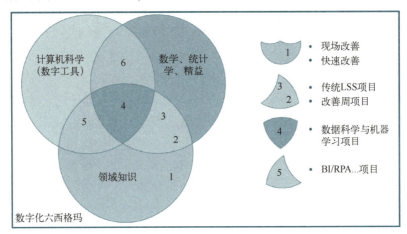

图1-17 精益六西格玛与数字化融合

既然谈到"数字化六西格玛"(Digital Six Sigma),必须说明的是这个词最早来自于摩托罗拉,据说该公司在2003年将一系列的数字化转换(或数码化)工具引入传统六西格玛中而赋予了新名字"Digital Six Sigma"。如今在数字化时代,数字化六西格玛的内涵已远远超出了摩托罗拉定义的范畴。与数字化结合之后,除了工具层面的结合,DMAIC程序本身也需要一些进化,尤其是与数据挖掘流程(从业务理解到模型部署)融合及对业务流程数字化改进的考虑,事实上DMAIC本身也可以是一套用于数据挖掘的流程。

在一次面向几十位企业中高层人员的分享中,笔者曾做过一个比喻:采用精益六西格玛二十年,企业从中受益很多,六西格玛已变成了公司最重要的文化基础。二十岁的六西格玛像一位帅气的小伙子,引领着公司前行;这时,迎面走来一位年轻时尚的女孩儿,她的名字叫数字化,小伙子毫不犹豫地张开双臂,一个紧紧的拥抱,从此便有了数字化六西格玛。

本章小结

在2020年底一次集团内部的谈话中,市场部HR(人力资源)总监曾问我:"施耐德电气供应链的关键词包括短链、共生、数字化、可持续,您刚才也讲到了数字化,对这几个关键词,您觉得自己的工作对于供应链特点有什么样的贡献或者什么样重要的意义?"我的回答是这么开始的:"关于短链,短链本身就代表持续改善。试问什么叫短?怎么才能实现短?如何能更短?显然,没有持续改善的话就不能回答这几个问题。从持续改善的角度来看,这几个词本身就指明了方向,让供应链变得更短就要让供应链变得更加简洁高效……"与这一对话中的情形相似,我们对数字化转型目标的描述通常也意味着对持续改善(比如提高生产力)的需求,所以对工业企业来说,数字化改善必然是实现数字化转型的关键力量，而数字化六西格玛方法论无疑是这一关键力量的支柱。

本章以六西格玛的发展历程开始，在回顾历史的同时也看到了大数据与人工智能的兴起，更多制造业因此开始数字化转型，我国也同步出台了相关政策来引领和支持实现转型目标，比如两化融合、工业互联网及智能制造等。转型的蓝图使我们看到了未来，为了对数字化转型有一些认识，紧接着我们通过 NBA 球队数字化转型的传奇故事讨论了数字化转型相关的一些概念和特点。组织要实现数字化转型的颠覆性目标应有令人信服的愿景、能带动人们去挑战的使命、企业员工共同的价值观以及适合企业的转型方向和目标；通过 NBA 球队转型所看到的物联网和高级分析工具等数字化时代独有的特征还使我们感受到了数字化时代对数字化人才的紧迫需求，显然，数字化转型对传统六西格玛及企业管理的方方面面都提出了巨大的挑战。最后，我们针对本章的主题"数字化时代六西格玛何去何从？"这一让不少人纠结的问题进行讨论，我们分析了 DMAIC 的优势与劣势，并提出数字化工具与 DMAIC 结合、精益六西格玛管理与数字化转型结合是六西格玛进化的必然出路。

从工具层面看：精益六西格玛+数字化工具＝数字化六西格玛

从管理层面看：精益六西格玛+数字化转型→数字化六西格玛

前一个等号左边，是精益六西格玛不能错过的进化机会；后一个箭头左边，是精益六西格玛应该承担的时代使命。

通过对近几年制造业数字转型中各种改善项目的总结和提炼，我们可放心地将数字化与精益六西格玛的结合放在现有的经典方法论架构之上，然后用更大的精力去丰富它的内涵和实践，并在实践中做出必要的理论修正。虽是熟悉的词组合并赋予了新义，但我们可以说数字化六西格玛是第四代六西格玛，或者称其为六西格玛 4.0（Six Sigma 4.0）。当然称之为精益六西格玛 2.0（Lean Six Sigma 2.0）也应该是合适的。同时也该注意到，行业不同，企业不同，所使用的数字化工具可能会显著不同，甚至对精益六西格玛的工具选择也可能存在区别，因此数字化六西格玛也具有较强的企业个性化特点。

因为数字化转型对传统精益六西格玛提出了更高的要求，对精益六西格玛来说不是靠补充一两个分析工具就可以应付新的挑战及自我完善的需求。数字化六西格玛以客户价值思维、数据思维、系统思维及各种数字化工具和传统工具为基础，它的应用广度和深度以及对人员能力的要求也都大大超出传统六西格玛。接下来我们先在第二章中讨论数字化六西格玛思维和价值观，也许它们不都是新鲜事物，但在数字化时代它们比以往更加重要；第三章将就数字化六西格玛本身的进化和它助力数字化转型的相关方面进行进一步讨论。其后各章节会对数字化六西格玛项目识别、DMAIC 本身的进化及各阶段的"常用"数字化工具、数字化六西格玛能力构建等一系列主题分别展开讨论，也会介绍一些六西格玛项目案例。

第二章

数字化六西格玛思维

思维使人类能够理解、解释、表示或模型化他们所经历的世界，思维是做事的灵魂。在探讨一些数字化时代的特质和实施数字化六西格玛的必要性之后，本章结合笔者自身的经验提出几个对实施数字化改善很重要的思维方式和价值观，后续章节中会适当提到对这些思维在数字化六西格玛改善工作中的应用体现。

价值思维

"质量是企业的生命"。十多年前当笔者还在松下电器工作时，曾多次向全员征集质量口号，也曾亲自做过横幅将这句话放在工厂最显眼的位置用来作为增强员工意识的一个活动（正是因为有这样全方位的灌输和轰炸，所以它才变得耳熟能详。）

如同当年深圳蛇口喊出的"时间就是金钱，效率就是生命"一样，这些口号都反映了我们进入工业化时代后的典型思维模式。如果我们走进制造企业，多数情况下都会在显眼的地方看到贴在墙上的质量方针和口号，因为一直以来，多数企业都是通过卖出产品和服务的所有权来实现自身的价值，也为社会创造价值，在这一过程中，许多优秀的企业将提供高质量的产品视为自身存在的意义。

毋庸置疑，质量在任何时候都很重要。在数字化时代，我们的生活方式都在发生着变化，并且个性化需求也越来越多；技术的迭代比以往更快，产品和服务之间的边界比以往更模糊，这都是新时代的特征。随着同类商品的质量标准差减小（比如国内品牌和国际品牌之间的质量差距缩小），是质量还是其他因素可确保企业长期存在？

日本专家大前研一（Kenichi Ohmae）提出过一个3C理论，提供了企业成功的三个关键因素，即公司（Company）、顾客（Customer）和竞争对手（Competitors），将这三者结合起来，才能存在持续的竞争优势。这个3C理解起来并不难，客户是任何战略的基础，因此首要目标应该是客户的利益，而不是股东的利益。我们都当过客户，因此也都了解客户的关注点是多维的，并不仅仅是质量，因此除了对质量一如既往的重视外，企业应关注客户的综合体验，这一点在数字化时代似乎尤其重要。我们也可以很容易地发现，已经有越来越多的企业正是为了提升客户体验而转型，企业突破以质量为主的单点关注，转而关注客户综合体验的事实说明质量思维已渐变为客户价值思维，数字化时代创造客户价值才是企业存在的意义。

我们都知道六西格玛体现了以客户为关注焦点的理念，它将满足客户需求作为工作的起点，从这个意义上说，六西格玛具有天然的客户思维，对客户的关注可以说是六西格玛的固有属性和优点。目前，仍然有不少企业和个人没有意识到应在改善思维上突破一直以来的特定"樊篱"——比如很多企业根本没有采用系统的改善方法论，也没有建立改善过程；有的企业虽然实施六西格玛，但主要是在少数几个部门开展或仅用于少数过程改进。因此很有必要在指导思想上强调对客户体验的关注，应在与客户接触的所有点上为客户创造价值，在这一点上，必须使数字化转型和数字化六西格玛工作保持高度一致。

在持续改善过程中，与讨论公司战略有一个明显的不同之处是对客户定义，持续改善过程中不能将客户局限于使用公司产品和服务的组织和个人，六西格玛的客户价值思维还应要求拓宽客户的概念至除了最终产品使用者以外的相关组织和个人，虽然这似乎是老生常谈，但在实践中方能体会到它的重要性以及在此专门提到这一点的必要性；比如，若人事部门不以提升员工（人事部门的客户）从入职到离职期间全周期的体验为工作中心，或者IT部门在关注信息安全的同时过分限制员工的数字化创造力，企业的数字化转型和改善工作就一定会受到极大的负面影响。

价值与商品价格不同，客户价值是对客户有积极意义的所有内容，包括了产品及产品的质量属性，也包括各种服务，甚至有连客户自己都可能说不清道不明但确实存在的隐性需求。所以从这里可以看出来，客户价值思维始于了解客户，也就是需要细分客户并发现客户的需求，而不是像过去那样笼统地将价值实现寄托在产品的质量上。施耐德电气将客户分为合作伙伴、消费者和终端用户三大类、17小类，并向每一类客户提供定制化服务，例如，定制化物流服务包括客户采购、订单管理、物流、运输以及数字化等服务类别，并可细化为超过30项的具体定制化物流服务。

传统的质量思维是相对静止的，而客户需求可能是动态而快速变化的，因此客户价值思维的落实还需要大胆而快速的行动，这是价值观的体现。

再举一个例子，笔者在给机器学习社群定制T恤的时候，联系了京东上好几个店铺的客服，最终选择了一家响应快速、耐心介绍细节的商铺下单。这家商铺的价格不是最低的，但当质量和价格都差不多的时候，对客户需求的理解和快速落实就是最终获得订单的因素。理解客户需求，通过行动提升客户的体验，才能实现价值。

数据思维

在数字化时代,创造和实现客户价值,一定离不开数据思维。关于数据思维,舍恩伯格在他那本著名书籍《大数据时代:生活、工作与思维的大变革》里提出了一些观点,虽然感觉他的书放在商业领域更合适,但对制造业数字化转型也有启示作用。以下两个方面的数据思维对数字化六西格玛改善非常重要。

首先是大数据时代的全数据思维与"小数据"思维。我们曾经的制度和习惯都是尽可能少地利用数据来证实尽可能重大的发现。当下的趋势是越来越多地分析与某事物相关的所有数据,而不是依靠分析少量数据。根据舍恩伯格的描述,全数据思维可以概括为:样本=总体。

对大数据的定义,通常用"3 V""4 V"或者"5 V"来描述,IBM 公司提出的 5 V 描述(图 2-1),分别是 Volume、Velocity、Variety、Veracity、Value,它们分别代表了大数据在数量、速度、数据类型、真实性和价值方面的品质。建议感兴趣的读者可参考相应的网站了解(比如 https://www.ibm.com/blogs/watson-health/the-5-vs-of-big-data/)。

从数据量、数据类型、产生速度、质量和价值这 5 V 来看,工业大数据显然符合 5 V 的特点,并且还应考虑维度大和先验知识基础大这两方面特性。

工业大数据包括产品研发过程中的设计资料,产品生产过程中的监控与管理数据,产品销售与服务过程的经营和维护数据等。若按数据来源的系统归类,主要有管理系统、生产系统和外部数据。不仅有结构化数据,也有半结构化和非结构化数据;除了数值类型数据,也有文本、音视频、位置等多种类型的数据。总体来说存在数据源分散、数据结构多样、数据质量参差不齐、数据价值未有效利用等情况。

图 2-1 大数据的 5 V 描述

正如 5 V 特性所描述,大数据价值密度很低,理解工业大数据包含的价值对于利用大数据分析解决生产和管理过程中的实际问题很重要。首先,对于工业大数据来说,即使海量的数据也属于价值密度较低的数据,相对于产品设计、工艺设计、抽样检查设计和试验设计等数据等来说这一点非常明显;其次,最终产品质量受工艺、材料、设备等参数共同影响,通常并不是所有关键因素都会被测量,工业物联网收集的大数据仅仅覆盖了真实过程的一部分参数组合空间;最后,虽然数据量很大,但对分析有直接意义的样本比例通常很小，特别是对于设备故障分析、不良品原因分析等大数据的分析，样本不均衡程度非常高。

虽然工业大数据体量上很大，但在分析中还需始终考虑如何结合业务逻辑并通过算法来挖掘数据价值。全数据思维代表开阔的眼界，而小数据思维体现分析具体问题的审慎。人们正在逐渐增强收集和处理大规模数据的意识和能力并通过实际项目来加深对工业数据的分析和理解。

数字化六西格玛数据思维的第二个方面体现在相关性思维与因果思维。一提到相关性就令人想到因果，在六西格玛改善过程中以及对工业大数据进行分析时获得因果关系始终是首先追求的。但曾经被忽视甚至轻视的相关性思维，也在用它独有的方式创造价值。因为在数字化时代，似乎总有一些事我们只要知道"是什么"就够了，而不必知道"为什么"（或者知道"为什么"的成本会非常高），用相关关系，让数据发声也可以解决一些问题。

在工业控制过程中，质量和效率都是主要的指标，也一直是六西格玛改善项目关注的重点。一个很常见的情况是由于设备成本或技术限制，生产过程中的关键参数或产品特性无法或者难以实时测量。为解决问题可能不得不采取妥协而将关键变量或产品特性的检测放在生产单元的后工序进行，从而接受滞后检测分析，滞后的检测和分析可能会影响模型准确度，也可能增加模型复杂程度。

一个常见的办法是间接测量或软测量。其核心思想就是通过容易检测的变量实现对难以测量或者无法测量的过程变量或产品特性的估计。选择与所关心的过程变量或产品特性相关的可测变量是关键，通过构建可测变量和关键变量之间的某种数学关系来间接推断或计算关键变量，实现关键变量软测量分析。比如，焊接的质量好坏通常要通过破坏性实验检测破坏力及焊接面残留情况来判断，但我们可利用焊接位移与焊接力值的相关关系，通过位移传感器采集焊接过程中的位移数据来判断产品焊接质量，这就是一种相关关系的应用。

再比如，IBM 和多家医院合作用一个软件来监测处理早产儿的实时信息并用于诊断。系统监控 16 个数据，如心律、呼吸、体温、血压等，在明显的感染症状出现 24 小时之前，系统就能监测到早产儿身体发出的感染信号，这个系统依赖的就是相关关系，而不是因果关系，它告诉的是会发生什么，而不是为什么会发生，这正是这个系统的价值。

使用"全数据"和相关性思维创造价值，是实践数字化改善的重要的新思路。但必须再一次提醒，应时刻切记它们只是对原有的六西格玛思维方法的补充，而不是替代。抽样的应用和因果关系对持续改善依然有无法替代的作用，切不可因为数字化转型有更多的数据就抛弃原有的方法，从而滥用数据或脱离实际情况进行数据分析。我们相信数据的力量，但不迷信数据。在本书的第三章中将会讨论工业大数据与商业大数据之间的区别及工业大数据分析要点。

系统思维

前面提到了客户价值思维以及数据思维，它们对开展数字化六西格玛来说很重要，在从事六西格玛工作及使用相关工具的时候有指导作用。还有一种思维一直在六西格玛改善中扮演重要的作用，它就是系统思维。

系统思维在过程控制、判断过程稳定、寻找原因以及制定和采取行动过程中都有重要的作用。一直以来，在制造业工作的读者通常能发现身边总有些问题不容易得到解决，也常有一些得不到解决的问题通过深入挖掘系统变量之间的关系，或者通过简化整体系统而得到彻底解决。一些例子表明，对一些一直悬而未决的问题，以系统的眼光，换个思路，利用数字化手段能很好地解决问题。

通常，六西格玛团队面临的问题是关于某条生产线或者某个生产设备的问题改善。生产线或生产设备通常按设定的规则运行，因为有确定的物理或化学规律在里边，因此通常是可预测的稳定状态。而一旦出现不稳定状态则可以通过8D等方法进行改善，在分析原因的过程中就有系统思维的体现。而若要提升过程能力，则更需要系统地分析和改善。系统思维就是这样一种整体思维，把认识对象作为系统来看待，要求从系统和要素、要素和要素、系统和环境的相互联系、相互作用中分析问题、解决问题。

以上所提及的改善都停留在机械系统层面，这是制造业六西格玛关注的主要对象。但只关注这些显然是不够的，甚至是远远不够的。六西格玛作为一种管理方法也包括人员能力和改善文化建设等，实践证明，这些方面在数字化时代仍然很重要。

持续改善能力培养与改善文化建设工作所涉及的对象不再是像一条生产线或一台设备那样的机械系统，而是企业里的一个个员工以及他们构成的整体，包括各个职责部门、事业部、集团公司，甚至有许多尚在不断增多的虚拟组织。这样的组织与一条生产线或一台设备的运作机制有显著不同，它是一种社会系统，以社会系统为作用对象进行改善就需要针对社会系统的系统思维，改善负责人和人力资源的共识和共同行动。

如何提升组织中个体的数字改善能力并促进他们主动开展改善项目，一直以来是广泛探讨的话题，在本书后续章节中会介绍一些经验。

简约法则——奥卡姆剃刀

"科学方法中对简单性的偏好是基于可证伪性标准的。对于一种现象的每一种被接受的解释，都可能有大量的，甚至是不可理解的，可能更复杂的替代品。更简单的理论比更复杂的理论更可取，因为它们更易于检验。作为对现象的解释而提出的最简单的假设比任何其他可用的假设更可能是真的，它的预测比任何其他可用的假设更可能是真的，

简单就是真理的证据,这是一个终极的先验认识原则。"——Richard Swinburne,1997

奥卡姆剃刀(Ockham's razor)是解决问题的原则,也可叫作简约原则或简约法则,即"实体不应在没有必要的情况下繁殖",或者更简单地说,最简单的解释通常是正确的。这个想法是由英国方济会修士(同时也是哲学家和神学家),来自奥卡姆的威廉(William of Ockham,1287—1347,图2-2)提出的。这把哲学剃刀主张当提出关于同一预测的相互竞争的假设时,人们应该用最少的假设来选择解决方案。

图2-2 奥卡姆(来自维基百科)

奥卡姆用对简单的偏爱来捍卫他的观念。这把剃刀剃秃了几百年间争论不休的经院哲学和基督神学,使科学、哲学从宗教中彻底分离出来,引发了始于欧洲的文艺复兴和宗教改革以及科学革命。同时,这把剃刀也曾经使很多人感到威胁,也被认为是异端邪说,威廉本人也因此受到伤害。然而,这并未损害这把刀的锋利,相反,经过数百年的磨砺变得越来越快,并早已超越了本来狭窄的领域,而具有广泛的、丰富的、深刻的意义。

对于企业管理而言,奥卡姆剃刀指出许多东西是有害无益的,我们正在被这些自己制造的麻烦压垮。事实上,我们的组织正不断膨胀,制度越来越烦琐,文件越来越多,效率却越来越低。这迫使我们使用"奥卡姆剃刀",采用简单管理,化繁为简,将复杂的事物变简单,这似乎与精益的逻辑很对口。

在六西格玛的应用中,所有的前提假设都会引入错误的可能性;如果一个前提假设不能提高一个理论的准确性,它唯一的作用就是增加整个理论错误的概率。威廉·杰弗里斯(William H. Jefferys)和詹姆斯(James O. Berger)曾指出:"具有较少可调整参数的假设将自动具有增强的后验概率,因为它所做的预测是准的。"想想那些做过的回归模型，那些枝叶繁茂但泛化能力不好的决策树（决策树是机器学习或数据挖掘领域里常见的一种算法），何尝不是这样呢？

当我们用机器学习训练一个模型的时候，经常要评估偏差和方差，避免过度拟合（即方差最小化）和欠拟合（即偏差最小化），这也是奥卡姆剃刀原理的体现。

除了在一些具体工具和方法中的应用，在数字化六西格玛方面，奥卡姆剃刀对笔者很大的启示是在思考和总结数字化与六西格玛如何结合的时候：能用简单的、现有的概念或名词，就不要去创造新概念和新名词，于是有了数字化与 DMAIC 结合的数字化六西格玛。这一点在第一章谈到数字化六西格玛的探索时已经提到。

笔者还常看到很多六西格玛项目报告写得过于烦琐，以致逻辑不清，甚至有人故意将报告写得不明不白，靠堆砌一些时髦的工具来获得那些不明就里的人关注和点赞，这都是不可取的。

总之，复杂容易使人迷失，只有简单化后才利于理解和操作。化繁为简，保持简单是一项了不起的成就。把事情变复杂很简单，把事情变简单却很复杂。简单管理对于数字化转型时期更是特别重要，在选择实施六西格玛改善措施，以及做项目汇报的时候都很重要。时间和精力已成为人们的稀缺资源，管理者的时间更加有限，许多人终日忙忙碌碌却鲜有成效，究其原因正是缺乏简单管理的思维和能力，分不清"重要的事"与"紧迫的事"，结果成为低绩效或失败的管理者。从这个意义上讲，管理之道就是简化之道，简化才意味着对事务真正的掌控。

数字化意识与终身学习

思维只是停留在精神层面的东西，以上列举和介绍了一些影响数字化六西格玛实践的重要思维方式，要落实到行动上创造和实现客户价值，还必须从领导层开始就给予足够的重视。有学者对关于精益、六西格玛和精益六西格玛的论文进行总结后发现，缺乏领导力和远见，缺乏高层管理人员的态度、承诺和参与都是传统精益六西格玛失败的主要因素。

数字化转型是一把手工程，在实施数字化转型和实施数字化六西格玛的过程中，领导的数字敏锐度非常重要，数字敏锐度是关于数字化的抱负和数字化能力的结合，可以帮助企业领导者既了解数字化的变革力量，又具有远见和执行能力。

对于员工，则必须提到终身学习，貌似又是一个"老生常谈"的事。虽然笔者也曾犹豫是否要将关于学习的讨论放在这本书里，但这两年一些发生在周边的事促使笔者决定写这一小段。因为数字化六西格玛包含了数字化技能提升，也因为终身学习本身也是一种自我改善手段，更因为数字化转型以来笔者看到"屡见不鲜"的职场中年危机。

有位朋友是外企部门经理，刚过 40 岁，做事踏实、专业能力也不错，但对新鲜事物尤其是数字化工具的使用较排斥。公司高层最终还是下决心送他离开。这样的例子现实中一直在发生着（要不怎么会有很多人谈论中年危机呢）；但相反的例子也有很多，比如有许多同事因为拥抱数字化、积极学习和实践进而实现了职业晋升。所以，在数字化时代，拒绝学习，对于职业生涯来说是致命的。

坚持学习，就是数字化时代对自我的基本要求，同时也是时代对每个个体的要求。智能时代发生的变化比以往任何时候都要快得多，过去用于判断的原则可能会过时，过去解决问题的方法也可能需要升级（比如六西格玛），只有终身学习，并辅以前面提到的几个思维方法才会更从容应对数据化时代。

终身学习，作为一种改善手段，它的改善对象是自我。坚持学习和读书，同努力工作、不断旅行一样，首先是一种态度，然后需要通过行动转化成习惯。当每人都在进行自我改善的时候，自驱的学习型组织就建立起来了。这一点，在后续章节中关于数字化改善能力时会再次提到。

本章小结

最后，让我们换个思路用图 2-3 将本章所述的这些思维与六西格玛 DMAIC 对应起来以加深理解。

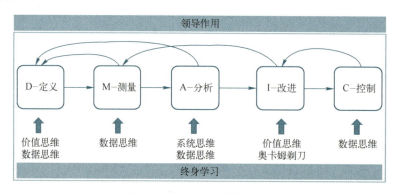

图 2-3　DMAIC 与思维方式

领导作用对 DMAIC 项目成功起着重要的作用，在 DMAIC 项目的各个阶段分别有一些重要思维的体现，在具体的改善项目中可能会加深体会。

虽然 DMAIC 项目的周期由五个阶段组成，且有一个推荐的顺序，但一个具体项目实施过程中在不同阶段之间来回流动是可能和必要的。尤其是 DMAIC 流程在 D、M、A 三个阶段的灵活应用很有必要，对于一些与数据科学相关的项目也经常需要在控制与改进之间不断循环迭代。

第三章

数字化六西格玛与
数字化转型

数字化六西格玛方法论，包括工具和方法以及构建数字化改善能力等，将会是我们在后续各章讨论的主题，但在此之前，我们还有必要进一步讨论数字化六西格玛与数字化转型的关系，即本章内容。数字化六西格玛因数字化转型而生，本章首先在对企业管理转型的观察和调研的基础上提出，采用数字化六西格玛是一个服务于数字化转型的管理创新，是促进数字化转型的重要手段这一观点；在此基础上粗浅讨论数字化六西格玛与客户体验、工业互联网、软件等数字化转型紧密相关的元素的关系；最后论述在数字化转型这一企业战略框架下，数字化六西格玛改善工作的主要着力点，也就是数字化六西格玛助力数字化转型的几个方面。

数字化六西格玛因数字化转型而生

工业4.0意味着一场革命，数字化转型是这场革命下我们的态度和选择。在过去，传统的精益与六西格玛方法已经取得巨大成功，但也同时意味着进步空间越来越小或者幅度越来越窄，新的挑战目标越来越难以实现。企业要想保持盈利和竞争力，只有不断提高生产力、质量、敏捷性和服务水平，才能创造顾客价值；越来越多的企业内部达成了共识，为了经营业绩的持续提升，必须进行数字化转型。

伴随着数字化转型的推进，更多数据和高级分析可以提升解决问题的能力并确定复杂的改进措施，从而获得更智能的解决方案和更高的生产效率。这既是数字化转型所提出的要求，也是六西格玛管理方法的进化的机会。

数字化转型需要将数字化工具和技术应用在改善甚至重塑产品和业务流程。在刚开始推进数字化转型时，会面对种类繁多的数字化工具和技术，在生产运营和管理流程优化方面，拥有数字化工具应用能力的员工可能并不掌握系统性解决问题的方法论。一些工具的试点应用可能会取得令人兴奋的成绩，于是很多人显得冲劲十足，但很快就发现就像是站在地面上伸手够着了树上的苹果一般，可摘的果子在变少，慢慢理解到数字化工具和技术不能"包治百病"，数字化工具的无序组合也不利于系统性推进改善。

此外，一些忽略精益基础和传统六西格玛方法的数字化优化虽然也可带来一些短期效益，但也容易陷入效果不可持续的窘境。比如，一阵数字化之风吹过后发现许多部署的模型或者 BI（比如 Tableau 或者 Power BI）仪表盘都缺乏维护也少有人使用。而另一方面，不少具备丰富经验的传统精益六西格玛实践者则可能陷入选择的焦虑中，他们相信要继续通过对过程的系统性改善来提升业务绩效及持续改善能力，同时又面临提升数字化工具的压力，这种压力可能是行政性的也可能是个人发展方面的。

通过数字化转型战略来实现目标已成共识，但在实践阶段中探索具体的方法却各有各的招，不同企业有不同的实现方式。在工业化时代，一些企业大力推行 QCC（品质控制圈）文化，而这与那些推行精益六西格玛方法的企业一样也能取得不错的改善成绩（其实两者也都是 PDCA）。在数字化时代，企业依然可以探索适合自身的方法来促进数字化改善工作。但不得不承认，可供微调的地方很多，但大方向却是统一的，因为工业 4.0 和数字化转型虽然是变革性的，但究其实质也是精益和六西格玛理念和逻辑的延伸，这是我们探索的总结。因此，以一些企业的优秀实践作为基础，本书倡导将数字化六西格玛方法作为促进数字化转型的一个重要方法，尤其是用数字化六西格玛方法关注和改进产品质量与客户体验，通过生产运营和管理流程的数字化与智能化实现绩效提升。

数字化六西格玛是管理创新

在传统制造企业里，大多数工厂在每一天或者每一班结束后会进行数据采集，无论是采用手工报表还是 Excel 等电子报表，绩效管理都是工作全部完成之后的回顾。现在，有越来越多的企业开始实时采集数据，因此绩效可以被实时监控，不可接受的偏差可能会触发升级从而得到及时处理。可以说实施这样的新措施已属于生产运营和管理转型的范畴，绩效管理很重要，但它仍只是企业纷繁复杂的流程中的一个；而且绩效管理往往并不局限于绩效数据管理，它甚至会对员工的工作方式提出要求，也需要员工具备新型能力，因此数字化转型是一个系统工程，所有这些变化都对企业管理提出了要求和挑战。

人们谈论数字化转型时更喜欢偏向于谈论技术，但数字化转型不是纯粹的技术问题，随着当前转型的深入，关于数字化转型的进一步讨论也必然深入管理层面。历次工业革命的成功，总是伴随着与之相适应的管理方法创新，企业的管理对于工业 4.0 来说也是一个非常重要的问题，管理方法和技术有同样重要的作用。六西格玛的推行本身是管理活动的一部分，我们可看到起源于第三次工业革命时期的六西格玛，会继续在第四次工业革命时期通过自我进化而获得新的活力，数字化六西格玛方法因此成为顺应第四次工业革命要求的一个管理创新。与此同时，企业采用数字化六西格玛的系统方法论来促进数字化转型也可以说是企业的管理创新。表 3-1 展示了历次工业革命技术与管理创新的主要标志性成果，对于第四次工业革命的相关内容还有待进一步在实践中完善。

表 3-1 历次工业革命的技术与管理创新

工业革命	时间	技术创新	管理方法
第一次工业革命：机械化	18 世纪 60 年代~19 世纪 40 年代	1765 年珍妮纺织机 1785 年瓦特改造蒸汽机 1814 年蒸汽机车	出现工厂 专业分工
第二次工业革命：电气化	19 世纪末~20 世纪初	1866 年发电机问世 内燃机 石油能源	泰勒《科学管理原理》 福特流水线
第三次工业革命：自动化、信息化	20 世纪 50 年代开始	计算机技术 太空技术 原子能技术	JIT、平衡记分卡、 六西格玛、精益
第四次工业革命：智能化	2012 年开始	物联网+人工智能 数字化+智能化 平台+生态	敏捷组织+共享服务中心 数字化+精益六西格玛

经过几年数字化转型和数字化六西格玛项目实施，已经可以比较清楚地看到，到目前为止的成功和进一步成功所需要的动力都来自于技术和恰当的管理行为的共同作用。对于已采用精益六西格玛的企业，企业具备比较好的持续改善文化基因，实施数字化转型本身就已经站在了一个很好的平台上，在数字化转型初期，可以主要依靠数字化六西格玛项目来带动转型，通过成功的项目来直接和间接影响企业里所有层级的员工，将所有人都拉到转型轨道上来，在此之后数字化转型可以向比数字化六西格玛项目更宽广的范围拓展，比如组织和技术层面，包括数字化基础设施建设（数字孪生和支持组织结构、数据、流程和技术的基础）、业务模式甚至产品创新等。

对于已开始转型但还未使用六西格玛的企业，可能需要重新思考和设计管理方法来实现持续改进的目的，采用数字化六西格玛或相似的方法（无论企业给它起什么名字）是一个的好的选择。

数字化六西格玛的数字化属性

通过数字化改善创造客户价值和提升客户体验

创造客户价值和提升客户体验是企业的主要关注点，也是许多企业数字化转型的主要原因。提升客户体验意味着改善，它也是数字化六西格玛的项目源头之一，当然它一定也是第一章中所提到的客户价值思维在六西格玛中的重要体现。数字化原生企业，尤其是互联网公司在对客户体验的重视方面已经将多数制造企业远远甩开。比如，在 2021

年初，笔者曾在京东旗舰店下单采购一款带漏保的微型断路器，通过交易记录（图 3-1）可看到，订单接收、处理流程在 13 分钟内全部完成，但厂商及销售商发货流程却用了 18 天。

图 3-1　交易记录

提升客户体验，不仅要关注产品使用者的体验，还要包括整个供应链上的客户以及企业内部客户。对于人事等部门来说，重塑内部客户体验是企业拥有人才实现数字化转型的重要基础。无论是哪一级的客户，也无论是内部客户还是外部客户，如今客户的期望比以往任何时候都高，企业及各职能部门必须迎头赶上，将客户体验大幅提高才有可能实现转型目标。尤其是在当前竞争日益激烈的环境下，一部分制造企业面临供应风险的同时还要解决提升甚至重塑客户体验这一难题。幸运的是，许多数字化技术本身也可赋能企业提升客户体验，尤其是在与客户多渠道持续交互方面。

工业互联网是数字化六西格玛的数据基础

流程和数据是开展数字化六西格玛的基本条件，在第一章提到的金州勇士队的案例中，我们看到传感器采集数据的重要作用，它充分展现了物联网的大数据特征和互联特征。我们也谈到，在数字化时代制造企业的数据支撑是工业互联网（包括工业物联网）。事实上，在工业领域，包括以数据采集和分析处理为基础功能的工业互联网/物联网平台是工业全要素链接的枢纽。

2019 年的冬天，在人事部门的协助下，笔者曾组织公司管理层在厦门开展了一场内部数字化研讨会（workshop），经热烈的讨论，归纳出公司数字化转型必须沿着自动化、信息化、数字工厂、智能工厂这一主线前进，并为此制定了较为详细的路线图。

我们讨论到智能制造是数字化转型最主要的目标，自动化技术是生产过程数字化转型的基础，信息化与自动化的融合进一步促进生产模式和管理模式转型。在自动化与信息化基础上基于（工业互联网）对数据的深度利用，通过对全过程进行改善，实现转型过程中的改善目标。

着力应用工业物联网感知技术获得数据是实施数字化转型和改善的要求，为实现智能制造目标，数字化转型需通过工业互联网构建数据和数字化应用的闭环。当然数字化六西格玛项目也能促进设备、物与人的连接，这似乎符合"谁出主意谁干活"的原则。工业互联网的数据采集、物联和互联功能可赋能数字化六西格玛，在连接的基础上通过精益管理运作而获得工业数据，使一些改善项目有应用高级分析方法和工具的基础；对数据进行分析并用于决策，既满足实时优化和控制等改善需求，又进一步促进生产和管理模式转型，当然它也使六西格玛方法论在分析和改进两个阶段都能取得重要的突破。

在工信部信息化和软件服务业司指导下，工业互联网产业联盟（AII）启动了工业互联网平台标准体系框架的研究。2017年，国务院也印发了《关于深化"互联网+先进制造业"发展工业互联网的指导意见》，提出大力发展工业互联网，通过IT与OT融合实现企业动态互联、资源优化配置、业务精准协作的愿景。

数字化改善必然围绕流程和数据开展，工业互联网对数字化改善很重要，鉴于在数字化转型过程中改善项目和工业互联网（尤其是设备层和边缘层建设）的相互促进关系，在本书后续章节中探讨数字化六西格玛DMAIC程序的测量（M）阶段时，还会进一步对工业大数据的产生进行探讨，并对大数据分析和处理工具/方法进行介绍。在控制（C）阶段还会进一步对边缘控制节点进行探讨。

软件是数字化六西格玛的兴奋点

两化融合体系要求企业确定需要打造的新型能力主要就是基于软件的能力，比如定制化MES系统、企业级数据仓库、计算机辅助设计（CAD）、计算机辅助工程（CAE）、数字孪生等。基于工业互联网和人工智能实现数字化与智能化运营和管理是六西格玛助力数字化转型的主要发力点，因此大数据应用及数字化工具和软件应用能力必然是数字化六西格玛管理工作的重要内容。

首先，如同在产品和过程设计中引入软件一样，在持续改善项目中引入传统DMAIC所使用的统计分析工具以外的计算机软件和工具已经给数字化六西格玛工作带来了新的兴奋点，并由此带来了极大的业务改善空间。比如基于软件的高级统计和机器学习等方法可用于原因分析和制定改善方案；再比如，无论是对产品和过程的设计和改善，还是在进行实物制造和改善前使用仿真方法（先建模分析后迭代最优方案），都可以大大提高效率和工作质量，同时也可以减少成本。关于这些方法将在本书后续章节中介绍。

其次，数字化六西格玛改善对软件的使用并不局限于将软件作为工具应用在DMAIC项目流程中，另一个很重要的改善方向是在业务流程中引入软件，形成基于软件的业务流程来达到优化的目的。基于软件的业务流程有高效、可追溯性等特点，目前已有加速发展的趋势。产品研发、生产材料采购、非生产材料及耗材采购、过程变更管理、员工培训、考勤管理、财务管理、设备点检、SPC控制、FMEA及控制计划、客户关系管理、8D管理、六西格玛项目管理等，几乎生产制造全过程及产品全生命周期都在软件的加持下不断变革和优化。无论集团总部还是工厂，都需要优化业务流程并实现数字化和智能化，引入RPA实施标准化流程已成为优秀实践，并成为越来越多人的思维方式。企业的组织架构也因基于软件的业务流程变化而进行不断演化。

最后，基于软件的数字化改善思路还包括构建数据采集系统以及提供智能分析工具作为项目输出，进而满足持续分析、感知和快速响应的需要。

通过对 272 个使用软件的数字化改善项目进行汇总分析，以上三类所占的比例如图 3-2 所示，可以看到在当前阶段，流程数字化改善所占比例最大，其次是在项目中使用数字化软件作为分析工具提供洞见。

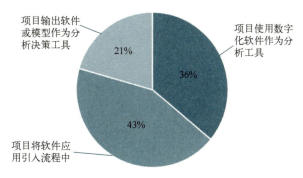

图 3-2　数字化六西格玛项目类型及占比

在利用传统六西格玛甚少涉及的数字化工具进行分析和改善时，已经被验证和广泛使用的精益原则和六西格玛方法也仍然有效。不断提升的计算能力和计算机软件技术（比如机器学习、机器人流程自动化）及融合技术（比如 3D 打印等）给六西格玛增添了新的翅膀；数据采集、传感器等技术的进步和广泛应用使得数字化六西格玛高级分析有了数据基础。毫无疑问，结合数字化、精益与六西格玛工具一起可大大提高分析问题的能力，确定复杂的改进措施，通过六西格玛项目的实施获得可持续的智能解决方案，以更低的成本实现更好的质量和更高的生产效率。

数字化六西格玛赋能数字化转型

明确数字化六西格玛在数字化转型中的作用和地位给持续改善工作增添了动力和信心。六西格玛实践者，尤其是对正在推进和管理六西格玛的读者而言，可能会面临一系列后继问题。比如数字化六西格玛促进数字化转型的贡献点及最终成果体现在哪些方面？数字化六西格玛工具包括哪些？如何构建数字化能力以及现有员工能力如何升级？数字化改善的过程边界与传统精益六西格玛是否相同？数字化六西格玛项目的开展方式与传统项目是否相同？甚至有多大比重的数字化转型活动是通过数字化改善项目实现的？也许读者还会有其他的问题。

显然，很难一起对所有问题进行阐述，事实上本节及本书之后的章节将分别聚焦以上这些问题。为进一步厘清数字化六西格玛如何促进数字化转型，笔者先从数字化转型对持续改善的需求这一角度讨论数字化六西格玛助力数字化转型的贡献点，为讨论这个问题，我们再回顾前面提到的数字化转型的内涵，并顺着这个核心思路往下说。

前面提到在数字化转型的当前阶段，多数制造企业聚焦在生产模式及管理模式转型，同时也可能涉及业务模式创新及平台数字化创新（包括供应链平台、生产平台、市场平台、工业互联网平台等），目标是内外兼修成为智慧企业。数字化六西格玛服务于数字化转型，针对一个特定的企业来说，理顺数字化转型涉及的具体范围并明确目标后，当然也就不难定位和规划数字化六西格玛在转型中的具体作用和地位。仅就生产模式、管理模式、业务模式转型以及转型中重要的创新能力这几方面来说，数字化六西格玛通过精益六西格玛和数字化工具结合，以流程和数据为基础，在各个方面都有不同程度的贡献。

通过改善项目实现生产及管理流程数字化和智能化

生产和管理模式转型始终是以提质、降本、增效为主要改善目的。从流程和组织上对比数字化原生企业与传统制造企业，通常可发现数字化原生企业更敏捷，流程精简、机构扁平；由此也可看出制造企业及其各部门在向智能化生产和管理转型时，实施敏捷组织和流程再造是在所难免的。集团总部的转型关注点包括职能转变，在工业互联网、人工智能与云技术等方面通过统一协调、部署助力转型项目和改善项目实施；工厂在物联网和数据分析方面可以有清晰的路线图计划；积极参与工业互联网建设和数据仓库项目，使用数字化分析工具对工业大数据进行分析和建模，并致力于数字化人才培养是数字化转型对各工厂、部门提出的要求和挑战。

智能制造是工业 4.0 的核心，智能工厂在（柔性）自动化基础上，将 ERP（SAP）和 MES 以及一些与生产相关的系统（比如能源管理系统 EMS）打通（图 3-3），实现安全、节能的柔性定制化生产。

智能工厂代表了从传统的自动化到完全连接的灵活系统的飞跃，是数字化的供应网络中最重要的一部分。毋庸置疑，在为实现智能工厂而实

图 3-3　系统连接

施转型过程中，工业互联网和一些 IT 系统的搭建将会提供大量的数据使六西格玛方法大有作为。在可利用的大量生产运营数据的基础上，六西格玛系统的方法论与数字化工具结合可促进实现安全、高质量、节能、柔性定制化及透明化的生产模式转型，正是因为六西格玛的促进作用，生产模式转型不仅有"骨架"，还"有血有肉"。

管理的目的在于为客户创造价值，客户既包括与所制造产品相关的客户，也必须包括所提供服务的客户。客户个性化需求越来越多，因此在管理模式的数字化转型方面，如第二章所讨论，除了一如既往的重点关注质量以外，首先要聚焦于提升客户的综合体验。据一些机构的调查数据：三分之一的客户会在一次糟糕的体验后离开他们喜爱的品

牌；客户愿意支付高达 13%（甚至高达 18%）的价格溢价以获得良好的客户体验；也有 49% 的买家在获得更加个性化的客户体验后进行了冲动购买。可见提升客户体验的确可减少客户流失（满意的客户会保持忠诚）并增加收入。提升客户体验的要点如下。

- 想改善客户体验并提高忠诚度就必须要了解客户，像客户一样思考，了解他们的观点。客户体验在于每一个客户触点，可使用客户旅程地图。客户旅程地图直观地说明了客户在与企业互动和关系中的流程、需求和看法。通过交叉引用具有核心指标的旅程地图可以更好地了解客户体验以及哪里存在问题和机会，并驱动改善。
- 个性化，根据对客户的了解来调整体验。
- 数字化销售渠道及销售预测。
- 用开放问题收集客户的文本反馈，或收集销售平台中客户留下的评论反馈，当客户体验通过客户自己的话表达时，客户体验尤其强大。通过直接听取客户的意见，可以了解他们行为背后的想法和情绪，从而做出更明智的决策。可以使用自然语言处理的方式来对客户反馈进行分析。
- 改善客户服务。
- 使用技术提升客户体验。例如，为客户提供透明订单管理，或者全天候服务的聊天机器人通过自然语言处理能够理解人们在自由格式文本消息中的意思。以入驻酒店为例，如今进入一些酒店的房间后可以呼唤聊天机器人完成开关灯、电视、窗帘的操作以及播放音乐或呼叫智能 AGV 送物品（比如剃须刀）到房间的需求等，这些技术的应用就是显著提升入驻体验的创新。

其次，管理模式的数字化转型在企业内部的过程中还体现在以下几个大方面：

- 流程数字化。通过流程数字化改善，在改善流程绩效的同时，许多流程运行记录又可用于单个流程的进一步优化，并有助于在流程间产生协同作用。
- 透明绩效管理。运营透明，用数据驱动决策。
- 敏捷组织及办公。快捷的员工沟通渠道，方便的办公环境，高效的协同办公软件，随时随地办公。为数字化知识学习打造良好的氛围，包括数字化社区和持续改善社区等。

管理模式的数字化转型还包括和合作伙伴协同。例如：

- 制造工厂与研发的协同。
- 生产外包、人力资源外包。
- 客户订单透明。
- 集团企业各工厂之间的协同，包括计划、采购、财务、人事等。

以上管理模式转型的这三个大方面都以管理流程为基础，每一点都从某个流程或流程的某一方面提出要求（比如从连接性、效率等）。只要是流程，终究都可以设置 KPI，KPI 仍是流程运行的衡量标准，是企业管理的主要抓手。因此，与 KPI 直接紧密相连的数字化六西格玛在管理模式转型方面还有很大的施展空间。

持续改善需要全员参与，也是一把手工程，这是 ISO 9000 管理原则的体现。在生产和管理的数字化与智能化转型中，无论是对集团还是工厂，推动数字化转型和实施数字化改善也都必须以自上而下的方式为主，笔者也曾在管理层例会中特别提出这一点并取得了共识和行动支持。

数字化转型通常不能一蹴而就，而是要靠逐个点的累加，最终促进整个转型变为现实，此过程中生产与管理转型是并行的，也会包括组织架构及边界的变化。以下列举一些生产车间和企业管理两方面的转型和改善方向，以供参考；这不是一个完整的清单（也无法列一个完整的清单），但可以说它们是在一些行业内具有共性的数字化转型需求。

- ✓ 数字化和智能化生产运营管理和监控，实现订单、机器、物料、生产各个环节的实时信息交互，精准协同，实现横向端到端价值链管理和监控，提高响应能力。
- ✓ 订单预测与生产平衡，均衡化生产。
- ✓ 实现生产柔性。
- ✓ 生产计划与生产车间执行形成闭环，共享计划与执行信息。
- ✓ 生产设备状态监测及数据分析。
- ✓ 厂务设施设备状态监测及数据分析。
- ✓ 设计、工艺、生产制造系统集成，实现产品数据共享。
- ✓ 智能供应链。
- ✓ 产品追溯体系。
- ✓ 资产生命周期管理。
- ✓ 对集团企业，协同集团资源实现协同生产制造。
- ✓ 基于数据仓库的数据服务平台，分别面向客户、决策层、管理层、操作层提供不同的功能。

数字化六西格玛与业务模式转型

十多年前，国内有学者创造性地提出服务型制造的概念，这是一个制造与服务相融合的新产业形态，可以说它是基于制造的服务，也是为服务的制造。对制造企业来讲算是一种模糊了制造与服务边界的业务模式。

在近几年，装配外包、贴牌生产、客户付费培训及付费服务、客户参与设计和生产、客户订单透明、向客户提供全套解决方案，以及在整个产品生命周期内提供安装、调试、维修、保养等服务业务有增多的趋势，这些似乎也在说明整个价值链向服务型制造转型的程度正在不断加深。

笔者曾拥有的第一个工业定制品也许是学生时代的足球衫，参加工作后也曾自己定制过带照片的拼图、带印章的钢笔等。但最近两年收到的定制礼物却格外多，比如有定制的保温杯、茶具、背包、雨伞等日常生活用品；有定制的智能音箱、无线耳机、开关面板等电子产品；还有超过 10 件定制 T 恤衫或外套……

定制化生产只是服务型制造的一个方面，虽然近年来因个性化需求增加而显著增多，但服务型制造并不是凭空冒出来的，也不是突然出现的，对于电子零件或电子设备制造而言，一直以来有相当一部分产品已经是在按客户订单需求配置和生产（Make to Order 或者 Configure to Order）。服务型制造与客户需求的变化（如个性化产品和服务，订制产品能满足客户的情感诉求）紧密相关；工业化和信息化的融合也是另一个非常重要的促进因素。

举例来说，服务型制造可包括以下业务形态：
- ✓ 向客户提供全套业务解决方案。
- ✓ 让客户参与设计和生产并在全过程中所有环节的状态都对客户极端透明。
- ✓ 关心客户在产品整个生命周期内的使用，并提供安装、调试、维修、保养等服务。
- ✓ 将产品和服务的一部分转为虚拟形式，比如将产品说明书转为电子化；再比如通过虚拟现实帮助客户在线参观工厂。
- ✓ 向客户提供付费辅导，比如向咨询等服务行业扩展业务形态。
- ✓ 提供单独的软件或可以与设备集成的软件等数字化产品。
- ✓ 装配外包、贴牌生产。

作为一种以项目改善为基础的方法论，数字化六西格玛关注改进企业在整个业务范围内的过程绩效和效率，它很少能直接作用于业务模式的选择。业务模式是企业的战略，它需要生产和管理过程的支持才能实现，因此数字化六西格玛将改善重点放在生产和管理全流程就是对服务型制造或其他新业务模式的有力支撑。

由于工业 4.0 和数字化转型本身具有与精益六西格玛一致的思路，因此为了实施转型，几乎所有企业都必须要采用合适的改善方法来实现改善目标，数字化六西格玛作为已经成功应用的方法论，有更广的应用空间。对于一些已经熟练应用数字化六西格玛的企业，如果将这套方法推广应用到企业的供应链体系中，应是一种实现双赢的举措；如果考虑推广到更多有迫切需求的企业，则可以成为一种附加的业务模式，既增加企业在行业中的影响力也能体现社会责任和担当。

通过数字化六西格玛促进数字化创新

创新是从 0 到 1，它是一种垂直进步（从 1 到 N 则属于水平进步）。前文已阐述了通过改善项目实现生产及管理流程数字化和智能化是数字化六西格玛赋能数字化转型的主要抓手。通过观察和分析实际的数字化六西格玛项目，也不难发现六西格玛的目的在于提升企业竞争力。从技术和理论的角度看，绝大多数改善方法和方案都属于"从 1 到 N"而非"从 0 到 1"，但从应用的角度来看，有相当一部分则可归属于"从 0 到 1"的范畴，尤其是给这种应用加一个范围（比如企业内部或者行业内部）的时更是如此。

创新常用来指代新的产品或服务等，数字化创新强调的重点是公司层面的产品创新和业务模式创新，比如服务型制造及工业互联网平台建设，可参见第一章中制造业数字化转型的内涵和方向一节。创新也包括各个业务过程的管理创新，数字化与精益六西格玛的深度融合以及企业对数字化六西格玛的采纳使用都是管理创新这一范畴，这一点在前文中也已提到。

创新也可用来指代形成新产品或服务的过程。六西格玛有敢于颠覆的基因，通过DMAIC项目可以孕育和推动技术创新以及在生产和管理过程中对新技术的采用，因此数字化六西格玛是一套可用以实现创新结果的方法，从这个意义上来说，可以认为数字化六西格玛也是一种创新过程。但也要认识到DMAIC的应用范围主要是利用已有的技术进行渐近性改进的应用创新，它不是引导颠覆性模式或产品创新的主要工具。

创新依赖人的能力，而人的能力是由学习和知识推动的；数字化六西格玛的推行显然可以促进组织学习和知识管理，这可以说是数字化六西格玛与企业内除了DMAIC之外其他的创新过程之间的重要联系；正因为如此，除了如以上讨论可将创新性的数字化六西格玛认为是一种创新过程外，它也有促进企业通过其他创新过程实现创新进的作用，见图3-4。

图3-4　数字化六西格玛与创新和数字化转型的关系

本章小结

本章开门见山地提出了数字化六西格玛因数字化转型而生，六西格玛的进化和采用数字化六西格玛都属于管理创新，数字化转型是在人工智能和工业4.0革命提出的时代背景下我们必须坚持的态度和选择。实践证明，数字化六西格玛在生产模式、管理模式转型方面可以起到非常重要的作用。

数字化六西格玛与许多数字化转型工作都有紧密的联系，它们互相影响、相互促进。正如前文说过，在数字化转型初期，可以主要依靠数字化六西格玛项目来带动转型，通过成功的项目直接和间接影响企业里所有层级的员工，将所有人都拉到转型的轨道上来，在此之后数字化转型可以向比数字化六西格玛项目更宽广的范围拓展。从这一角度来说，虽然不同企业在实施数字化转型时，由于数字化基础和转型需求不同会有不同的转型工作范围，但跟数据有天然亲和力的数字化六西格玛可以是数字化转型的启动器和助推器。

最后，作为一个补充。如第一章所述，由于人们对数字化转型这一概念还缺乏统一的认识与定义。笔者也留意到在描述数字化转型时，还存在个别观点认为数字化转型应是比数字化改善更激进的方式,这种观点认为数字化转型不会将新技术带入旧的工作流程、技术和策略中,而是通过数字化转型找到一种以技术为动力的新方法,从根本上改变企业。这种观点似乎有割裂数字化转型与数字化改善的意图。实践证明,无论按哪一种定义,企业的数字化转型不可能一蹴而就,想尝试一次性解决所有问题是不现实的,甚至是危险的。因此,一方面,我们认可数字化转型的宽广范围和系统性,应避免在改善方面的停滞不前;另一方面,DMAIC 或 PDCA 这样的系统性逻辑方法对成功实施数字化转型也是至关重要的。我们也应承认六西格玛 DMAIC 是一种渐近性的改善方法,如果企业走到事情的另一面将数字化六西格玛改善作为数字化转型的全部也可能是不妥的,虽然它对于数字化转型的成功非常重要,但它的特性决定了它不应该成为数字化转型的唯一助推手段(似乎这也是比较明显的),数字化转型应有更丰富的内涵,还有许多工作可通过比如 IT 项目管理或其他方式实施,对数字化转型的全方位讨论超出了本书的范围。

从下一章开始我们将按 DMAIC 程序的顺序讨论数字化六西格玛的数字化特性,同时也会介绍一些重要的数字化工具。

第四章

识别和定义改善项目

> "所有的改善都通过一个又一个的项目来实现……别无他法。"
> "All improvement takes place project by project...and in no other way."
>
> ——朱兰博士（Dr. J. M. Juran）

从本章到第八章，将按照 DMAIC 这一六西格玛的基本程序对数字化六西格玛进行介绍。由于本书的目标并不包含系统地讨论传统六西格玛理论和工具，而是主要集中在探讨数字化六西格玛相对传统六西格玛的区别与变化方面，因此本书中所体现的六西格玛程序虽与传统六西格玛一脉相承，但内容几乎围绕传统六西格玛与数字化结合这一主线展开，是对传统六西格玛的补充。因此，强烈建议读者在阅读本书之前应有 DMAIC 基础和实践经验。对于需要学习传统六西格玛知识的读者，建议参考相应的专著。

识别改善机会

实施数字化转型的企业内持续改善项目是丰富多彩的。一个正在实施数字化转型的制造企业的关注重点可能不仅局限于产品质量与关键过程的效率，而是通过数字化改善与基础设施建设等转型工作来实现生产运营和管理过程的数字化和智能化，并在所有与客户相关的地方创造客户价值、提升客户体验。人们常说好的开始是成功的一半，这话也适用于持续改进，一个持续改善项目的成功首先应归功于正确识别和选择项目。识别好的项目充分体现了做正确的事的这一原则（DMAIC 这一程序的实施则体现了把事情一次做对这一原则）。

关于如何识别改善项目，各行各业都有自身的实践，似乎不太可能形成一个统一的、适用于一切组织的标准；但有一些通用准则是适合多数情况下遵守的。作为一个实践经验总结，本书尝试既分享原则也分享一些实践方法供读者参考。

我们先从时间的维度来看，作为一个不错的实践，可在每个日历年的年初（或者其他定期的时间窗口，通常新年伊始是回顾过去、展望未来的时机）收集企业内自上而下、自下而上、由外至内的各种改善呼声形成项目机会。其中包括传统六西格玛经常使用的目标树方法对目标进行系统性分解，尤其是可以关注长期目标。可通过数据分析和若干主题工作坊的形式进行准备，然后同管理层一起讨论确定改善项目。数字化六西格玛项目机会识别的工作坊可收集来自多个方面的声音，用 VOX 统一表示，分别代表 VOB、VOC、VOD、VOE、VOO 和 VOP 这六个方面：

- VOC（Voice of Customer），客户之声。创造和实现客户价值、提升客户体验必然要倾听客户的声音（不仅仅是客户的投诉或抱怨），可通过各个与客户相关的接触点，包括市场、销售、质量、技术、物流、服务等，了解和收集信息来帮助确定潜在改善机会。

- VOB（Voice of Business）。管理层自上而下的改善项目选择属于业务的声音，包括年度经营计划、管理层的头脑风暴、定期管理评审会议等来源，这些通常属于令管理者头疼的问题。如果组织没有定期实施 SWOT 分析机制，在识别 VOB 的时候若能结合 SWOT（或者类似的分析方法）分析通常将会有更好的结果，尤其是在新技术日新月异的智能时代，分析组织环境的影响变得越来越重要。分析组织环境也是 ISO 9001：2015 给组织提出的基本要求。应将数字化改善战略及方向作为 VOB 以确保数字化改善项目能与数字化转型紧密相关并成为数字化转型的重要助推力量。

- VOE（Voice of Employee），员工之声。自下而上的项目建议属于员工的声音，来自于各个过程的员工的声音，包括但不限于员工基于每个过程或区域的平衡记分卡及日常工作中提出的改善机会，如果企业内有员工满意度或敬业度调查等，相关的调查结果也可用于识别改善机会。

- VOP（Voice of Process），过程的声音，通过制定并分解挑战性的过程目标来识别项目机会。一直以来，狭义的过程主要指代产品生产过程，经过在数字化转型过程中不断向流程中嵌入软件，如今有越来越多的流程可实现数字化进化，数字化的流程通常又能直接提出改善机会，这些直接由基于软件的流程所揭示的改善机会也可归为 VOP 的范畴。

- VOD（Voice of Data），数据的声音。充分利用各个数据系统的数据进行分析以识别改善机会。这是数字化转型下越来越突出的特征，随着越来越多的管理系统、生产系统和外部数据可被利用，通过数据挖掘改善机会的重要性越来越高。比如通过对客户反馈进行自然语言处理从而提取改进机会，或者通过工业动作分析的主数据系统性地识别过程中的瓶颈工序、手动工序、目视检测工序以及这些工序所占的劳动成本，进而可以立项针对关注点进行改善。使用 VOD 挖掘出的改善机会与其他几个维度的识别结果可能会出现少量重叠，这一点在最终汇总确认时可以进行筛选确认。从数据中挖掘改善机会或者对数据进行分析需要有业务知识支撑，例如一个数据集当中明显的数据异常可能本身已经预示着改善机会，但如果不加分析地去掉异常数据则会遮盖问题。还有，数据分析结果可能也会撒谎，多数情况下是无意的（比如由于选取的数据时段的差异造成的），也可能是有意的（比如筛选了部分数据用于分析），如果是想通过数据表明一个观点，有时候诱惑还会比较大，比如我们经常在新闻或工作报告中看到片面的分析结论。对于持续改善来讲，我们的目标是识别真正的问题并用于改进，因此任何时候都要注意数据的可靠性和准确性以及分析结果的可用性，这一点不仅是对识别项目和定义阶段很重要，对它的重视应贯穿整个 DMAIC 项目的始终。

- VOO（Voice of Others），其他声音。主要包括标杆或集团内外部推广的优秀实践，也包括不在前述任何类别中的可被组织借鉴的改善机会。实践证明，低成本地采用公司（包括集团公司）内外的优秀案例在数字化时代变得越来越重要，以施耐德电气为例，我们每年都会大力推动将优秀改善项目快速复制到可以应用的所有工厂。为通过改善行动创造价值并实现业务目标，我们既要鼓励敢于大胆创新的思想和行为，也应大力提倡快速复制的改善策略。

就像每年给企业体检一样，持续改善工作坊（包括 SWOT 分析）应该每年至少进行一次。如果业务发生了重大的变化，也可以进行，这与 ISO 9001 对内审与管理评审的要求相似。除了定期以如上所示的工作坊形式识别组织过程中的持续改善机会，还可使用精益方法中的价值流程图（包括价值流程图模拟）等工具以策划的时间间隔来识别产品实现过程中的改善机会，这本身也是精益与六西格玛的一个主要融合点。也可以借用精益浪费原则和一些工具（比如流程图、泳道图、VSM）识别管理信息流程中的改善机会（比如减少流程停止或提升流程速度）。此外，在任何时候，尤其是管理评审时，也都可以基于客户、业务等方面的需求识别并追加或调整改善项目。

在数字化时代，有比以往更多的数字化工具和方法可用于改善项目，其中一部分是高级分析方法和工具，还可嵌入一些计算机软件工具实现流程自动化，比如机器人流程自动化（RPA）对财务等流程有非常广阔的应用空间。因此，为了更好地利用数字化工具进行改善，在以上项目识别的基础上，对于数字化转型程度不太深的企业可额外举行基于数字化技术的主题工作坊来识别数字化改善机会，比如以下这些方向：

- 流程数字化：可用计算机实现的规则明确、重复的手工流程是对人力资源的浪费，因此带来的额外成本及影响都是不可忽视的，可用 RPA 进行改善，关于 RPA 改善机会的识别可参照本书第六章识别 RPA 项目机会一节。
- 人工智能应用：人工智能在制造业有较广泛的应用前景。关于如何识别计算机视觉检测的机会，可参考本书第六章计算机视觉检测一节。
- 模拟仿真：通过计算机模拟建模取代实物模型试错法。

- 其他关于数字化转型的各种工作坊讨论。数字化转型的工作坊讨论仍可以基于企业的痛点展开，从这个角度来看，它与传统 CI 工作坊性质是一样的。但也存在一些为实现某些"方案"或模糊的数字化转型目标而讨论的情形，无论是哪一种情况，持续改善工作应主动关注与数字化转型相关的讨论，这些讨论会产生数字化改善的机会。

选择确定六西格玛项目

识别出潜在改善机会后可筛选确定关键项目以进行改善，实践中筛选项目主要关注以下方面，至少应采用类似于努力与收益矩阵（图 4-1）辅助评估，推荐使用一个项目选择矩阵（优先矩阵）对每一个潜在的改进机会进行评估。经验表明，缺少对以下任意一个要点的关注都有可能增加项目失败的风险：

✓ 与公司业务目标的联系。
✓ 过程拥有者是否有改善的意愿。
✓ 项目复杂性和需要的资源。
✓ 是否拥有资源，包括资金和数字化能力等。
✓ 项目预期完成时间周期。
✓ 项目预期收益。

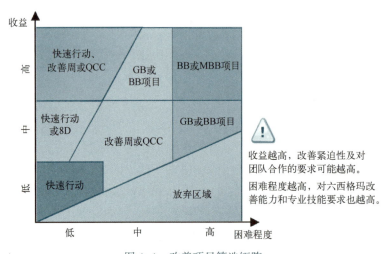

图 4-1 改善项目筛选矩阵

可将改善机会分类为六西格玛项目、可直接实施的方案、快速行动措施等类别，这完全取决于组织定义。在确定六西格玛项目的时候，有一些常见的误区或注意要点，比如项目范围太广，包括众多流程负责人和多个输出，此时最好是分解成几个项目；有些问题很简单或者几乎不需要分析，属于"直接做"的类型，或者是已有解决方案的问题，通常这些情况下需要的是执行力，而不是将它升级成六西格玛项目；有些情形是些突发的，使用 8D 方法解决会更有效；还有一些管理问题或者一些长期的研究或开发项目通常不是精益六西格玛工具可以解决的问题。DMAIC 项目应该足够聚焦，通常在一个项目中只专注解决一个主要问题，不应期望一个项目解决所有的问题，设定太多目标反而难以完成。有些有示范性的项目或者一些项目给组织带来的预期收益是无法用财务指标量化的收益（无形收益），实施此类项目通常需要过程拥有者有强烈的改善意愿并提供相应的资源和支持。

六西格玛项目中也可进一步分为使用 DMAIC 方法论分阶段实施的项目（可以使用数字化工具、精益和统计方法中的任何工具）和以精益改善周形式开展的项目，图 4-2 是一个示例。

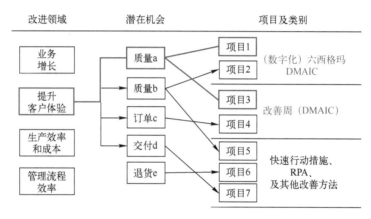

图 4-2　改善领域和项目归类

确定六西格玛项目的时候也可对后续的项目开展工作做出一定的安排，比如时间要求等。

组建项目团队

六西格玛改善是典型的团队合作工作模式，通过聚合知识和能力确保团队具备改善能力，也通过小组分工落实改善过程中的所有行动从而有效地促进项目开展。改善项目团队成员大多是交叉汇报，实践中项目开始时确定的角色多以职能代表为主，这是典型的角色文化思想的体现，突出每个角色的职责而不是个人的作用，有些项目还需要在实施过程中引入额外的具有特定能力的团队人员。一个数字化六西格玛项目团队构成如图 4-3 所示。

通常，核心小组成员不需要太多，团队要确定项目中可能需要的辅导（Coaching）需

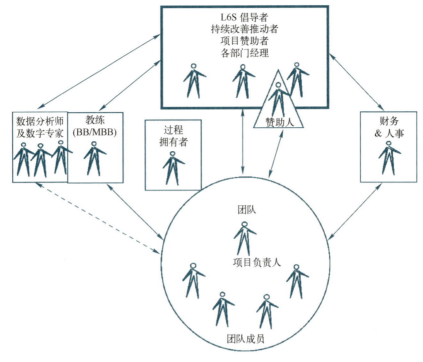

图 4-3 六西格玛项目团队

求,尤其是数字化六西格玛项目可能会需要数据分析师、程序语言专家或 CAE 工程师等,这些资源需求可能不会在项目定义阶段就能全部识别出来,但在项目进展过程中任何时候识别出需求都应在第一时间确定资源的可利用性。

正如朱兰博士所说:"所有的改善都通过一个又一个的项目来实现……别无他法。",持续改善文化的建立主要依靠一个个六西格玛团队成功实施改善来带动,依靠固定的机制持续地以成功的项目为基础给予团队充分曝光和认可是构建持续改善文化的一个最佳实践。

定义项目

一般的项目定义流程如图 4-4 所示。

问题陈述主要是弄清楚问题是什么,一般主要使用 5W2H 法,该方法在传统六西格玛培训课程中也是一个课程。

六西格玛项目团队要清楚地定义项目范围。项目范围的确定可借助于 SIPOC 方法(图 4-5),通过对项目所涉及的供方(Supplier)、输入(Input)、过程(Process)、输出(Output)和顾客(Customer)进行分析来识别和确定项目过程范围。

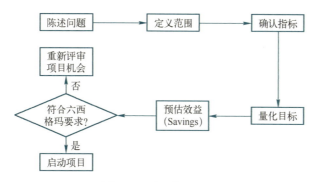

图 4-4　项目定义流程

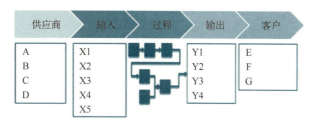

图 4-5　SIPOC 示意图

典型的过程输出指标包括质量和效率方面的业务指标，例如不良率、过程能力、循环时间、准时交货率，等等。项目指标用于衡量过程成功与否，因此指标应与问题陈述保持一致，且一般应避免过多衡量指标（可以有与项目相关的参考指标但不作为衡量指标），要了解当前的水平和理想的水平是多少，可改进的空间有多大，以及多久可以完成项目（使用 SMART 原则）等。

当目标确认后可以预估收益，在计算过程中应有一套经财务协商一致的计算方法，难以计算财务收益的项目益处可认为收益为零。对六西格玛项目的财务收益不必设固定准入线，若一个计划的六西格玛项目预估收益与预期相去甚远，给过程负责人重新评估项目优先级的机会即可。

项目定义是一个开始对问题加深认识的过程，各个阶段都有可能使讨论回归到之前的任何步骤。

项目计划

建议以 DMAIC 分阶段或者阶段组合的方式定义项目时间计划，对于精益改善周或者数据挖掘项目也建议使用这个方法论，例如将改善周分析和改善行动与 DMAIC 的 A 和 I 阶段对应起来，为了在较短的时间内完成分析和改善，必须要求对改善周做充分的准备（对应 D 和 M 阶段），以及确保控制措施的落实来获得改善效果的持续性。对于以数据挖掘为主的项目，图4-6是使用DMAIC计划的一个指导框架，关于数据挖掘项目与DMAIC的融合的更多讨论可参见本书第六章。

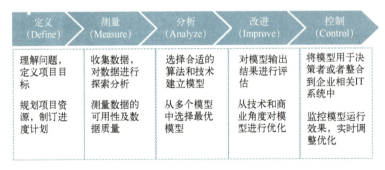

图4-6　DMAIC用于数据挖掘的指导框架

由团队共同参与制定计划并听取成员的反馈意见将有助于增进团队的向心力，可采用甘特图等方法对计划加以细化。

将项目正式登记并保持状态更新也是项目计划中的一部分，有条件的企业可以使用项目跟踪软件系统，也可以使用可视化跟踪和汇报手段确保透明及时地反映项目状态。

本章小结

DMAIC的重要价值在于从一开始就充分识别改善机会，将项目机会与业务需求联系起来确定真正有意义且管理层重视的项目。项目启动后，在定义阶段更需要明确想做什么以及为什么要做，定义阶段对于六西格玛项目的重要性同8D过程中的D2（定义及描述问题）对于8D的成功一样，这一点无论是在六西格玛培训还是8D培训时经常都会提到。如果不能充分定义问题，就很可能使后续的数据收集和问题分析工作走偏方向。

一旦定义阶段结束，后边各个阶段都会以此为依据，比如测量阶段数据收集工作和分析阶段进行原因分析。在测量和分析过程中应一直牢记定义阶段的输出，并在必要的时候可以回过头对定义过程进行修正。

表4-1是对数字化六西格玛定义阶段使用的工具和方法的一个汇总，供读者参考。

表4-1　定义阶段的工具和方法

数字化六西格玛定义阶段的工具或方法
持续改善定期工作坊、项目任务书、客户之声（VOC）、Kano分析、SIPOC、RACI表、利益相关方分析、沟通计划、有效的会议工具、沟通技巧、甘特图、柏拉图（又叫排列图）、财务收益计算、项目评估、特定主题（如RPA）工作坊、数字化系统及数据之声、外部的声音（项目推广机会）、DMAIC与CRISP-DM整合的格式、项目管理平台/软件、模拟工具

第五章

数据收集和探索性数据分析

> "如果你不能测量，就无法改善。"
> "If you can't measure it, you can't improve it."
>
> ——彼得·德鲁克（Peter Drucker）

越来越多的人开始谈论工业大数据，话题主要聚焦在工业大数据分析上面，就像人们在数据挖掘时很喜欢快速拿到数据立即开始分析和建模一样，大多数人通常不将如何获得大数据作为关心的重点。事实上，我们相信数据是决定任务上限的因素，而算法只是在不断逼近这个上限。

按照 DMAIC 程序，在测量（Measure）阶段本章我们将首先讨论与工业大数据的产生密切相关的传感器、设备自动测量系统等内容，其中包括对数据质量的讨论；然后会进一步对工业大数据特点、分析要点等进行简要归纳，相信这将有助于读者理解后续章节中对不同的数据类型采取的不同分析方法；本章中还会介绍探索性数据分析，最后会对制造业中最常见的时间序列数据及其可视化方法进行基于案例的介绍，这也会为下一章时间序列预测和异常检测打下基础。

工业大数据来源与数据质量

工业数据的来源

智能制造是工业大数据产生的来源，信息化和自动化系统所产生的数据构成了工业大数据的主体。另一方面，智能制造又是工业大数据所形成的数据产品最终的应用场景和目标。

在制造业领域，从客户需求到研发设计、订单、计划、工艺、制造、采购、供应、库存、销售、发货、交付、售后服务、运维、报废或回收再制造等整个产品全生命周期各个环节都会产生各种类型的数据。不仅有结构化数据,也有半结构化和非结构化数据;除了数值类型的数据,也有文本、音视频、位置等多种类型的数据。若按数据来源的系统归类,主要有管理系统、生产系统和外部数据等主要数据来源。

1)管理系统数据:管理系统的数据包括了在产品实现过程的管理过程中产生的数据,包括以设计、流程规划等为主的产品链管理过程中产生的数据;从产品订单、生产计划、原材料供应、制造、交付、销售、客户支持等组成的价值链管理过程中产生的数据;以及资产链管理过程中产生的数据,详见表5-1。

表5-1 管理系统的数据

分类	系统类型	典型系统	数据结构	数据特点	实时性
管理系统	产品链	产品模型、图纸文档	半结构化、非结构化	数据类型丰富、更新不频繁、是企业核心数据	批量导入
	价值链	SCM、CRM	结构化、半结构化	没有严格时效性	批量导入
	资产链	ERP、OA、MES、PLM、能源管理系统、环境管理系统、仓库管理系统	结构化	没有严格时效性	批量导入

- ✓ 产品链数据:大多来源于传统工业设计和制造类软件,如:CAD、CAM、CAE、CAPP、PDM等。这类数据主要是各类产品模型,以及相关的图纸或电子文档,大多数为非结构化数据。这些设计类数据的采集对时效性要求不高,只需定期批量导入数据仓库。
- ✓ 价值链数据:价值链数据主要指企业生产活动中上下游的信息流数据,主要来源于供应链管理系统(SCM)、客户关系管理系统(CRM)等。这类数据主要包含供应链信息和客户信息,通常是规范的结构化数据,采集时对时效性要求不高,只需按业务分析要求的更新周期定期批量导入数据仓库。
- ✓ 资产链数据:资源管理数据的来源主要是生产环节的各类管理系统,包括企业资源计划(OA/ERP)、生产过程执行系统(MES)、产品生命周期管理(PLM)、环境管理系统(EMS)、仓库管理系统(WMS)、能源管理系统等。这类数据主要描述了生产过程中的订单数据、排程数据、生产数据等,大多数为标准的结构化数据,采集时对时效性要求不高,只需按业务分析要求的更新周期定期批量导入数据仓库。

2)生产系统数据:生产系统数据主要来自工业控制系统、生产监控系统、各类传感器以及其他外部装置。与管理系统相比,生产系统产生的数据以结构化数据为主,数据量大且对实时性要求高,可参见表5-2。

表 5-2　生产系统数据

分类	系统类型	典型系统	数据结构	数据特点	实时性
生产系统	工业控制系统	DCS/PLC	结构化	要实时监控、实时反馈控制	实时采集
	生产监控数据	SCADA	结构化	既有实时数据又有历史数据	实时采集、批量导入
	各类传感器	传感器、条码扫描、RFID	结构化	单条数据量小，并发量大，结合IoT网关	实时采集
	其他外部装置	视频摄像头	非结构化	数据量大、低时延，要求网络带宽和时延	实时采集

- ✓ 工业控制系统数据：工业控制系统数据的来源主要包括分布式控制系统（DCS），以及可编程逻辑控制器（PLC）这类系统。通常 DCS 与 PLC 共同组成本地化的控制系统，主要关注控制消息管理、设备诊断、数据传递方式、工厂结构，以及设备逻辑控制和报警管理等数据的收集。此类数据通常为结构化数据，且数据的应用通常对时效性要求较高，需要数据能及时上报到上层的处理系统中。
- ✓ 生产监控数据：生产监控数据主要来源于以 SCADA 为代表的监视控制系统。SCADA 系统的设计用来收集现场信息，将这些信息传输到计算机系统，并且用图像或文本的形式显示这些信息。这类数据也是规范的结构化数据，但相对 DCS 和 PLC 系统来说，SCADA 系统可以提供实时的数据，同时也能提供历史数据。因此在考虑数据的采集策略时，需要根据上报数据的类型来选择是实时采集或是批量导入。
- ✓ 各类传感器：目前，生产车间的很多生产设备并不能提供生产数据的采集和上传，因此需要通过外接一套额外的传感器来完成生产数据的采集。外挂式传感器主要用在无生产数据采集的设备或者数据采集不全面的设备上，以及工厂环境数据的采集。同时，根据使用现场的需求，外挂式传感器可以采用接触式的传感设备和非接触式的传感设备。此类数据的单条数据量通常都非常小，但是通信总接入数非常高，即数据传输并发度高，同时对传输的实时性要求较高。
- ✓ 其他外部装置：以视频摄像头为例，数据主要来源于对产品的质量监控照片、视频，或者是工厂内的监控视频等。此类数据的特点是数据量大，传输的持续时间长，需要有高带宽、低时延的通信网络才能满足数据的上传需求。对于其他不同于视频数据的外部装置数据，需要针对数据的特性进行采集机制的选择。

3）外部系统数据

外部系统数据：外部系统数据主要来源于两个方面（表5-3），一方面是与工业互联网的产业层部署相关，大企业建平台，小企业用平台，行业工业互联网平台汇聚的产业资源可为企业所用，例如设计协同、供应链协同等；此外，一些企业提供的智能产品也可能会产生来自于外部的数据。工业企业外部数据的另一个方面就是除了工业互联网以外的数据，包括预测关键原材料供货及价格的数据（比如当前全球电子元件缺料的情况下芯片的供应数据），预测产品市场的宏观社会经济数据等，此类数据主要用于评估供应链运行的趋势；此外，外部数据还可包括任何其他来源的外部数据，比如外部审核与评估等。

表 5-3 外部系统数据

分类	系统类型	典型系统	数据结构	数据特点	实时性
外部数据	行业工业互联网平台数据	行业工业互联网数据	结构化	某些行业已有工业互联网，部分行业还缺失	动态链接或批量导入
	其他外部数据	市场、竞品、环境数据	非结构化	数据相对静止、定期更新	批量导入

在了解工业大数据的特点时，同时想到的还有传统的小数据，例如设计过程的输出数据或者过程控制中的抽样数据等；此外，还有商业大数据，将工业大数据与商业大数据及分析方法进行对比可以进一步从不同方面了解工业大数据。

工业数据分类

工业数据可从多个维度分类，每种分类都从一个不同的侧面提供对数据的了解。比如按数据对象划分、数据结构划分。

1. 按照数据对象划分

按照数据对象，工业企业数据可以被分成如下五类：

1) 主数据（Master Data）：主数据是指用来描述企业核心业务实体的数据，是企业核心业务对象、交易业务的执行主体。是在整个价值链上被重复、共享应用于多个业务流程的、跨越各个业务部门和系统的、高价值的基础数据，是各业务应用和各系统之间进行数据交互的基础。从业务角度，主数据是相对"固定"的，变化缓慢。主数据是企业信息系统的神经中枢，是业务运行和决策分析的基础（参考资料《数据资产管理实践白皮书（4.0 版）》）。主数据是满足跨部门业务协同需要的基础信息。

2) 参考数据（Reference Data）：参考数据是对其他数据进行分类和规范的数据，规定参考数据值是几个允许值之一。如：客户等级分为 A、B、C 三级。参考数据是增加数据可读性、可维护性以及后续应用的重要数据。例如，"性别"这个字段，很可能是 1 代表男性、2 代表女性。参考数据是相对稳定、静态的数据，基本不会变化。

3）交易数据（Transactional Data）：交易数据又称事务数据或业务活动数据，它描述组织业务运营过程中的内部或外部事件或交易记录，如：销售订单、通话记录等。交易数据是围绕主数据实体产生的业务行为和结果数据。

4）分析数据（Analytical Data）：分析数据又称统计数据、报表数据或指标数据等，是组织经营分析过程中衡量某一目标或事物的数据。

5）元数据（Meta Data）：元数据是描述数据的数据，帮助理解、获取、使用数据，元数据分为技术元数据、业务元数据和管理元数据。

2. 按照数据结构划分

一般来说，人们会更加喜欢结构性强的东西，结构越清晰，大脑才易记住。事物的结构对于我们很重要，为了记住一件复杂的事有时候还需要使用思维导图（就是使它结构化），同样 DMAIC 方法受欢迎的一个重要原因也是因为它是结构化的方法（见第一章"传统 DMAIC 的优势与劣势"这一小节）。对于数据而言，按照它的存储结构形式，通常可以分为结构化数据、非结构化数据和半结构化数据。

1）结构化数据的一般特点是数据以行为单位，一行数据表示一个实体的信息，每一行数据的属性是相同的。

2）非结构化数据是指数据元素之间没有统一和确定的关系的数据，比如各种格式的图片、视频等。非结构化数据占企业全部数据的绝大部分。

3）半结构化数据，例如日志文件、XML 文档、电子邮件等。

SCADA 及 PLC

前文提到了 SCADA，它是英文 Supervisory Control and Data Acquisition 的首字母缩写，中文是监督控制与数据采集。

早在 1994 年，IEEE 就制定了 SCADA 和自动化系统国际标准 IEEE C37.1，并在 2007 年进行了修订。SCADA 综合利用了计算机技术、控制技术、通信与网络技术，完成对测控点分散的各种过程或设备的实时数据采集、本地或远程的自动控制，以及生产过程的全面实时监控，并为安全生产、调度、管理、优化和故障诊断提供必要和完整的数据及技术手段。

从 SCADA 的名称可以看出，其主要包含数据采集和监督控制两个功能，下边具体描述一下 SCADA 上位机通常具有的功能。

1）数据采集和状态显示：SCADA 系统的首要功能是数据采集，首先通过下位机采集测控现场数据，然后上位机从众多的下位机中采集数据进行汇总、记录和显示。通常情况下，下位机不具有数据记录功能，只有上位机才能完整地记录和保持各种类型的数据，为各种分析和应用打下基础。

数据采集由 RTU 或 PLC（Programmable Logic Controller，可编程逻辑控制器）

进行，包括读取传感器数据。由于数据有特定的格式，控制人员可用 HMI 了解系统状态，并决定是否要调整 RTU 或 PLC 的控制，或是暂停正常的控制进行特殊处理。

2) 远程监控：远程监控的实现不仅表现在管理设备的开、停及其工作方式（如手动还是自动），还可通过修改下位机的控制参数来实现对下位机运行的管理和监控。

由于上位机采集具有全面性和完整性，监控中心的控制管理也具有全局性，因此能更好地实现整个系统的合理、优化运行。特别是对许多常年无人值守的现场，远程监控是安全生产的重要保证。

3) 报警和报警处理：SCADA 系统上位机的报警功能对于尽早发现和排除测控现场的各种故障、保证系统正常运行起重要作用。上位机上可以以多种形式显示发生的故障名称、等级、位置、时间和报警信息的处理或应答情况。上位机系统可以同时处理和显示多点同时报警，并对报警的应答做记录。

4) 事故追忆和趋势分析：上位机系统的运行记录数据，如报警与报警处理记录、用户管理记录、设备操作记录、重要的参数记录与过程数据的记录等，对于分析和评价系统运行状况是必不可少的。对于预测和分析系统的故障，快速找到事故的原因并找到恢复生产的最佳方法是十分重要的，这也是评价一个 SCADA 系统功能强弱的重要指标之一。

5) 与其他应用系统的结合：工业控制的发展趋势就是管控一体化，也称为综合自动化，典型的架构就是 ERP/MES/PCS，SCADA 系统就属于物理编码子层（Physical Coding Sublayer，PCS），是综合自动化的基础和保障。这就要求 SCADA 系统是开放的系统，可为上层应用提供各种信息，也可以接收上层系统的调度、管理和优化控制指令，实现整个企业的优化运行。

PLC（Programmable Logic Controller，可编程逻辑控制器）是计算机家族中的一员，是为工业控制应用而设计制造的。同传感器原理及应用一样，PLC 也是许多大学的自动化类专业开设的必修课。PLC 针对不同的工业现场信号，如交流或直流、开关量或模拟量、电压或电流、脉冲或电位、强电或弱电等，有相应的 I/O 模块与行程开关、接近开关、传感器、电磁线圈、控制阀等工业现场器件直接连接。它也有多种人机对话接口模块。

作为 SCADA 系统的基本组成单元，PLC 有逻辑控制、定时控制、计数控制、步进控制、PID 控制、数据控制等特点。

通过以上可看出，SCADA 系统这些优秀的功能正好符合工业现场控制需要，因此得到广泛应用。有经验的维修技术专家可将所有与设备状态相关的信息采集出来并做分析，可以准确地知道设备在任何一个时间点上处于什么状态，进而非常精确地计算出设备的增值与非增值时间，有了这些数据，维修工程师可提出改善机会并对六西格玛项目进行改进。

再比如，利用 PLC 实时采集的设备状态信息来确认设备的状态，以取代传统的定期使用标准样品确认设备状态的方案，这种方案不仅可省去每次确认的时间，同时还实现实时监控设备状态，可谓一举两得。利用 PLC 数据实施质量、安全、效率等方面的改善还有很多值得探索的空间。

传感器与测量系统

在传统六西格玛项目中，改善团队可能会花费大量时间去收集数据，然后再分析数据、应用假设检验确认问题及问题的根本原因。数字化时代的显著特征是它融合了可改变组织运作方式的创新技术，其中一项关键创新是物联网中大量使用传感器，这些传感器在价值链的各个层面收集数据，比如工业中常用 SCADA 系统监控参数，有模拟量、数字量和脉冲量等。模拟量包括温度、压力、物位、流量等典型过程参数和其他各种参数，而数字量包括设备的启停状态等。这些信号的获取都靠各种传感器实现，因此传感器是测量系统的核心组成部分，本节对传感器进行简单介绍。

传感器是感知、获取与检测信息的窗口，一切自动检测和自动控制系统要获取的信息，都要通过传感器将其转换为容易传输与处理的电信号。

根据《传感器通用术语》（GB/T 7665-2005），传感器是指能感受规定的被测量并按照一定的规律转换成可用输出信号的器件或装置（图 5-1）。可用信号通常指适用于处理和传输的电信号。因此传感器可狭义地定义为：能把外界非电信息按一定规律转换成电信息输出的器件或装置。在将来，可用信息也许是光信息或者更先进的其他信息。

图 5-1 传感器的构成原理

在工业检测中涉及的较常见的物理量如下。
- ✓ 温度。
- ✓ 压力（压强）压差、真空度、流量、流速、物位、液位。
- ✓ 直线位移、角位移、速度、加速度、转速、应变、力矩、振动、噪声、质量（重量）。
- ✓ 长度、厚度、角度、直径、间距、形状、粗糙度、硬度、材料缺陷等。
- ✓ 相对湿度、绝对湿度、气体化学成分、浓度、液体黏度、浊度、透明度、物体颜色。
- ✓ 工作机械的运动状态、生产设备的异常状态。

✓ 电压、电流、频率、电阻、电容、电感。

用于工业中物理量检测的常见传感器有温度传感器、湿度传感器、压力传感器、位移传感器、流量传感器、液位传感器、力传感器、加速度传感器、转矩传感器等。表5-4是对传感器的一些分类方法。

表5-4 传感器分类

分类方法	传感器的种类	说明
按输入量分类	位移传感器、温度传感器、压力传感器……	传感器以被测物理量命名
按工作原理分类	应变式、电容式、电感式、电压式、热电式	传感器以工作原理命名
按物理现象分类	结构型传感器	传感器依赖其结构参数变化实现信息转换
	物性型传感器	传感器依赖其敏感元件物理特性的变化实现信息转换
按能量关系分类	能量转换型传感器	传感器直接将被测量的能量转换为输出量的能量
	能量控制型传感器	由外部供给传感器能量,而由被测量来控制输出的能量
按输出信号分类	模拟式传感器	输出为模拟量
	数字式传感器	输出为数字量

如今,在工厂里一些数据采集场合,为了信息集中管理与远程监控,大量使用了各种智能仪表RTU(Remote Terminal Unit),比如智能流量计、智能电表等。这些智能仪表的使用及大量的数据给厂务设施的规划和管理带来了很多便利。从这个角度出发,在数字化时代,工厂的安全、能源管理、厂务设施管理等职能有了更多的数据来支撑改善工作,通过建立系统和使用数据改善相辅相成助力安全化、节能化生产运营。

RTU是SCADA系统的基本组成单元,RTU通常具备数据采集及处理和数据传输(网络通信)两种功能,当然许多RTU还具备PID控制功能或逻辑控制功能、流量累计功能等,一个RTU可以有几个至几百个I/O点,可放置在测量点附近的现场。

测量系统分析

低质量的数据对产品和过程控制以及改善活动都会产生负面影响,因此以汽车行业为代表的一些行业要求对重要的特性或客户要求的特性进行测量系统分析,在六西格玛的DMAIC程序中也要求进行测量系统分析。随着大数据的兴起,如果数据不准确或存在错误，它带来的负面影响还可能被进一步放大。不良数据是一种陷阱，应该尽量避免，测量系统分析仍然是一套常用而有效的办法。

根据 AIAG 的 MSA 手册，测量系统是用来对被测特性定量测量或定性评价的仪器或量具、标准、操作、方法、夹具、软件、人员、环境和假设的集合，也就是用来获得测量结果的整个过程。

在以传感器为核心的测量系统中，传感器处于被测对象与测控系统的接口位置，是感知、获取与检测信息的窗口，它感知被测量的大小并输出相对应的可用输出信号。除了传感器外，测量系统还有数据传输环节用来传输数据，数据处理环节将传感器输出信号进行处理和变换，如对信号进行放大、运算、线性化、数-模或模-数转换、变成另一种参数的信号或变成某种标准化的统一信号等；使其输出信号便于显示、记录，既可用于自动控制系统，也可与计算机系统连接以便对测量信号进行信息处理。

在传统依靠人手工测量（比如使用游标卡尺）的测量系统中，测量系统变差的主来源是重复再现性，这从它们的名称上就可以看出来，其中最大的影响因素是人，包括测量者的重复性及测量者之间的再现性。

对自动化设备测量来说，传感器及相关硬件和软件组成的系统对测量结果起至关重要的作用，传感器的静态或动态特性对测量结果尤其重要，包括分辨率、线性、迟滞、重复性、灵敏度、漂移等。下面先对几个重要的特性稍微展开介绍一下，然后再讨论对自动化测量设进行测量系统分析的主题。

- ✓ 线性（含偏倚）：我们知道最好的测量系统在整个量程内的任何一点都没有偏倚，其次是在量程范围内的偏倚具有线性，最不可接受的是偏倚不具有线性。在工业中，经常会碰到一套设备里的某个检验功能会用于生产和检验整个产品家族，这时可能会遇到在量程范围很大的区间内使用自动化测量系统。比如接触器线圈的电阻测量范围可以从几毫欧姆到几兆欧，当使用这样的测量系统时，对测量系统研究线性就很有必要。
- ✓ 灵敏度：传感器输出的变化量 y 与引起该变化量的输入变化量 x 之比即为其静态灵敏度，其表达式为 $k=\Delta y/\Delta x$。可见传感器输出曲线的斜率就是其灵敏度。对于线性的传感器，其特性曲线斜率处处相同，灵敏度 k 是常数，与输入量大小无关。
- ✓ 漂移：漂移指在一定时间间隔内，传感器输出量存在着与被测输入量无关的、不期望出现的变化。漂移包括零点漂移和灵敏度漂移。零点漂移和灵敏度漂移也都有时间漂移（时飘）和温度漂移（温飘）。时间飘移是指在规定条件下，零点或灵敏度随时间的缓慢变化；温漂为周围温度变化引起的零点或灵敏度漂移。

在了解漂移的概念基础上，我们再来讨论以传感器为核心元件的测量系统的再现性。AIAG[⊖]的MSA[⊖]手册第四版对再现性（Reproducibility）的定义是：当同一零件的同一种特征由不同的人使用同一量具进行测量时，在测量平均值方面的变异的总和。通常指评价人变差（Appraiser Variation）。

当使用自动测量系统时，由于人没有参与测量或者即使有少量操作但对测量结果的影响通常很小（针对具体情况可以设计试验验证），因此传统的评价人变差（AV）将不会是主要的影响因素，在这种情况下使用再现性的概念需要明确其内涵上的变化，那就是将"不同的人"这一变化的条件扩展到所有可能变化的测量条件，即：再现性是各种变化的测量条件（单个条件或条件组合）下，对同一被测对象的同一特性进行多次测量所得结果的一致性。测量条件包括测量人员、测量设备、测量地点、测量时间、使用条件或操作方法（最后这两者应是在可操作的定义范围内的变化）。

在实际工作中，对传统工业相机尺寸异常检测、位移测量、电阻测量、人工智能相机尺寸测量及异常检测系统都可做测量系统分析，以上变化条件中不同的测量设备（不同的生产线上的不同测量设备，或生产线与实验室的不同设备）、测量时间等是最主要的考虑因素。

自动化测量系统的重复再现性除了与传感器相关以外，还可能与整个测量系统的其他环节密切相关。比如除了使用计算机视觉对分辨率（包含的像素数量）进行精密尺寸测量外，光照和零件特征也都是影响重复再现性的重要因素；再比如，在过去的几年里有一个问题一直困扰着某型号接触器产品的最终检测岗位，几年前最终测量一次通过率只能达到95%，在指派的六西格玛绿带工程师带领下做了改善项目后，将合格率提升至大约98%。项目期间也曾对测量系统重复再现性进行分析，但未发现异常；由于小组在零件质量和装配过程方面均无法取得进一步改善，问题似乎卡壳了，再次组织头脑风暴之后决定进一步深究测量系统，最后发现测量时测量探头和接触器的螺钉之间的接触可靠性不好是影响测试一次通过率的原因，而在前一个改善项目中实施测量系统分析时没有发现该原因（可能是试验中没出现问题或者出现后被忽略了）。经过许多尝试，最终找到了一款非常适合电阻测量的探头，更换探头后再次确认该工位的测量系统为合格，同时，测试的一次通过率提高到99%以上。

测量系统分析设计

随着过程控制自动化水平的提升，单个测量工具或测量系统有复杂化的趋势，工厂里也可能会有多个功能相同的用于测量某一个（或同一类）特性的自动或手动（尺寸）

⊖ Automotive Industry Action Group，即汽车工业行动小组。该组织成立于1982年，由美国三大汽车公司通用、福特和克莱斯勒共同创建。——编辑注

⊖ Measurement Systems Analysis，即测量系统分析。——编辑注

测量系统，当需要调查测量系统影响因素和制订测量系统改善方案时，使用测量系统分析设计（MSA Design）不失为一种可用的方法，测量系统分析设计可用于研究测量系统指标与其方差分量之间的关系并探索改善方向。

JMP Pro 16 软件于 2021 年上半年发布，此次更新中增加了一个 MSA 设计平台。下面说明如何使用该平台进行 MSA 设计。

先用一句话介绍 MSA 设计：MSA 设计生成一个全因子设计，因子为随机效应。生成的全因子设计带有 MSA 分析特有的诊断措施，分析的重点是估计因各因素引起的响应（测量值）变化。

以上这一句话包括了一些重要的信息，但仅凭这一句话来理解 MSA 设计还是略显困难，接下来将采用一个 3 因素的练习数据来分析仪器和检验员（操作员）在测量系中的影响：

- 4 个测量仪器。
- 3 个操作员参加此 DOE（试验设计）。
- 8 个零件。
- 每个操作员使用每个测量仪器测量每个零件 2 次。
- 没有关于测量系统变差的历史数据可用。

接下来分步骤介绍，使用的软件是 JMP Pro 16 英文版，为保持准确性，这里不对软件截图中的菜单进行中文翻译。

1）选择 DOE→Special Purpose→MSA Design，如图 5-2 所示。

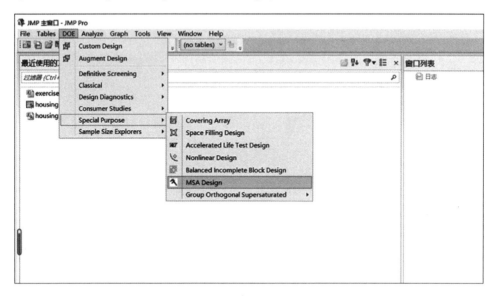

图 5-2　选择 MSA Design

单击"MSA Design"后会弹出如图 5-3 所示的界面。

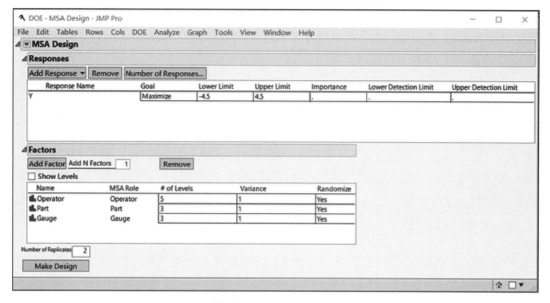

图 5-3　MSA Design 界面

2）在弹出的界面中设置响应 Y 的 Goal 类型及其他参数，见图 5-4。

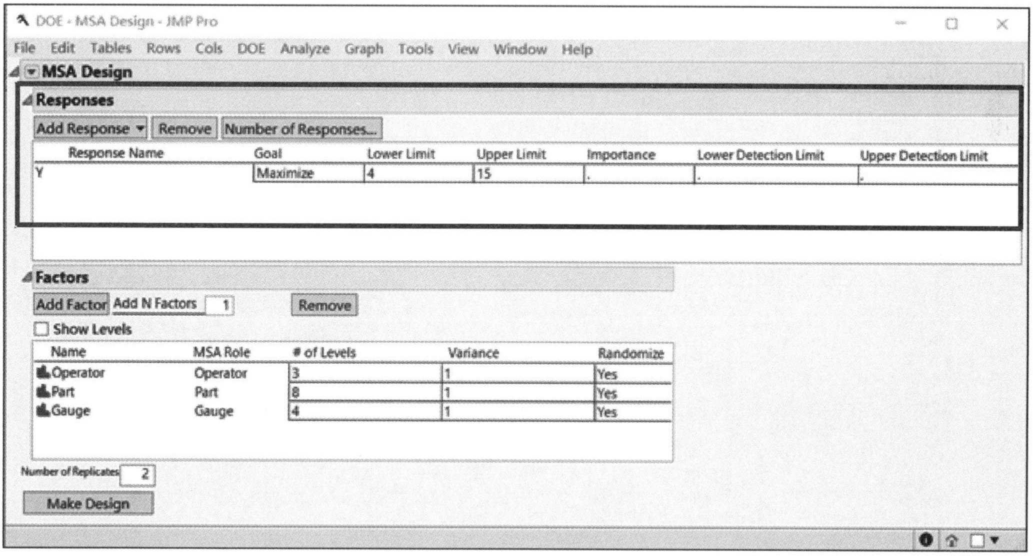

图 5-4　设置响应 Y

在用方框框出的区域内，输入测量值（Y）的相关信息，包括 Goal 的类型（Maximize、Match Target、Minimize、None、Functional）、Lower Limit、Upper Limit、Importance、Lower Detection Limit、Upper Detection Limit 等。

如果单击"Add Response"（见图 5-5），还可添加多个 Y，包括以上提及的四种 Goal 类型以及 Functional 类型。为加深直观印象，这里给每种类型都添加一个 Y，分别命名为 Y、Y2、Y3、Y4、YF，它们在软件中显示如图 5-6 所示。

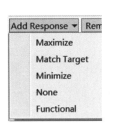

图 5-5　Y 的类型

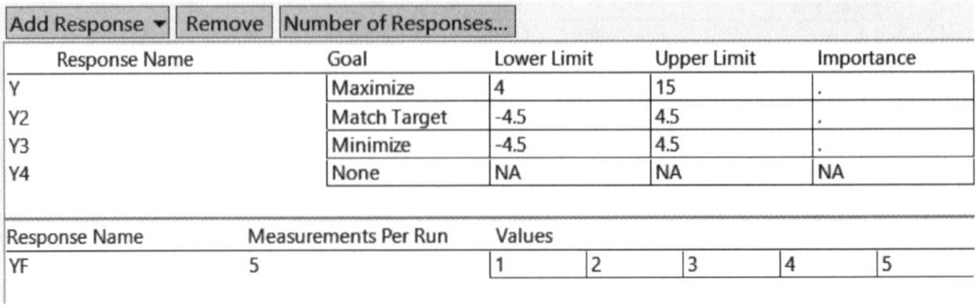

图 5-6　Y 的所有类型示例

一般情况下，GRR 分析只会用到一个 Y。特殊情况下如果选用 YF，测量并收集数据后可以使用 JMP 提供的 Functional Data Explorer 分析平台（相应菜单如图 5-7 所示，使用时将 YF 作为补充因子使用）。

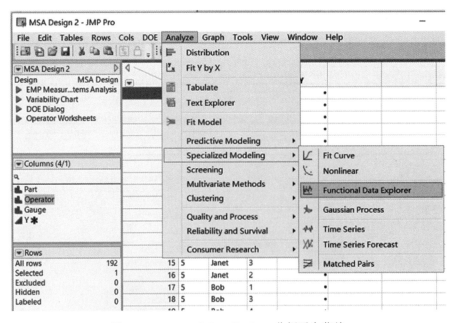

图 5-7　Functional Data Explorer 分析平台菜单

3）设置 Operator、Part、Gauge 三个变量的"#of Levels"值，如图 5-8 所示。
4）选择"Show Levels"选项，编辑各因子水平的值，如图 5-9 所示。

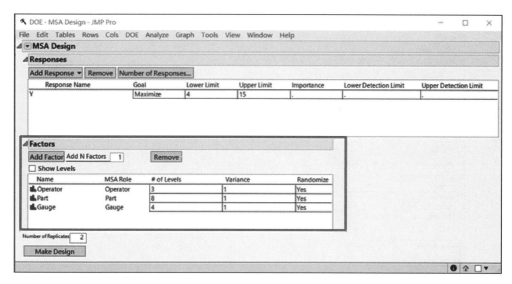

图 5-8　设置因子水平的值

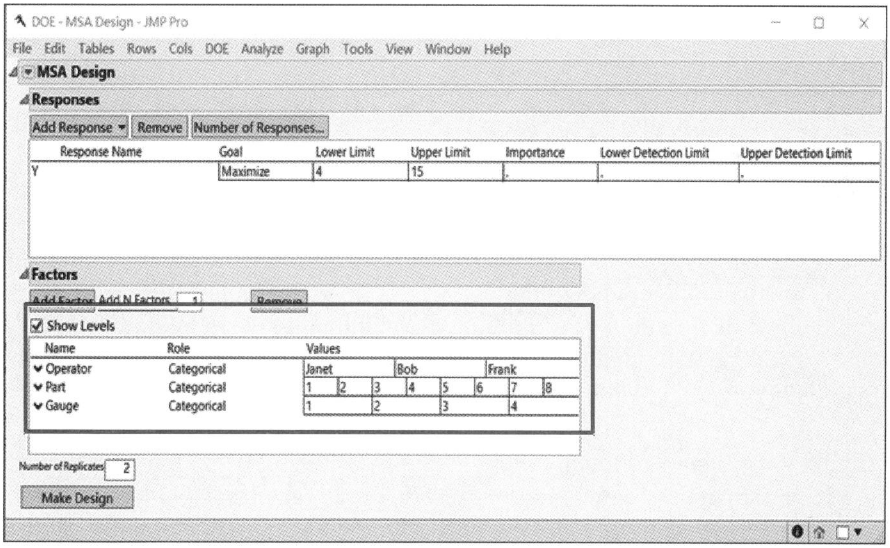

图 5-9　设置因子水平的值

5）选择"Number of Replicates"选项。其数值可介于 0 到 10 之间，指初始测量之外的测量次数，默认值为"2"，代表每个运行（Run）包含 3 次测量（注意理解 Replicate 与经典因子设计分析中 Replicate 的联系与区别）。在本案例中设为"1"，代表测量 2 次，如图 5-10 所示。

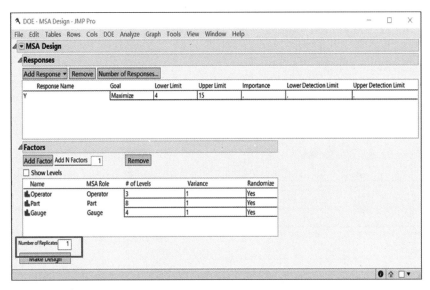

图 5-10　设置重复（Replicates）次数

6）单击"Make Design"按钮生成设计，见图 5-11。

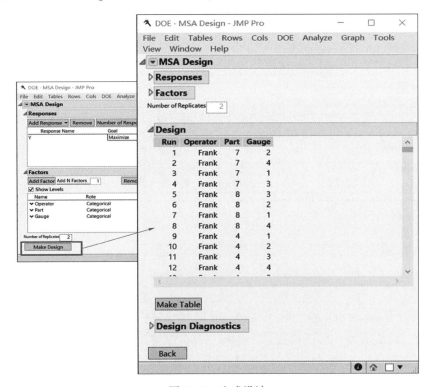

图 5-11　生成设计

在此步骤完成后，可看到有"Make Table"按钮和"Design Diagnostics"按钮。Make Table 用于构造数据表进行数据收集，然后进行测量系统分析和 DOE 分析。Design Diagnostics 用于对 MSA Design 进行诊断，它提供了几个报告并可基于指定的方差分量进行模拟。这两个步骤之间没有严格的先后顺序关系，在实际分析时可先收集数据进行分析然后再模拟，也可以先进行一些基于假设的模拟诊断（基于软件的模拟可以快速完成），尤其是在已经基于历史信息掌握了关于测量系统变差组成的情况下。建议在 DOE 数据收集完成、分析掌握方差构成后方可进行模拟诊断，以了解如何改进测量系统从而达到应用要求。

7) 单击"Make Table"按钮，构造数据表用于数据收集，如图 5-12 所示，数据表中也包括用于分析的功能。

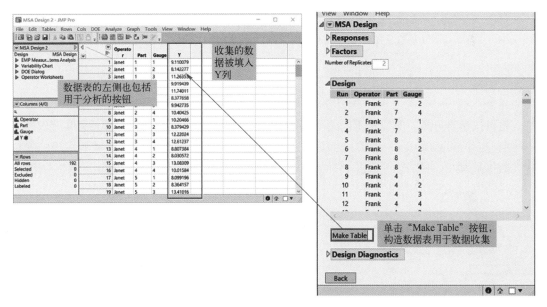

图 5-12　生成数据收集表

数据收集后，可使用数据收集表左侧提供的 MSA 分析功能进行分析，与 JMP 的"Quality and Process"菜单提供的 MSA 功能类似，此处也提供 EMP 和 GRR 两种分析方法。此外单击"DOE Dialog"可弹出"MSA Design"窗口，当误操作关闭"MSA Design"窗口时，这个功能很有用。

使用案例数据进行 GRR 分析，如图 5-13 所示，可看到本例中 GRR 为 81.37%，NDC=1。为使测量系统满足要求，重复性和再现性都需要改进。（注：使用数据收集表左侧"Variability Chart"功能时，默认的 Gauge 和 Part 位置是反的，这一程序故障会使 GRR 分析结果错误。解决办法是在图上通过手动拖拽来交换 Gauge 和 Part 的顺序。）

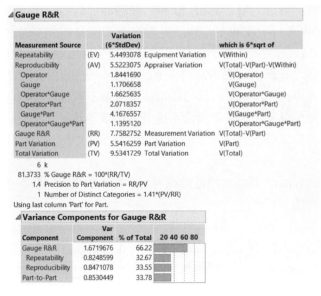

图 5-13　GRR 分析

也可按量具分类，对几个不同的测量系统单独进行测量系统分析，详细过程在此忽略。

8) 在"MSA Design"窗口（如果已关闭"MSA Design"窗口，可参考上一步中的描述在数据收集表左侧通过单击"DOE Dialog"打开）中可查看设计细节。单击底部的"Design Diagnostics"按钮可查看设计诊断报告，如图 5-14 所示。

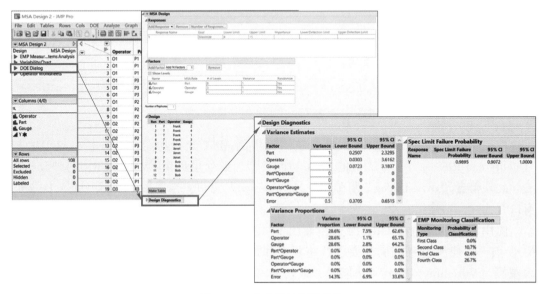

图 5-14　查看设计诊断报告

设计诊断报告包含以下内容，这些数据可用于评估 MSA，探索不同方差设置下的 MSA 结果。
- 方差设置。设置的值会用于估计置信区间以及所有显示的诊断。
- 超出规范的概率比例，如图 5-15 所示。

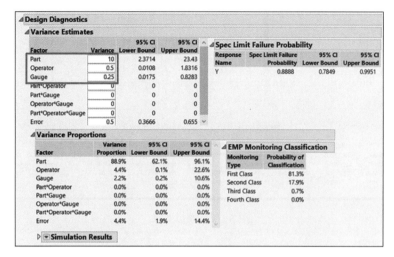

图 5-15　设计诊断报告-方差设置及超规范比例

- 方差比例，也根据以上的方差设置自动更新。
- EMP 监测分类。方差比例和 EMP 监测分类见图 5-16 中方框框出的内容。

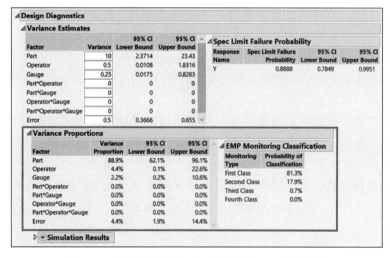

图 5-16　设计诊断报告-方差比例和 EMP 监测分类

- 模拟结果如图 5-17 所示。

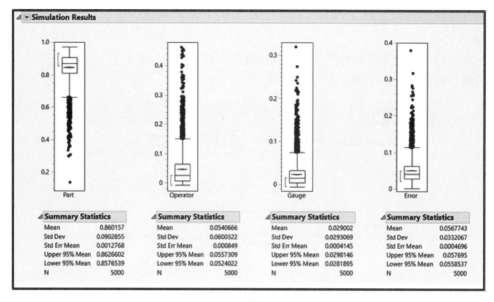

图 5-17　模拟结果

9）最后一步，也是实施 MSA Design 的关键，调整各因子方差至不同的（可通过改善达到的）值以探索影响，进而可确定测量系统的改进方向。

数据质量

过去，企业只使用自己的业务系统产生"小数据"，比如销售和库存数据。但是现在，企业收集和分析的数据已经超出了这个范围，比如我们在前边曾提到过大数据来源包括外部数据，同时数据量也特别大，由此使大数据具有在第一章中提到的 3 V、4 V 或 5 V 特性。在使用和处理大数据时，从大量、多变、复杂的数据集中提取高质量、真实的数据成为人们必须面对的重要课题。

如果数据存在不准确、不完整、不一致或不可信等问题，则可能会导致在制定业务决策时出现重大失误。前边刚刚讨论过的测量系统分析，是在持续改善项目中确认一些工业数据的准确性和一致性的好工具；企业数字化转型需要将测量系统分析和对数据质量要求的思想延伸到数据质量管理工作（数据质量管理应是数据治理的一项重要工作）。对数据质量尤其是工业大数据的质量要求，除了准确性和一致性外，也还需要考虑更多的数据质量要求。

关于大数据质量的要求描述众说纷纭，比如《数据资产管理实践白皮书（4.0 版）》中提及的有：完整性（数据是否缺失）、规范性（数据是否按照要求的规则存储）、一致性（数据的值是否存在信息含义上的冲突）、准确性（数据是否错误）、唯一性（数据是否是重复的）、时效性（数据是否按照时间的要求进行上传）等。将一些要求归类汇总后，以分层形式来描述数据质量要求是一个不错的方法，如表 5-5 所示。

表 5-5　大数据质量指标

维　度	要　素	指　标
可获得性	可访问性	提供数据访问接口
		数据公开或易于购买
	时效性	给定时间内，数据准时到达
		数据定期更新
		从数据采集处理到发布的时间间隔是否符合要求
可靠性	准确性	数据准确
		数据表示（或值）很好地反映了源信息的真实状态
	一致性	信息（数据）表示不会造成歧义
		数据与其他数据源的数据一致或可验证
		在一定时间内，数据保持一致和可验证
	可信度（外部数据）	数据经过处理后，其概念、值域和格式仍与处理前一样匹配
		数据来自一个国家、领域或行业的专业组织
完整性	整体性	数据结构整体性一致
		数据内容整体性一致
	完全性	缺少组分不影响数据的使用
		缺少组分不影响数据的准确性和完整性
规范性	可读性	数据（内容、格式等）清晰易懂
		很容易判断提供的数据满足需求
		数据描述、分类、编码内容符合规范，易于理解

有人说大量数据可以消除数据不一致影响，因此不少人会认为大数据的数据质量并不那么重要。在某些情况下，似乎这种说法有一定合理性，但更多数情况下并非如此，因为机器学习是科学而不是魔法，不能全靠机器学习来处理质量糟糕的数据。在利用机器学习建模之前，需要一种适当的大数据质量评估方法，比如图 5-18 所示的数据质量评估流程。

图 5-18　数据质量评估流程

浅谈工业大数据的特点及分析要点

如果将当前正在转型的制造企业比作一架飞机，那么企业的业务模式就是飞机飞行的航线，而生产模式和管理模式数字化转型则是助推飞机在正确的航线上飞行的一对发动机。在生产与管理数字化转型中，由于许多传感器的应用和管理软件系统的导入带来了规模非常大的数据。前文也说过，无论从大数据 3 V 还是 5 V（Volume、Velocity、Variety、Veracity、Value）的角度来看，工业数据都属于大数据的范畴。

工业大数据是数字化转型的重要特征，可从工业大数据中识别出改善机会，也可以通过对工业大数据进行分析寻找问题的原因，还可以对数据进行分析和建模形成改善方案。认识工业大数据的特点对于正确恰当地使用数据以及通过改善项目实现价值落地有重要的意义。

工业大数据与商业大数据

当前，很多流行的大数据理念都来自于互联网和商务领域，不少高级分析技术也是针对商业大数据开发的。工业大数据和商业大数据在分析方法上没有本质区别，但工业大数据与商业大数据的数据本身却在很多地方存在较大差别。

首先，工业大数据与商业大数据从来源上讲有明显的区别，商业大数据通常是客观的交易记录，而工业大数据以传感器采集数据为主，在采集数据时有必要对采集系统进行必要的确认，这是其主要的特点之一。

工业大数据与商业大数据虽然都是大数据，但对于数据量与数据质量等的关注也有所不同。商业大数据往往强调数据量的多少，而在工业领域则重点关注数据完整性和数据质量，我们希望通过更完整的高质量数据获得可靠的分析结果，在分析过程中注重数据模型与机理模型的融合。

有行业专家还从其他几个方面进行了总结，例如田春华博士等（参考资料 [5]）将其归纳为表 5-6 所示的四个维度：研究对象、现有基础、新的驱动力和对分析技术的要求。

表 5-6 田春华博士总结的工业大数据与商业大数据的区别

	工业大数据	商业大数据
研究对象	以物理实体与环境为中心 （Cyber-Physical-People）	以互联网为支撑的交互 （Cyber-Cyber-People）
现有基础	中/微观机理模型与定量领域知识 在当前基础上前进"半步"都很困难	宏观理念与定性认识 存在广阔的提升空间
新的驱动力	新的感知技术 产品的服务化转型	新的交互渠道 （如社交媒体）
对分析技术的要求	因果关系才有用，模型的高可靠性 （很难接受概率性的预测）	相关性关系就非常有帮助 （大数据原则）

1）研究对象不同：工业领域以物理系统（物理实体或环境）为中心，研究动态过程的规律和因果关系；而商业大数据以人造系统（人或流程）为研究对象，试图理解其中

的行为模式。当然，工业领域的一些产品（如个人电子消费品）和商业产品在产品定义、营销和售后方面有不少相似之处，但对于复杂产品（如高端装备、高精度制造），区别是非常显著的。

2）现有基础不同：在工业领域，人们对生产过程的研究一般比较深入，形成了很多系统化的中/微观机理模型，领域知识也比较丰富。客观来讲，对物理系统本身的突破性知识发现难度很大。工业数据中体现出来的规律常常难以突破现有生产技术人员的认知范围。与之相比，商业领域中仅存在一些宏观理念，定性描述人的行为偏好和经济活动规律，给大数据分析留有广泛的提升空间。

3）新的驱动力不同：感知技术的发展和普及是工业大数据的驱动力，现有的工控技术很难处理大数据量的挑战，大量的监测数据也为大数据分析带来了与业务数据融合分析的机会。而互联网的发展为企业带来与客户交互的新渠道，极大促进了商业大数据分析的发展。工业领域的大数据大多是具有时空信息的结构化数据，且背后有明确的物理结构（如系统动力学、网络拓扑关系等），对时间序列、时空模式、序列模式等结构模式挖掘非常重要。而商业大数据分析则大多集中在结构化的数据仓库表或非结构化数据（如文本、视频），数据间除了实体关系和部分时空信息外，结构性关系较弱。

4）对分析技术的要求不同：工业系统的实时性高、动态性强，对分析结果的精度要求高，很难接受概率性预测，而商业应用常遵循大数原则，概率性的分析就可以为运营提供很大的帮助。不同工业应用场景对技术指标的要求也不同，比如在风机领域，大部件的故障检测报警已经可以在 PLC 中实现，大数据分析只有提前若干小时的故障预警才有意义；油气管道泄漏检测中，泄漏发生后的及时报警也很有意义，但其要求零漏报、极低的误报（误报会给一线工作人员带来很大工作量）。

工业大数据分析要点

基于工业大数据的运营是在大数据时代进行创新和持续保持优势的关键，大数据意味着解决问题的大可能性，工业大数据分析可以提供与传统数据分析不同的方式来洞察企业每天面临的挑战，但也不能脱离传统的统计方法，在对工业大数据进行分析时有一些要点总结如下。

- 首先，如第二章所介绍，在数字化时代进行改善时，可利用的数据与传统制造业改善时所使用的"小数据"相比，除了数据规模有数量级的差别外，数据类型也更丰富。利用全数据以及数据相关性解决问题是数字化转型所需要的重要思维方式，但基于实践中的六西格玛项目经验，必须反复提及数据抽样和因果思维依然非常重要，不能因为有了大量数据就脱离实际情况来分析和研究数据。
- 同时，也应意识到大数据的分析方法与"小数据"存在着显著的不同，具体表现在对工业大数据首先强调进行数据探索，大数据分析经常使用数据挖掘和机器学习方法或者使用一些高级统计方法（比如 ARIMA 方法对时间序列进行数据分析）；与此不同的是，传统统计分析通常直接使用基于概率分布的工具进行分析（如假设检验等统计推断方法）。

- 尽管大数据相比"小数据"有很大区别，但对工业大数据分析还应秉承"小数据"思维，尤其是在数字化六西格玛项目中应重视机理模型和领域知识，综合利用各种数据分析技术手段。
- 大数据分析适用于定量化问题，若影响问题的关键要素没有包括在数据中，用大数据分析也不能得到期望的结果。
- 使用工业大数据分析也要确认数据的质量，包括必要时进行测量系统分析等，这些已分别在前文测量系统分析和工业大数据质量这两个小节做了说明。
- 最后，大数据分析适用于有经验但不够准确的情况，而机理模型非常清晰且可操作性强的场合，一般不必使用大数据分析。

工业大数据分析与知识发现

知识发现（Knowledge Discovery in Database，KDD），是所谓"数据挖掘"的一种更广义的说法，即从各种媒介表示的信息中，根据不同的需求获得知识。知识发现的目的是向使用者屏蔽原始数据的烦琐细节，从原始数据中提炼出有意义的、简洁的知识，直接向使用者报告。基于数据库的知识发现和数据挖掘还存在着混淆，通常这两个术语可以替换使用。

如今，科学、工程和商业的大多数领域都变得越来越依赖数据，对制造过程通过过程变量间的关系以及过程变量与衡量指标间的关系挖掘，包括从模拟结果中提取知识和知识自动化等是数据有助于工业领域知识发现的几个主要方面：

1）利用过程变量之间的关系实现间接测量。在工业应用中，不同过程量在测量技术可行性、测量精度和测量成本上差别较大，有时可通过大数据分析建立一些指标间的关系模型，通过易测的过程量去推断难测的过程量，从而提升生产过程的整体可观可控。这种方式也可称为软测量，比如通过寻找相对容易测量的焊接位移与破坏性的焊接牢度之间的关系，进而通过监测位移来代替焊接质量监控就是这一方面的典型例子。

2）量化过程变量与衡量过程的指标（质量、效率、可靠性等）之间的关系，突破现有的知识盲点，这一领域例子比较多，许多可用于预测的机器学习模型都属于此类。

3）从模拟输出中提取知识。例如，我们可以建立了一个生产过程的仿真模型，对模拟结果可以建立数据挖掘模型，该模型不仅有助于加深对模拟软件及实现原理的理解，更重要的是，提取的知识可以用复用于更广泛的场景。

4）知识自动化，而不仅仅是知识发现。将领域知识进行系统化管理，通过大数据分析进行检索和更新优化。

从工业数据集中发现有用知识通常是使用数据挖掘技术的一个过程，这一过程会在本书第六章中介绍。

探索性数据分析（EDA）和描述性统计分析

探索性数据分析（Exploratory Data Analysis，EDA）

在使用传统统计分析方法时，通常要求数据服从某种分布（如正态分布），在满足前提的条件下才能使用相应的分析方法；但在实际应用时数据可能并不满足假定的理论分布（如正态分布或泊松分布），所以传统方法的统计结果有时候表现差强人意，在应用上受到很大局限。

在面对工业大数据分析时，如果一拿到数据就想用传统统计方法进行分析，可能会无所适从。由于探索性数据分析（EDA）更强调直观和图形化，而且方法灵活多样，因此有层次地进行探索性数据分析对研究数据是很有帮助的。马逢时老师等编著的《六西格玛管理统计指南中》也特别开设了一个章节来介绍 EDA。

探索性数据分析（EDA）主要关注的是分析数据全过程的早期阶段，这时候还无法进行常规的统计分析。探索性数据分析（EDA）有以下三个特点。

1）从原始数据出发，深入探索数据的内在规律性，而不是从某种假定出发，套用理论结论，拘泥于模型的假设。

2）从实际出发，不强调理论的严谨性，根据数据灵活对待处理，什么方法可以达到目的，就使用什么方法。更着眼于方法的稳健性、耐抗性，而不刻意追求概率意义上的精确性。

3）分析工具简单直观，更加强调直观及图形化，使大多数使用者都能从中分析出有用的信息。

以下是一份有关数据探索的导览，各步骤并非都是必需的，步骤之间的顺序也可能因数据不同而不同。

1）整理数据集：把数据结构化为标准的行列式。许多数据分析工具的首选格式是以每条数据记录为行，属性或维度为列。如果用于数据挖掘，在有目标属性（或类标签）的情况下也应标示出来。

2）确定每一种属性的统计分布中心：如果可能，为每一种属性计算它们的均值、中位数、众数。如果三种统计量差异太大，很可能意味着该属性含有离群点，或者存在多元模型，或者存在某种特别的统计分布。

3）了解属性的离散程度：为每种属性计算标准差和极差。比较均值和标准差，从而了解数据的离散程度，以及最大值和最小值情况。

4）对每种属性的统计分布进行可视化：为每一种属性绘制直方图和概率分布图。为不同类群的数据绘制直方图和概率分布图，用不同颜色区分不同类群。

5）数据透视表：有时称作维度切割。数据透视表可以帮助我们理解各属性的不同数值，能够对各个类群逐一分析，从而挖掘所有属性的相关信息。Excel 很好的普及了这种数据分析方法。

6）留意离群点：使用散点图或者盒须图识别离群点。它们的存在可能使均值、方法、极差等统计量的计算发生偏差。对于某些数据挖掘任务来说，识别离群点可能是一些应用的主要任务。

7）了解属性之间的关系：计算属性之间的相关系数并计算相关性矩阵。要特别留意哪些属性彼此依赖，并且要探究为何彼此依赖。

8）对属性之间的关系进行可视化：绘制散点图矩阵，同时对多属性之间的关系进行探索，逐一地查看各个二维散点图，研究其中两种属性之间的关系。

9）对高维数据进行可视化：绘制平行坐标图和 Andrews 曲线图，研究哪些属性可以区分不同类群。差线图可以迅速量化每个类群有关每种属性的数据分布情况。

探索性数据分析软件工具

若使用 Minitab 统计软件，在 Minitab 18 以前的版本中有 EDA 分析功能，但在 Minitab 18 之后该功能被取消了，相关的工具主要分散在图形（Graph）菜单里。此外，从 Minitab 19 开始支持调用特定的 Python 程序，例如可以使用相应功能在 Minitab 中生成 QQ 图等。

如果使用 JMP 的话，相应的数据探索和可视化功能很丰富，这也是 JMP 一直的优点。

一些机器学习商业软件也有很好的数据探索功能，比如 RapidMiner 和 Knime。

对于擅长 R 或 Python 的读者来讲，使用这些开源软件几乎能实现所有 EDA 的功能。

描述性统计和 EDA 的区别与联系

作为应用统计中很重要的一个分支，探索性数据分析的概念及与描述性统计的区别在传统六西格玛培训过程中较少作为专门的课程进行培训，这里可以费点笔墨讨论一下。

通过前一小节我们可以看到，探索性数据分析（EDA）主要关注的是分析数据全过程的早期阶段，可将 EDA 归类为应用统计范畴。EDA 涉及从不同角度查看和描述数据集，描述性统计量的计算通常也被包括在 EDA 范围内。

不同的出版著作中对 EDA 的描述有时候有较大的区别，从实用分析来说，可将探索性数据和描述性统计结合起来，在数字化六西格玛 DMAIC 程序中 M 阶段和 A 阶段有广泛应用，也对应于 CRISP-DM 中的数据理解（Data understanding）阶段（由于第六章中才会讨论 CRISP-DM，因此对于这个方法还不了解的读者可暂时不对这一句话的内容做过多关注）。

传统六西格玛中常提到的描述统计经常是和推断统计学联系在一起的，它们是统计学中相辅相成的两个部分，描述统计学是基础；推断统计学包括参数估计和假设检验，是统计学的核心，对参数估计与假设检验的更多介绍可见第六章中的统计分析方法一节。

时间序列数据及其可视化

一般来讲，按照时间维度，常见的数据可以分成以下几类：

1) 时间序列数据（time-series data），以规律的时间间隔采集并按时间先后次序排列的单变量数据集合，如一年内某型号断路器每周的销售数量。

2) 截面数据（cross-sectional data），多变量在同一个时间点（截面空间）上产生的数据。

3) 混合数据（pool data），又叫平行/面板数据（panel data），是多个变量的时间序列组合或时间序列数据与截面数据的结合。

工业数据分析经常会遇到时间序列数据，比如设备状态监测数据等，它们具有明显的时序特征。时间序列数据以及截面数据都是一维数据，混合数据则是在时间和截面空间上取得的二维数据。

每个序列可以是因变量（即要预测的目标序列），也可以是预测变量。研究序列有助于辨别其中的模式，从而做出更好的预测。

有两种特殊类型的预测变量序列。

✓ 事件：用于说明可预测的重复发生事件，例如销售季度促销活动。

✓ 干预：用于说明一次性事件，例如地震、海啸等突发事件。

时间间隔可以用任何时间单位，但测量值的时间间隔必须相同，没有测量值的时间间隔必须设置为缺失值。

时间序列表示法

有人说时间最无情，岁月最冷漠。如果不回忆过往，便不易感受到时间流逝；如今的数字化时代，不管处在什么岗位，很多人的工作节奏都似乎比以往更快，在充实的工作中几乎感受不到时钟的存在，只是偶有闲暇才会发出"时间如白驹过隙"那样的感慨。我们常常选择性地记录一些喜怒哀乐，它们都是关于时间的片断，若记忆的载体是大脑，在时间流逝后剩下的就是故事；若载体是磁盘，留下的则是数据和日志。在大脑中或硬盘里的，沿时间线持续记录的数据就属于时间序列，它可以是单变量序列也可以有多变量序列。每秒钟收集一次心跳的频率就能形成一个单变量时间序列数据；多变量时间序列由几个随时间变化的变量（或特征）组成，比如监测树叶飘落的速度，可得到 x、y、z 三个维度的时间序列数据。

在开始讨论时间序列的内容前，我们先了解本书中时间序列的表示法。

- 时刻的表示：在时间序列中，若当前时刻为 t，可把过去的时间称为滞后（Lag），滞后的时间相对于现在为负，因此前一时刻用 $t-1$ 表示，再前一时刻是 $t-2$。下一个时刻为 $t+1$，再下一时刻则是 $t+2$……。
- 观测值的表示：z_t 表示时刻 t 的观测值，$t+n$ 和 $t-n$ 时刻的观测值分别用 z_{t+n} 和 z_{t-n} 表示。对于过去时刻的观测值，也可以使用 Lag 表示，比如用 Lag1 来表示 $t-1$ 时刻的观测值。也可见以下总结。
    - ✓ 时刻 t 之前：……，z_{t-2} 或 Lag2，z_{t-1} 或者 Lag1。
    - ✓ 时刻 t：z_t。
    - ✓ 时刻 t 之后：z_{t+1}，z_{t+2}，……。

时间序列的趋势及周期特征

1）趋势。有局部趋势和全局趋势两类，一个序列也可同时包含这两种趋势。例如经济萧条时股价下降，经济繁荣时股价上升这两者都可称作局部趋势，因为从历史记录来看，股票市场指数总趋势是上升的。例如，图5-19为上证A股指数以1990年12月19日为基期（基期值为100）到2021年7月的走势图，从中既可看到局部趋势，也可看到全局趋势。

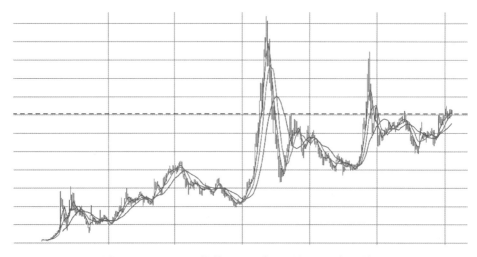

图5-19 上证A股指数（1990年12月~2021年7月）

趋势既可以是线性的也可以是非线性的。全局线性趋势能被很好地拟合和预测，后续章节中会介绍如何通过指数平滑模型和ARIMA模型来进行预测。

2）季节性周期。指时间序列中可预测的重复模式。季节性周期有确定的时间间隔。例如，产品销售额通常会随季度和年度而循环。例如，某产品的月度销售额在每个季度的最后一个月都很高，季度销售额也呈献出明显的周期性（如图5-20所示，不难发现明显的季节周期性)。

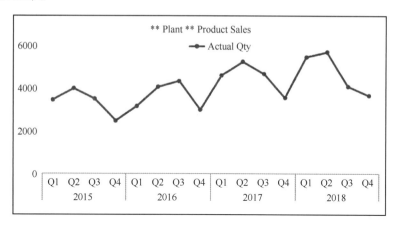

图 5-20　某产品月度销售额

季节模式对于获取良好的拟合和预测非常有用，用来捕获季节性的有指数平滑模型和 ARIMA 模型等。

3）非季节性周期。指序列值中可能无法预测的重复模式。

某些序列明显地表现出周期性行为，但这种周期性的周期间隔并不固定，因此很难预测。比如仍以销售数据为例，当销售部门举行的促销时间间隔加大或减小时，最终反映出来的月度销售额就属于此类，此外许多传统节日的阳历日期每年都会变化，由此带来的人员迁徙、经济数据等都具有非季节性周期特征。

非季节性周期特征很难建模，通常会增加预测的不确定性。在有非季节周期时，仍可尝试找出与历史数据拟合得较好的模型，最大限度地减小预测中的不确定性。

人们总是热衷于预测未来，因此如何预测趋势一直是很热门的话题，利用时间序列进行预测的话题将在第六章中分析探讨，接下来将介绍另一个非常重要的时间序列特征：离群值。

时间序列数据的离群值

时间序列中也经常会出现离群值（Outlier），我们将序列中无法解释的水平变动称为**离群值**，在进行异常检测时通常称为异常点（Anomaly）。

如图 5-21 中圆点显示对某酒店价格时间序列数据识别出的离群值。图形纵轴为酒店房间价格，横轴为代表时间点的数值，图中圆点表示通过异常检测算法识别出的离群点。

- AO 离群值（Additive Outlier）。AO 离群值表现为异常大或异常小的单个值，后续值不受 AO 离群值影响，如图 5-22 所示。连续的 AO 离群值通常称为 AO 离群块。

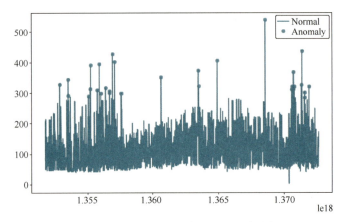

图 5-21　某酒店价格时间序列图及异常点标注

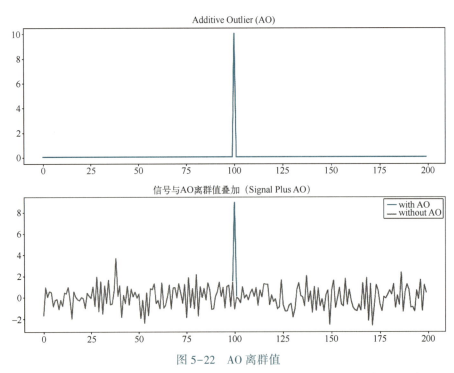

图 5-22　AO 离群值

- IO 离群值（Innovational Outlier）。IO 离群值的初始影响会一直对后续观测产生作用。IO 离群值的影响可能会随着时间的推移而不断增强或减弱，如图 5-23 所示。
- LS 离群值（Level Shift Outlier）。由于水平变动，在 LS 离群值之后出现的所有观测值均移动到新水平。与 AO 离群值相反，LS 离群值会影响许多观测值，具有永久性影响，如图 5-24 所示。

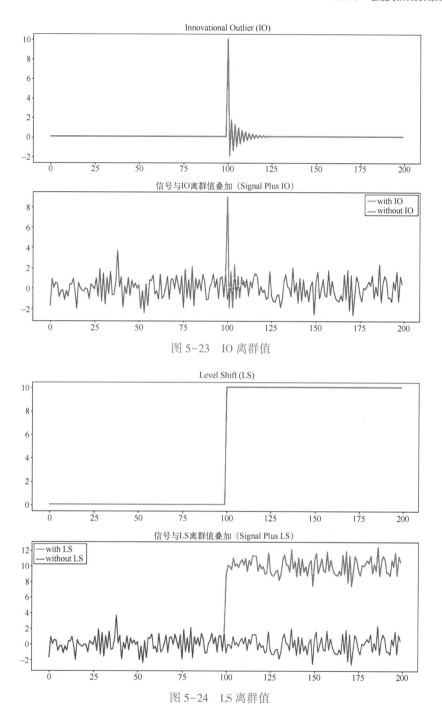

图 5-23 IO 离群值

图 5-24 LS 离群值

- TC 离群值（Transient Change Outlier）。TC 离群值类似 LS 离群值，但对后续观测的影响呈指数递减。最终序列会恢复到它的正常水平，如图 5-25 所示。

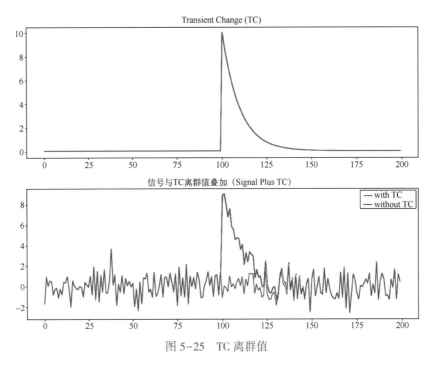

图 5-25　TC 离群值

- SA 离群值（Seasonal Additive Outlier）。SA 离群值表现为时间序列中以固定时间间隔重复出现的异常大或异常小的值，如图 5-26 所示。

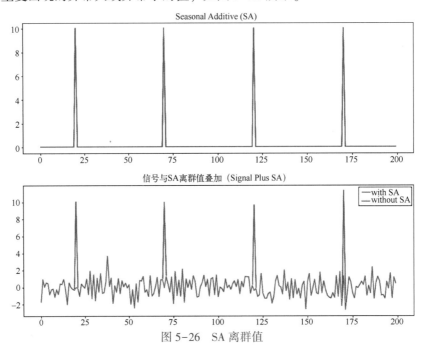

图 5-26　SA 离群值

时间序列更复杂的异常通常可近似看作这几种异常的组合,对这些离群值可检测确定离群值的位置、类型和量值大小。工业数据的时间序列离群值(异常值)检测可以用统计方法、机器学习算法甚至深度学习算法,在第六章中介绍常见机器学习任务后将单独用一节以案例的形式探讨时间序列数据的异常检测方法。

时间序列数据可视化

在制造现场获得时间序列数据的时候,可能数据量也比较大(笔者分析过的单个时间序列数据文件大小通常从几百兆字节至大于 10G 字节不等),通常必须用各种不同类型的图形来实现或加深对数据的理解。

本节将介绍笔者常用的几种方法(也几乎涵盖了多数的可视化需求),包括:折线图、滞后散点图、自相关图、直方图和密度图、Q-Q 图、箱线图以及热力图等。这些图中有些已包含在 QC 七大工具中,相同的原理可通过软件使用于时间序列数据可视化,剩下的工具有些在传统六西格玛已广泛使用,也有专门针对时间序列数据而使用的图。

限于篇幅,本节将重点介绍折线图、滞后散点图、自相关图、箱线图和热力图的作用和原理,同时会一起简要介绍绘制的方法(详细的制图方法及代码可参考随书资源)。

(1)时间序列折线图

在分析折线图时,有几个注意点。一是要特别留意序列中任何明显的模式。比如随着时间的推移可能数据有增加或减小的趋势,有些数据可能会存在明显的异常值,数据之间可能会出现有规律地起伏波动等。趋势和周期性都意味着数据集是非平稳的。

用 Python 或统计软件制作折线图都非常方便,例如,使用相同的数据集,分别用 Python 和 Minitab 生成图 5-27 和图 5-28。

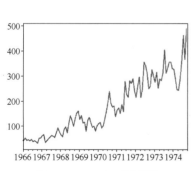

图 5-27 Python 折线图
(使用 matplotlib.pyplot)

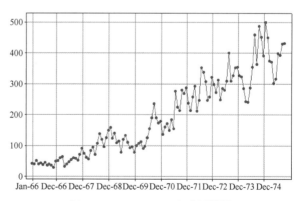

图 5-28 Minitab 20 生成折线图
(Stat→Time Series→Time Series Plot)

此外，还可以将时间序列数据按一定的时间间隔对数据进行分组，并为每一组创建一个折线图进行直接比较。

（2）滞后散点图

滞后散点图的实质就是散点图。由于时间序列数据本身作为单一变量并不能制作散点图，因此可对数据进行滞后处理再作图，滞后操作示例见表 5-7。

表 5-7 滞后操作示例

Date	Temp	Lag1	Lag2	Lag3
1/1/1989	14.3	*	*	*
1/2/1989	17.4	14.3	*	*
1/3/1989	18.5	17.4	14.3	*
1/4/1989	16.8	18.5	17.4	14.3
1/5/1989	11.5	16.8	18.5	17.4
1/6/1989	9.5	11.5	16.8	18.5
1/7/1989	12.2	9.5	11.5	16.8

将 t 时刻序列去掉第一个数之后作为横轴，将 t-1 时刻的序列数据（即 Lag1）作为纵轴，则可绘制 t 时刻和 t-1 时刻的序列散点图，如图 5-29 所示。绘制散点图时，应尽量保持图形的高和宽相等。

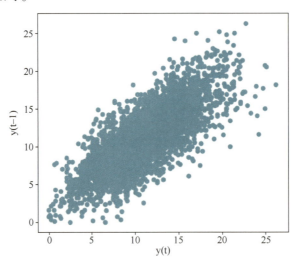

图 5-29　t 时刻和 t-1 时刻的序列散点图

滞后散点图的绘制可使用 Python Pandas 库中的函数 lag_plot。

```
# create a scatter plot
from pandas import read_csv
```

```
from matplotlib import pyplot as pl
from pandas.plotting import lag_plot
series = read_csv(filename, parse_dates=True, squeeze=True)
lag_plot(series)
pl.show()
```

也可制作 t 与 t-n 时刻的滞后图。

（3）自相关图

除了可以通过滞后散点图来查看观测值与其滞后之间是否有相关关系，我们还可以量化相关的强度和类型。在统计学中，把时间序列和其滞后值之间的相关性称为自相关（self-correlation 或 autocorrection）。

与在六西格玛中使用的相关性有相似的属性和解读方式：自相关系数值也是介于-1到1之间，其符号为负，表示负相关；符号为正，表示正相关。数值接近零表示相关性较弱，而接近-1或1则表示相关性较强。

可以为每个观测值和不同的滞后值计算相关系数，这些相关系数可组成一个序列，可使用该序列创建一个图来帮助更好地理解这种关系如何随着时间的推移而变化，这种图称为自相关图。Minitab（或 JMP、SPSS 等其他常用的统计软件）有自相关检验功能，Pandas 也提供了内置函数 autocorrelation_plot( ) 用于绘制自相关图。

图 5-30 是一个自相关图的例子。从图中可看出，相邻两个时间点之间的相关性 >0.5。图中类似于 SPC 控制限（control limit）的虚线可辅助判断在虚线外的所有相关性在统计上是显著的。同时，我们可看到强的负相关和正相关周期，类似振荡衰减的正弦波表明时间序列中存在季节性。

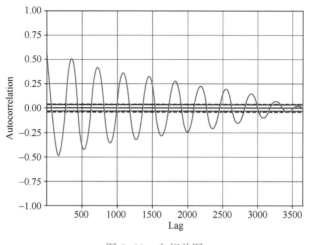

图 5-30　自相关图

（4）箱线图

箱线图（Box plot），是一种用来显示一组数据分布情况的统计图，箱线图是1977年由美国著名统计学家约翰·图基（John Tukey）发明的，因形状如箱子而得名。箱线图能显示出一组数据的最大值、最小值、中位数及上下四分位数，如图5-31所示。

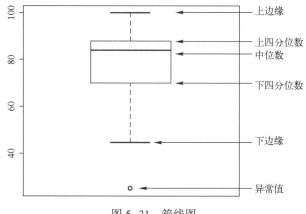

图5-31　箱线图

箱线图是经常用在探索性数据分析中的一种工具，使用起来简单快捷。箱线图在时间序列数据可视化分析中也有重要的作用。

虽然技术上可以对整个时间序列数据使用箱线图，但通常不如使用直方图有效。箱线图比直方图更原始，占用的空间更少，对于比较多个组或数据集之间的分布特别有用，因此推荐将时间序列数据按一定的频次进行分组，比如按年度或月度分组（具体是否要分以及如何分取决于所分析任务），这样可以了解在分组的情况下观测值的分布情况，并通过箱线图之间的对比来观察是否有趋势或其他值得关注的地方。

使用分组的箱线图，可以帮助：
- ✓ 识别数据中的异常值。箱线图识别异常值并不依赖于任何概率分布，它能直观地展示原始数据本来面貌，因此在处理时间序列时使用箱线图也可有助于发现离群点（异常值）。
- ✓ 了解数据分布。将几批数据的箱形图并行排列，数据的中位数、尾长、异常值、分布区间等形状信息便一目了然。

图5-32所示的时间序列数据箱线图按年和月分别进行分组后绘制，通过图形可发现一些有用的信息（略，读者可自行观察）。

（5）热力图

可以将一个数字矩阵绘制成一个平面图，在图中给矩阵的每个单元格指定唯一的颜色，这种图称为热图。较大的值可以用较暖的颜色（黄色和红色）绘制，较小的值可以

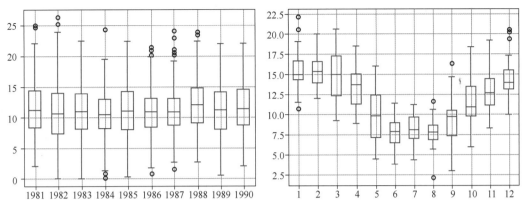

图 5-32 分组箱线图

用较冷的颜色（蓝色和绿色）。

如箱线图一样，可以用热力图比较不同时间间隔的观测值。例如，如图 5-33 所示的热力图中每列数据为一年的每一天，每行数据代表一年，每一个单元格的数值代表当天的最低气温，通过任意一行数据能看出每年年中的气温较年初或年底都要低（这个案例中的数据来自于澳大利亚的一个城市的气温记录）。

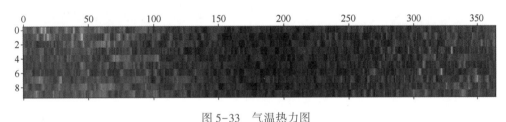

图 5-33 气温热力图

工业数据管理和数据仓库

有这么一种常见的情况：领导安排下属统计一组数据，于是该下属找到其他部门负责的同事从某个系统里面导出来，基于这份数据该下属自己汇总整理并添加了相应的字段，然后提交。领导以收到的数据为基础，再结合其他数据生成了一份图表，图表被用于报告演讲。在这个过程中，数据经过导出、几次转手、加工、添加字段等操作，最终呈现的报告有可能会存在准确性问题，而且数据和报告的格式及标准化方面也都不规范。此外，这一份数据可能会在随后的某个时候被再次使用到其他场合或者被分发给其他人使用，而那时数据库中的数据早已更新。

现实中这种由于数据互相矛盾或错误的例子真不可谓不多，再略举几例。

- 笔者经常担任六西格玛项目教练（Coach），曾在辅导一个项目时发现项目主要 KPI 的基准线值（Baseline）比从月度管理会议报告中看到的数值大很多。
- 由于 SAP 主数据与工程师拥有的数据库信息不一致，导致生产效率指标统计值出现异常。
- 因为主数据与研发数据不一致导致物料盘点出现巨大差异。
- 在一个汽车零件项目中，当新项目 PPAP（生产件批准程序）签署后即将进入量产时才发现，财务因基础数据错误而导致向客户提供了错误的报价，项目直接处于亏损状态，接下来生产和销售量越大将会亏损越多。

可以看到，分散的业务数据系统中经常有数据质量问题，新的 IT 系统还在不断建立，不同系统的字典不一致，常常因缺乏集中管理而使报告变得困难、不一致或不正确，如图 5-34 所示。

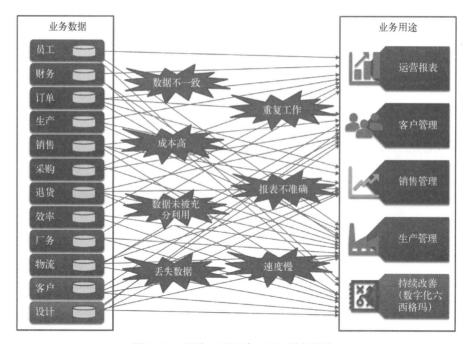

图 5-34　混乱、不正确、不一致的报告

为满足一个业务需求（不仅仅是持续改善项目的需求），往往需要收集来自不同系统的数据，为整体管理和使用数据而创建一个集中的数据存储和管理空间把相关系统的数据汇集到一起，于是就有了数据仓库的概念。通过图 5-35 可以了解数据仓库如何发挥作用，数据仓库通过提供集中式数据访问服务，可解决大多数刚才提到的问题。同时，数据仓库也构成了企业的整体资产，而不是属于某一部门或者某一位员工。

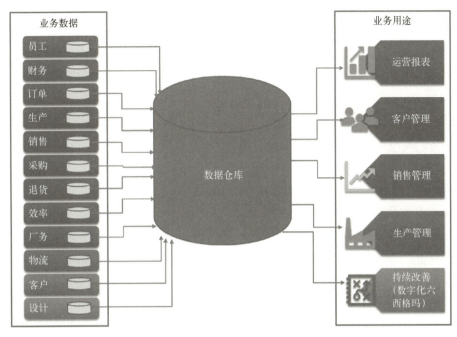

图 5-35　数据仓库系统

建立数据仓库是为了有组织地存储来自各个不同源系统的历史数据，建议先梳理并明确业务目标，再成立项目并构建数据仓库。

以项目（持续改善项目或 IT 项目均可）形式来建立数据仓库，如图 5-36 所示，首先可确定业务需求；然后是设计和建模，包括技术和数据架构、数据建模、流程建模等；接着是实际的数据仓库构建工作，包括创建数据库、确定索引、ETL（抽取、转换和加载）、报表等；最后，将项目部署到生产状态。

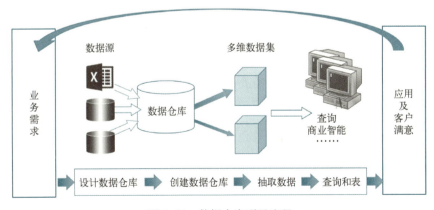

图 5-36　数据仓库项目流程

数据仓库通常是企业级的，是业务与 IT 的共生体。初期的数据仓库项目完成后，可以另外立项对它进行扩展。因此，一方面初始建设数据仓库的时候可以有一个比较宏观的规划，另一方面如果有很多业务对数据仓库提出需求，则可以分解成一系列的数据仓库项目来实施。比如笔者在过去推动建立数据仓库的实践中也主张将大的数据仓库项目分解成一个个小的基于任务的项目来实现，这样在投资规模和及时见效两方面都有优势。

关于数据仓库项目管理，有几点比较重要。

- ✓ 可以将建立数据仓库当作一个持续改进项目开展（当然当作一个 IT 项目实施会更好），有输入、过程、输出和客户（内部客户）。
- ✓ 必须有数据库专家和业务专家共同参与。
- ✓ 数据仓库项目必须获得管理层和业务部门的支持，以笔者的经验来看，这一点有时候并不容易做到，尤其是当一些身处管理职位上的人还没意识到它的重要性的时候需要花大力气来说服他们支持。
- ✓ 我国在 2017 年正式推出《信息化和工业化融合管理体系　要求》（GB/T 23001-2017），以体系标准的形式来促进两化融合工作。在贯标认证过程中，我们对体系所要求的"从战略出发，打造新型能力"这一套组合拳深有感受。事实上，数据仓库的建立最好是能与企业战略挂钩，明确数据仓库与数字化转型在企业战略中的地位，这样就能从根本上保证数据仓库项目能获得持续支持。

建立数据仓库项目实施过程中也有一些特别关注点。

- ✓ 在项目启动时，必须建立清晰可实现的目标。例如，创建一个环境，通过对多个系统的数据集成来生成周报，这就是一个极好的目标。目标是确定需要什么以及为什么，并对其用途有一定了解。
- ✓ 保证数据质量。
- ✓ 设置企业字典。
- ✓ 服务器成本。
- ✓ 数据仓库专家。数据仓库项目需要具备经验的专家，不要用数据仓库项目来培养人才。像数据仓库（甚至是在线统计过程控制（SPC）系统这样的次一级系统）属于战略，应依靠真正有经验的专家确保架构可扩展。
- ✓ 业务发起人（Business Sponsor）。
- ✓ 技术发起人（IT Sponsor）。
- ✓ 数据库技术及成本。
- ✓ 磁盘空间及成本。
- ✓ ELT 工具。

- ✓ 要有灵活的数据仓库框架，以便可以后期继续扩大规模。
- ✓ 数据仓库最好能与商业智能（BI）结合。
- ✓ 也有企业考虑将 IT 与 OT 数据分开建立数据仓库，如果回到建立数据仓库的出发点，此问题似乎不应该是一个问题。
- ✓ 实践证明，要避免企图对整个工厂数据进行建模，应专注于实现业务目标的基础数据。

数据仓库项目总体来说是非常难的项目，但千里之行，始于足下。在笔者主持工厂数字转型时，鉴于工厂存在很多数据孤岛，不少 IT 软件互不相连的状况，为实现智能工厂的目标，根据工厂数字化转型路线图提议并确立了数据仓库项目来实现系统之间的横向连通，也取得了管理层和各部门的重视和支持，初步努力实现了几个与业务目标相关的数据的打通，建立了初级的数据仓库并通过 Tableau 实现实时仪表盘（dashboard）。

当我们确定建立数据仓库之后，曾经有一段时间许多人都在讨论数据中台，而忽略数据仓库。事实上，作为制造业中上规模的数字化转型企业，数据仓库项目不太可能一蹴而就，考虑到数据中台所需的巨额费用，正如某位业界专家所说："如果一个企业奔着中台做中台是行不通的。"

本章小结

本章在传统六西格玛 DMAIC 的基础上，对数字化六西格玛的测量（M）阶段进行了重要补充，包括以传感器为核心的自动化测量系统分析及改进、对工业大数据的产生及特点的认识，以及数据理解等主题。在数据理解过程中，由于探索性数据分析从原始数据出发，分析工具简单，而且灵活、易于直观地解读，因此适合在 DMAIC 的测阶段就使用探索性数据分析方法来加深对数据的理解，时间序列可视化的一部分工具也属于探索性数据分析范畴。对于时间序列数据，我们还了解了它的趋势、周期和离群值等特征，这些知识为进一步利用时间序列数据进行预测和异常检测打下基础。

在 DMAIC 程序中，测量阶段是一个承上启下的关键阶段，在六西格玛测量阶段一方面应始终以定义的过程和 CTQ（关键质量特性）为主线；另一方面在测量阶段的一些主要工作，比如测量系统分析、数据收集（含数据收集计划）、对当前过程及绩效的理解等方面都有比传统精益六西格玛扩展的内容和可选择的工具或软件。表 5-8 是一个汇总的数字化六西格玛测量阶段工具集，供读者参考。

表 5-8 数字化六西格玛测量阶段的工具或软件

价值流程图（VSM）	过程模拟
可操作的定义	MSA 设计
数据收集计划	探索性数据分析（EDA）
统计抽样	商业智能（BI）及数据挖掘软件实现数据可视化
测量系统分析	通过传感器、PLC 收集数据
重复再现性	利用 RPA 收集数据
Kappa 分析	数据仓库
控制图	光学字符识别
直方图	语音识别
正态性检验	自然语言处理（NLP）
过程能力分析	数字化系统
项目回顾	工业大数据质量评估

第六章

数字化六西格玛分析方法

"数据是21世纪的石油,而分析是内燃机。"

"Data is the oil of the 21st century, and analytics is the combustion engine."

在数字化六西格玛的分析阶段有许多不同的分析方法和工具,在开始使用工具进行分析前应先明确分析的目的,我们就从此开始讲起。

数据分析目的和应用分类

根据数据分析的结果可以产生决策,进而指导采取行动,这是工业大数据应用的最终目的。Gartner公司于2013年总结过数据分析的四个层次,一直以来广受认可,分别是:描述性分析(Descriptive Analysis)、诊断性分析(Diagnostic Analysis)、预测性分析(Predictive Analysis)、处方性分析(Prescriptive Analysis)。根据工业互联网产业联盟发布的《工业大数据技术架构白皮书》,将工业大数据应用分为以下五大类应用,基于大数据的工业决策控制技术的框架如图6-1所示。

1)描述类(descriptive)应用:主要利用报表、可视化等技术,汇总展现状态,使得操作管理人员可以在仪表盘(dashboard)上总览全局状态。此类应用一般不给出明确的决策建议,完全依靠人来做出决策。

2)诊断类(diagnostic)应用:通过采集工业生产过程相关的设备物理参数、工作状态数据、性能数据及其环境数据等,评估工业系统生产设备等运行状态并预测其未来健康状况,主要利用规则引擎、归因分析等,对工业系统中的故障给出告警并提示可能导致故障的原因,辅助人工决策。

3)预测类(predictive)应用:通过对系统历史数据的分析挖掘,预测系统的未来行为。主要是利用逻辑回归、决策树等,预测未来系统状态,并给出建议。

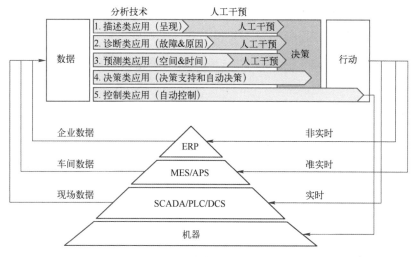

图 6-1　工业大数据应的五类应用

4）决策类（decisive）应用：通过对影响决策的数据进行分析与挖掘，发现决策相关的结构与规律，主要是利用随机森林、决策树等方法，提出生产调度、经营管理与优化方面的决策建议。

5）控制类（control）应用：根据高度确定的规则，直接通过数据分析产生行动指令，控制生产系统采取行动。

DMAIC 与 CRISP-DM

对工业大数据进行分析处理，经常使用数据挖掘技术。数据挖掘领域有许多方法论，CRISP-DM（Cross-Industry Standard Process for Data Mining）是在欧洲委员会提供的基金支持下由 SPSS 公司（SPSS 是世界上最早的统计分析软件，由美国斯坦福大学的三位研究生于 1968 年研究开发，同时成立了 SPSS 公司。2009 年 7 月 28 日，被 IBM 公司用 12 亿美元现金收购）和戴姆勒-克莱斯勒等公司于 2000 年发布的一个跨行业的数据挖掘标准程序。CRISP-DM 将数据分析分为业务理解、数据理解、数据准备、模型建立、模型评估和模型部署六个阶段，其流程图如图 6-2 所示。

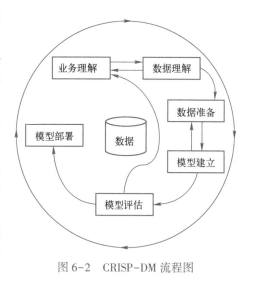

图 6-2　CRISP-DM 流程图

一项由 KDnuggests 网站在 2014 年和 2007 年进行的两次调查显示，CRISP-DM 都是数据挖掘项目的首选方法，占比分别为 43% 和 42%（见图 6-3）。

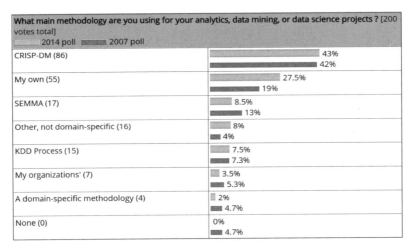

图 6-3　KDnuggests 网站在 2014 年和 2007 年的调查结果

虽然总体来说选择哪一个方法论对于完成数据挖掘任务的重要性并不是最重要的（笔者认为对一个数据挖掘任务来说，对业务场景的理解更重要），但是对于一些典型方法论的理解仍是必要的。因此接下来会对 CRISP-DM 进行介绍。

CRISP-DM 流程

CRISP-DM 是一种得到广泛应用的方法论，正如 CRISP-DM 团队在发布 CRISP-DM 时所宣传的那样，CRISP-DM 之所以成功，就在于它建立在人们进行数据挖掘项目的实践和真实经验的基础之上。

CRISP-DM 方法论对每个阶段的执行内容都进行了细化，使其成为指导性方法论。以下概括介绍 CRISP-DM 各个阶段的主要任务，见表 6-1。

第一阶段：业务理解。这一初始阶段主要集中在对项目目标的理解，以及从业务角度考虑，对客户需求的理解。进而把这些理解转化为一个数据挖掘的定义和为了达到目标的初步方案。

第二阶段：数据理解。数据理解阶段开始于数据的收集工作（收集原始数据）。然后熟悉数据，例如检测数据的质量，包括数据的完整性和正确性，通过简单的特征统计，形成对数据的初步理解，探测数据中比较有趣的数据子集，进而形成对潜在信息的假设等。

第三阶段：数据准备。数据准备阶段涵盖了从原始粗糙数据中构建最终数据集（将会被作为建模工具的分析对象）的全部工作。数据准备工作有可能被实施多次，而且其实施顺序并不是预先规定好的。这一阶段的任务主要包括：制表、记录、数据变量的选择和转换，以及为适应建模工具而进行的数据清理等。

表 6-1 CRISP-DM 阶段及任务

业务理解	数据理解	数据准备	模型建立	模型评估	模型部署
确定业务目标 -背景 -业务目标 -成功标准 **评估形势** -资源投入 -需求、假设和约束 -风险和响应计划 -成本和收益 **确定数据挖掘目标** -数据挖掘目标 -成功准则 **制订项目计划** -项目计划 -工具和技术的初步评估	**收集原始数据** -数据收集报告 **描述数据** -数据描述报告 **探索数据** -数据探索报告 **检验数据质量** -数据质量报告	**选择数据** -数据保留或删除的理由 **清洗数据** -数据清洗报告 **生成数据** -特征加工 -生成记录 **融合数据** -数据融合 **数据格式统一** -数据格式变换 **数据集** -数据集描述	**选择模型** -建模技术 -建模假设 **检验设计** -模型检验设计 **建立模型** -参数设定 -模型 -模型描述 **评估模型** -评估 -修订的参数	**评估结果** -用业务成功准则评价数据挖掘结果 -模型确认 **回顾挖掘过程** -过程总结 **确定下一步工作内容** -行动清单	**制订部署方案** -部署计划 **制订监测和维护方案** -监测和维护计划 **生成最终报告** -最终报告 -最终演示 **回顾项目** -经验总结

2016 年，一项对数据科学家的调查发现，他们在一个数据挖掘项目中平均有 79% 的时间花在数据准备上，项目主要任务的时间分布如下：

- 收集数据集，19%；
- 清理和组织数据，60%；
- 构建训练集，3%；
- 挖掘数据中的模式，9%；
- 算法调优，4%；
- 执行其他任务，5%。

第四阶段：模型建立。在这一阶段，各种各样的建模方法将被加以选择和使用，其参数将被校准为最为理想的值。比较典型的是，对于同一个数据挖掘的问题类型，可以有多种方法选择使用。一些建模方法对数据的格式有具体的要求，因此，在这一阶段重新回到数据准备阶段执行某些任务有时是必要的。

第五阶段：模型评估。从数据分析的角度考虑，在这一阶段前已经建立了一个或多个高质量的模型。但在进行最终的模型部署之前，充分评估模型，回顾在构建模型过程中所执行的每一个步骤是非常重要的，这样可以确保这些模型是否实现了项目的目标。

一个关键的评价指标就是看是否仍然有一些重要的问题还没有被充分地加以注意和考虑。在这一阶段结束之时，对有关数据挖掘结果的使用应达成一致的决定。

第六阶段：模型部署。模型的创建并不是项目的最终目的。尽管建模是为了增加更多关于数据的信息，但这些信息仍然需要以一种能够被使用的方式来组织和呈现。

为了把数据挖掘结果在商业中加以部署运用，此阶段的任务涉及评估结果和商定一个部署运用的策略。如果数据挖掘结果成为日常业务运作和业务环境中的一个组成部分，那么监控和维护将成为一个重要的议题。精心准备监控策略将避免今后对数据挖掘结果的长期误用。为了能够监控数据挖掘结果的部署工作，项目组需要制订一个详细的监控方案。

CRISP-DM模型具有很大的灵活性，可在具体项目中进行自定义。例如，对一部分时序数据进行异常检测时，可能在不需要设定建模目标的情况下对大量数据进行筛选，此时工作任务以数据探索为主。

工业数据分析常常是一个知识严重二分的情形。数据分析师对工业过程缺乏深入了解，而业务人员对数据分析的了解相对缺乏，沟通成本很高，造成效率低，甚至结果达不到预期。因此，制造企业一定要有自己的数据分析师，既懂业务过程又懂数据分析。笔者正在运营的集团机器学习俱乐部就是服务于这样一个目的，目前有十多位企业内部数据分析专家。

CRISP-DM 之局限

与 DMAIC 仍然在动态发展（比如本书就致力于此）不同，虽然 CRISP-DM 也在被广泛使用，但它似乎是静止的，或许是因为开发团队所受的资助到期以及其他方面的原因，自其发布之日起，至今二十年来似乎都没有得到维护和升级，crisp-dm.org 目前也已无法再访问。

依笔者的观察和理解，构建一个数据挖掘模型并真正用于改善所需要的工作通常超出了 CRISP-DM 的范围，在一些应用 CRISP-DM 方法论的项目中也能看到它的局限，比如：

× CRISP-DM 虽然有业务理解这一环，但使用这一方法时容易出现直接拿到数据开始工作，直到建模过程结束，这也许与人们的行为方式有关，但 CRISP-DM 本身的确没有提出支持业务理解的工具，一些不成功的项目也证明了有必要添加一些辅助工具，比如精益六西格玛流程类分析工具。

× CRISP-DM 忽视了对工业大数据的数据源的确认，这可能是因为在它产生的年代不仅还没有出现工业互联网的概念，而且在它的开发过程中似乎也更加侧重于对商业数据的挖掘。

× CRISP-DM 图上没有体现建模内部的循环和部署后模型迭代的需求，针对前者，现在的软件可以通过管道的形式完成，而后者已成为机器学习或数据挖掘应用的一个主要痛点。
× CRISP-DM 也缺少一些促进项目顺利进行的要求，比如没有要求像 DMAIC 一样定期和项目发起人沟通，它也没有安排部署模型的过程。
× CRISP 不是一个项目管理工具，从这个角度来说，它尤其需要和 DMAIC 或者其他项目管理程序结合使用。

与以上讨论的这些点相关的是，在应用 CRISP-DM 对工业大数据分析建模时有一些常犯的错误应引起重视，例如，如图 6-4 所示的几个使用 CRISP-DM 的常见问题。

1）不清楚业务问题以及使用分析会有什么帮助。项目中容易犯的错误是没有深入到细节中真正弄清楚业务问题以及想要进行的分析可能有什么帮助，而是选择一些衡量成功的指标后便认为已经"理解"了业务目标，然后直接开始分析数据。这往往会导致模型无法满足真正的业务需求，尤其是对于工业大数据分析而言，追求因果关系胜于相关关系。

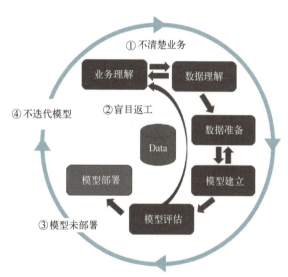

图 6-4 应用 CRISP-DM 中经常出现的典型问题

2）模型盲目返工。第一个问题的存在极有可能导致建立的模型不满足要求，这种情况下可能会出现第二个常见问题，即盲目返工。有一次，一位同事在做一个风险预测时尝试建立了好几个模型，结果都不如人意，有一点束手无策。笔者通过观察模型与了解背景发现，除了建模思路外，该项目只有依赖于充分理解问题，并要求在此基础上收集足够的数据一起用于建模才有可能功（也可能仍然不会有满意的模型）。

我们经常希望对因变量 y 及一些 x 找到一个 f，在可以接受误差 e 的情况下，满足关系：

$$y=f(x_1,x_2,\cdots,x_n)+e$$

实际项目中经常会有很多 x，也可能有很多 y。但是我们所识别的、可测量的、可以收集的和最终可用的变量总是要比实际少，可用如图 6-5 所示的漏斗描述这种情形。

图 6-5 变量筛选漏斗

因此，通常情况下看一个问题应该是如图 6-6 所示的这样，在很多变量中，我们可以获取的只有一部分。

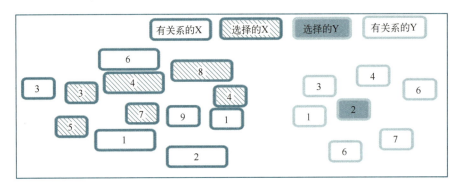

图 6-6 关于变量的示意图

核心的问题就是：这样的数据是否能实现我们的目标？如果没有足够多的符合要求的数据，就会印证那一句话，即"无用数据入，无用结果出"（Garbage in，garbage out）。

许多人都能意识到，需要对照业务目标来检查分析建模的结果，如果分析模型不符合业务目标，他们会试图找一些新的数据或用新建模技术，而不是重新评估业务问题并收集数据，这样会导致盲目返工，最终无功而返，甚至使项目无疾而终。

3）建模时未考虑对模型部署的影响。在 Gartner 公司解读《2021 年数据科学与机器学习平台魔力象限》报告的研讨会上，有一个数字让笔者印象深刻，有 60%~70% 的模型从未部署到生产环境。这后边的原因肯定是多方面的，但从建模的角度来说，分析人员若不考虑模型的部署和可操作性，未将与部署相关的工作视为分析工作的一部分，模型是易于实现还是难以实现（或不可能实现），以及部署后是否真的可用并不在分析人员的考虑之中，或者即使他们意识到这一点但也不清楚如何部署。最终的结果是将模型抛给部署的工程师（比如 IT 或者维修工程师），这样就增加了部署模型的时间和成本，甚至许多模型未起到应有的作用。因此，这也再次证明了企业拥有自己的分析工程师，并以团队合作的方式（比如六西格玛项目）来开展改善活动可从系统上避免此类问题的发生。

4）不迭代模型。不迭代模型也是一个常见的问题，新建一个模型并部署生产可能是一件受关注的事，但迭代模型通常是默默无闻的重要工作。与此类工作相似，事实上一直以来企业里有很多这样的重要工作由于缺乏任劳任怨的人物而被忽视，这一点经常可以在企业内审中发现。数据模型会老化，业务环境可能会改变并削弱模型的价值，驱动模型的数据模式在未来也可能会改变，模型部署后要考虑如何跟踪模型的表现，也应考虑模型的修订工作，修订工作的工作量比最初的创建工作应该更少、更容易。如果模型要继续有价值，就可能需要不断更新，老模型没有监控和维护会破坏分析的长期价值。

因为以上这些问题的存在，可能使团队构建出一个令人印象深刻的但没有业务价值的解决方案。想要真正利用数据挖掘、预测分析和机器学习这些高级方法来解决工业生产中的决策困难,应避免以上问题。

考虑到 CRISP-DM 本身的特点尤其是弱点,以及实践中在应用 CRISP-DM 时常犯的一些错误,在实施数字化六西格玛项目时,下一节将会结合笔者的实践经验将 CRISP-DM 与六西格玛程序结合起来使用。

DMAIC 与 CRISP-DM 融合

实践中的经验表明,六西格玛项目的 DMAIC 开展形式可与大数据挖掘流程很好地契合,对于一个以数据分析为主的项目,可在 DMAIC 中融合并代替 CRISP-DM,如图 6-7 所示。

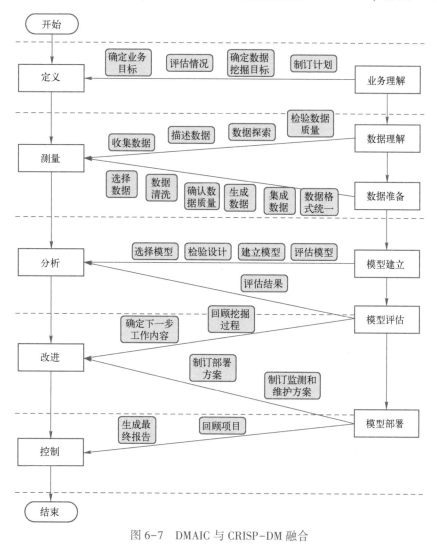

图 6-7 DMAIC 与 CRISP-DM 融合

在图 6-7 中可看到，我们已将 CRISP-DM 流程较好地融入 DMAIC 中，尤其是业务理解、数据理解与数据准备这几方面都与 DMAIC 有较清晰的对应关系，使用 DMAIC 的一些既有工具可以帮助提高业务理解、数据收集、确保数据质量等工作的有效性。有时候数据挖掘任务较简单，它可能只是六西格玛项目中的一小部分，那么在 DMAIC 的阶段内嵌套一个 CRISP-DM 流程也是可行的。

当一个待分析的问题非常明确时，使用 CRISP-DM 会显得非常规范；但在实际的改善项目中，很多问题并不仅仅靠数据挖掘就能解决，有时需要用其他方法论（比如鱼骨图）来支持问题的选择与确定，也有时候必须对数据的测量过程进行确认，还有些情况下需要考虑如何将数学模型与业务模型融合等。因此，在开展一个使用数据挖掘方法的特定改善项目时，建议按 DMAIC 逻辑来开展项目并作为项目报告的逻辑框架，同时 CRISP-DM 的相关术语仍然可以继续使用。除了逻辑方面的因素外，DMAIC 与 CRISP-DM 的融合还可以避免多种不同的程序和报告模板给初级改善实践者带来的很多困惑，这一点在实践中也很重要。

DMAIC 数据挖掘

持续改进是一个过程，由于 DMAIC 中融入了一些大数据处理程序（如 CRISP-DM 或者其他数据挖掘框架），这个过程本身和过程的输出也必然会有变化。下面以 DMAIC 程序为基础，介绍融合升级后用于数据挖掘时各个阶段的主要工作和输出，在此过程中我们也可以同步探讨一些 CRISP-DM 与 DMAIC 相同或不同的地方，以进一步加深认识。

1）定义阶段。DMAIC 与 CRISP-DM 在定义阶段的融合是一对一的，可以将 CRISP-DM 的业务理解工作与 DMAIC 的定义阶段对应，对于数据挖掘类型的 DMAIC 改善项目，定义阶段有以下工作。

- ✓ 收集与业务有关的背景信息。
- ✓ 确定并记录由关键决策者决定的业务目标，目标的定义方式与任何改善目标的定义别无二致，常用"动词+宾语+补语"的形式，例如：减少成品仓库配货走动距离 10%。
- ✓ 确定从业务角度判定数据挖掘成功与否的标准。
- ✓ 过程分析，比如 SIPOC 方法。
- ✓ 评估情况，包括数据、人员、影响项目完成的潜在风险以及与之相对应的应急计划。
- ✓ 把业务目标转换为数据挖掘目标，例如购物篮分析。
- ✓ 数据挖掘的成功标准，包括模型准确度等评估方法和具体的数值，此外应将模型成功部署作为数据挖掘项目成功的一部分，这一点也是与 DMAIC 思路一脉相承的，它的重要性在于促使模型开发人员也重视模型部署，避免产生有趣但无用的模型。
- ✓ 制订、编写项目计划。中等详细程度的项目计划可包括对阶段交付资料的时间等安排。

定义阶段的输出包括：项目背景、业务视角的项目成功标准、项目任务书（Charter）、项目计划等。

2）测量阶段。CRISP-DM 的数据理解和数据准备阶段与 DMAIC 的测量阶段很相似，主要工作是收集数据并对当前状况进行确认。具体的区别在于 DMAIC 的大部分项目需要收集新的测量数据，因此需要详细的数据收集计划（在数字化时代，由于大数据的可用性导致这一点也有所转变），并基于数据理解当前过程；而 CRISP-DM 更注重对数据质量的检查，如处理缺失值、异常值等。测量阶段主要有以下工作：

- ✓ 确认测量系统。在经典的 CRISP-DM 中并没有这一步骤，但在工业企业里对传感器采集系统进行适当了解和确认是有必要的，这一点也是工业大数据与商业大数据的不同点之一。使用 DMAIC 程序的优势是，可以避免因忽略这一步而增加使用质量不高的数据的风险。
- ✓ 收集初始数据集，可能是现有的数据、购买的数据、从互联网上爬取的数据等。
- ✓ 描述数据，包括数据量、数值类型、编码方案等。
- ✓ 数据探索，使用探索性分析工具。
- ✓ 确认数据质量，比如检查缺失数据、错误数据、单位错误、编码不一致等。
- ✓ 选择与任务目标相关的数据，比如选择行和列（属性或特征）。
- ✓ 清洗数据，这是提升数据质量的方法。
- ✓ 评估数据质量，这一步骤是容易被忽略的，因此专门在此提出来，更多内容参照第五章中的工业大数据质量一节。
- ✓ 生成新数据，通常处理文本或合并数据等操作会产生新的属性。
- ✓ 集成数据，同一业务问题的多个数据源数据需要合并。
- ✓ 格式化数据，一些特定的算法需要数据具有特定的格式，必要时对数据进行格式化操作。

测量阶段的输出包括：测量系统确认或分析报告、数据收集报告、数据探索报告、数据质量报告、数据清洗报告、生成和集成数据以及格式化操作记录等。

3）分析阶段。分析阶段的主要工作是选择合适的算法和技术建立模型，从多个模型中选择最优模型。这个阶段通常可以循环多次，构建多个模型然后比较它们的结果。当然，通过管道（Pipeline）技术同时构建多个模型并进行选择和比较也是很好的方案。分析阶段有以下工作：

- ✓ 选择建模技术，通常基于可供挖掘的数据类型、数据挖掘目标、对模型的要求（比如是否需要易于解释和演示的模型）等。
- ✓ 设计模型测试方案，通常包括具体的标准和用于测试是否满足标准的数据。
- ✓ 构建模型，构建模型包括模型参数、模型文件、模型结果这些信息。
- ✓ 评估模型，基于测试计划进行评估以确定准确有效的模型。

- ✓ 修订模型，基于模型评估中的信息，可以调整参数或更换模型。

分析阶段的输出包括：每个模型尤其是最后选定的模型参数、模型文件、模型结果。

4）改善阶段。改善阶段对模型输出结果进行评估，对模型从技术和商业角度进行优化。改善阶段有以下工作：

- ✓ 评估结果，对项目结果是否达到业务成功标准进行评估，以及在建模中发现的其他问题。
- ✓ 总结数据挖掘经验。
- ✓ 确定后续步骤，如果评估结果满足业务目标，则可以确定下一步部署的模型，否则可以进一步改进模型或者终止任务。

改善阶段的输出包括：评估结果（包括满足目标的模型列表）、数据挖掘经验。

5）控制阶段。在业务过程中部署模块以用于决策，部署模型就是将数据挖掘的见解施加于过程中实现改善的过程，这个过程的性质与实施在线的统计过程控制（SPC）有相似之处。控制阶段有以下工作：

- ✓ 制订部署计划。
- ✓ 实施部署。
- ✓ 策划监视和维护。
- ✓ 制作最终报告。毫无疑问，最终报告的格式是基于 DMAIC 程序的，以上提及的 DMAIC 每一步骤的输出结果都可以在最终报告中呈现。项目成本与收益也应在报告中呈现。最终报告既是对项目结果的记录，也可用于向相关人员或部门演示。

控制阶段的输出包括：部署计划、部署的结果、最终报告。

工业大数据分析建模概述

工业数据建模是根据实际工业元素与业务流程，利用设备物联数据、生产和经营过程数据、外部数据构建供应商、客户、产品、设备、产线、工厂等数字模型，并结合数据分析提供诸如数据报表、可视化、知识库、数据分析工具及数据开放功能，为各类决策提供支持。工业大数据分析建模方面已经形成了一些比较成熟稳定的模型算法，可以分为数据可视化技术（EDA）、基于知识驱动的方法和基于数据驱动的方法（图6-8）。数据可视化技术可以利用统计软件、机器学习或数据挖掘平台以及商业智能软件，本书将会在第八章介绍商业智能的应用。

知识驱动的分析方法是建立在工业系统的物理化学原理、工艺及管理经验等知识之上的，包括基于规则的方法、主成分析技术、因果故障分析技术和案例推理技术等。知识库是支撑这类方法的基础。

数据驱动的分析方法很少考虑机理模型和闭环控制逻辑，而是利用算法在数据空间

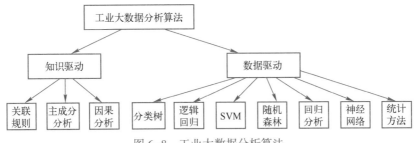

图 6-8 工业大数据分析算法

中寻找规律和知识,算法包括神经网络、分类树、随机森林、支持向量机、逻辑回归、聚类等机器学习方法,以及基于统计学的方法。从表 6-2 中可看出知识驱动与数据驱动方法的对比。

表 6-2 知识驱动与数据驱动方法的对比

方法	知识驱动的分析方法	数据驱动的分析方法
优势	1) 有理论基础和确定的因果关系 2) 直观容易理解 3) 数据量和计算量需求小	1) 可以动态调整 2) 对先验知识的依赖程度低 3) 建模周期短
劣势	1) 是静态模型,无法动态调整 2) 建立创新理论和模型的周期比较长	1) 数据量和计算量需求大 2) 因果关系不明确,可解释性较差 3) 置信度难以达到工业级要求

应用工业大数据的目标是全方位采集各个环节的数据,并将这些数据汇聚起来进行深度分析,用分析结果指导各个环节的控制与管理决策,并通过效果监测形成闭环,实现决策控制持续优化。工业过程要求工业分析模型的精度高、可靠性高、因果关系强才能满足日常工业生产需要,纯数据驱动的数据分析手段往往不能达到工业场景的要求。工业数据的分析需要融合工业机理模型,以"数据驱动+知识驱动"的双驱动模式来进行工业大数据的分析,从而建立高精度、高可靠性的模型来真正解决实际的工业问题。因此,工业大数据分析的特征是强调专业领域知识和数据挖掘的深度融合。

工业互联网好比神经系统,工业大数据分析就是工业互联网的智能中枢,以上提及的分析方法将在本章后续各节分别介绍,限于篇幅,本书并不会面面俱到,主要集中介绍传统六西格玛项目中使用较少的统计分析方法(如时间序列分析、蒙特卡罗模拟)和常用的机器学习或数据挖掘算法。

数据分析软件和平台

开源的数据科学和机器学习平台比较多(图 6-9),如 Python、R、Knime 等,它们能实现的功能也越来越强大,是推广和实践机器学习的重要力量。目前,Python 已成为数据科学与机器学习编程领域最流行的编程语言之一。

图 6-9　一些开源机器学习平台

机器学习领域也有许多商业软件（如 MATLAB、RapidMiner）及各大商业云平台（如百度智能云、阿里云、AWS），如图 6-10 所示（引自 Gartner 公司在 2021 年发布的《数据科学与机器学习（DSML）魔力象限》报告）。

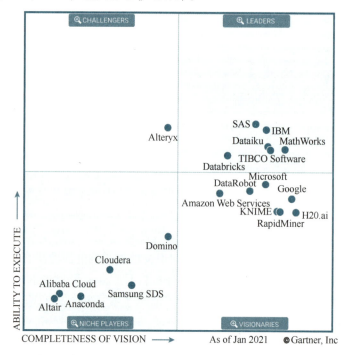

图 6-10　机器学习领域的商业软件和商业云平台（引自 Gartner 公司在 2021 年发布的
《数据科学与机器学习魔力象限》报告）

常用的统计分析软件工具有 Minitab、JMP、SAS、SPSS、STATA、R、Excel 等。利用这些工具可以比较方便地实现数据的描述性统计和推断统计。在几年以前，大数据分析软件与统计软件之间有显著不同，而目前很多专业统计软件也具备了一定的数据挖掘能力（如 JMP、SPSS 等）。

本书后续章节所述的统计分析和机器学习案例将主要以 Python 语言调用开源的机器学习库为主，对于一些统计工具的应用也会在相应章节予以适当介绍。

统计分析方法

统计方法是传统六西格玛项目的基础，统计分析方法分为描述性统计与推断性统计。描述统计学是研究如何对构成研究对象的总体进行全面逐一的调查以及数字的计量、概括、表示的方法。推断统计学是研究如何根据样本的部分数据去推论总体情况的方法。

在第五章中已对描述性统计方法和探索性统计方法进行了简单介绍，本节将讨论统计推断和数据建模方法，包括参数估计、假设检验、蒙特卡罗分析方法、时序数据分析等。由于概率分布在统计分析中的重要地位，接下来首先概括介绍概率分布的判断流程和常见概率分布之间的关系。

概率分布及相互关系

常见的连续概率分布包括均匀分布、正态分布、t 分布、柯西分布、对数正态分布、指数分布、伽马（Γ）分布、贝塔（B）分布、卡方（X2）分布、F 分布等。常见的离散概率分布包括两点分布/伯努利分布、二项分布、负二项分布、泊松分布、几何分布、超几何分布等。一些常见分布之间的关系如图 6-11 所示。

在传统六西格玛项目中，绝大多数情况下我们会选择使用统计软件（比如 Minitab、JMP）对数据做正态性检验。当数据为非正态的时候还可以进行分布 ID 检验以确定分布类型。这些检验都有很清楚的统计量来帮助确定分布类型。比如图 6-12 所示是几年前笔者在研究某产品可靠性时使用 Minitab 确定分布 ID 的一个例子，从图中可以看出被研究的数据最符合对数正态分布（Lognormal）。

面对工业大数据时，如上一节所介绍，我们有很多可视化工具可以选择，而且很可能并不使用商业统计软件，而是使用 Python、R 等开源软件或者商业数据挖掘软件。在使用这些软件的时候，我们不一定会费心去通过假设检验来判断分布类型。相反，由于数量规模很大，我们通常会选择直接生成分布图形，通过图形来判断分布类型，最常用的是直方图。

注意：上文提到了正态分布，顺带提及一点，对于多数读者都很熟知的正态分布，在科技领域也经常被称为高斯分布，比如 Python Random 模块下就有 gauss 函数可用于生成高斯分布数据集。

生成直方图之后，通常可从以下四个方面判断分布类型，概率分布的判断流程如图 6-13 所示。

1) 数据类型：离散或连续。
2) 分布是否对称，不对称的情况下是正偏还是负偏。
3) 数据是否有天然上下界。

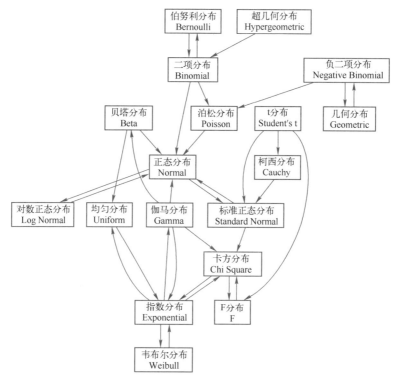

图 6-11 常见概率分布及关系

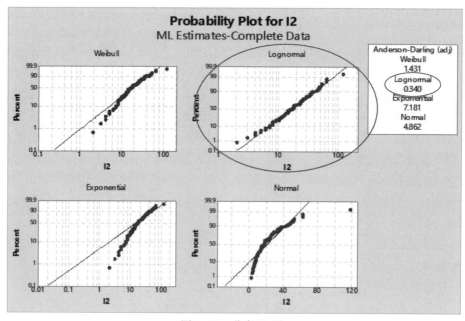

图 6-12 分布 ID 图

第六章 数字化六西格玛分析方法

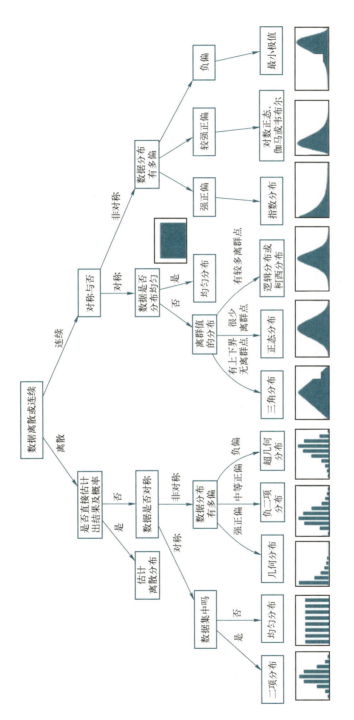

图6-13 概率分布的判断流程图

4）数据极端值分布情况，比如是正还是负，是否频繁出现极值等。

注意：如读者需要清晰的电子版图片，可通过本书的随书资源链接下载。

参数估计

统计推断是由样本的信息来推测总体性能的一种方法，它又可以分为两类，即参数估计（Parameter Estimation）和假设检验（Hypothesis Test）。实际生产和科学实验中，大量的问题是在获得一批数据后，要对总体的某一参数进行估计和检验。

参数估计是根据从总体中抽取的随机样本来估计总体分布中未知参数的过程。18世纪末，德国数学家高斯首先提出参数估计的方法，他用最小二乘法计算天体运行的轨道。20世纪60年代，随着电子计算机的普及，参数估计有了飞速的发展。参数估计有多种方法，最基本的方法是最小二乘法和极大似然法。

从估计形式看，分为点估计与区间估计。要处理两个问题：①求出未知参数的估计量；②在一定置信度（可靠程度）下指出所求的估计量的精度。置信度一般用概率表示，如可信程度为95%；精度用估计量与被估参数（或待估参数）之间的接近程度或误差来度量。

点估计直接以样本统计量作为估计总体参数的统计量。区间估计是估计参数的区间范围，并给出区间估计成立的概率值，涉及置信度、显著水平、置信区间等概念。区间估计有两种模式：

- 根据置信度求出极限误差，并指出总体参数的估计区间。
- 根据给定极限误差，求置信度。

单总体参数估计及其使用的分布如图6-14所示。

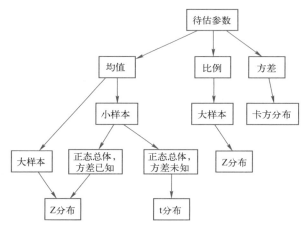

图 6-14　单总体参数估计及其使用的分布

最常用的是单总体均值的区间估计，总结见表6-3。

当面对大数据时，由于数据量可能非常大，不仅可以较准确地确定分布（如上一节所述），而且我们会发现由于样本量很大，置信区间的范围很窄，这对大数据来说是一个利好。

表 6-3 单总体均值的区间估计

分 布	总体方差	样本容量	检验分布	区间估计
正态分布	已知	大样本	Z	$\overline{X} \pm Z_{\alpha/2} \frac{\sigma}{\sqrt{n}}$
		小样本	Z	$\overline{X} \pm Z_{\alpha/2} \frac{\sigma}{\sqrt{n}}$
	未知	大样本	Z，可用 t 近似	$\overline{X} \pm Z_{\alpha/2} \frac{\sigma}{\sqrt{n}} \approx \overline{X} \pm Z_{\alpha/2} \frac{s}{\sqrt{n}} \approx \overline{X} \pm t_{\alpha/2} \frac{s}{\sqrt{n}}$
		小样本	t	$\overline{X} \pm t_{\alpha/2} \frac{s}{\sqrt{n}}$
未知分布	已知	大样本	Z	$\overline{X} \pm Z_{\alpha/2} \frac{\sigma}{\sqrt{n}}$
		小样本	Z 或者 t	$\overline{X} \pm Z_{\alpha/2} \frac{\sigma}{\sqrt{n}} \approx \overline{X} \pm t_{\alpha/2} \frac{s}{\sqrt{n}}$
	未知	大样本	Z，可用 t 近似	$\overline{X} \pm Z_{\alpha/2} \frac{\sigma}{\sqrt{n}} \approx \overline{X} \pm Z_{\alpha/2} \frac{s}{\sqrt{n}} \approx \overline{X} \pm t_{\alpha/2} \frac{s}{\sqrt{n}}$
		小样本	t	$\overline{X} \pm t_{\alpha/2} \frac{s}{\sqrt{n}}$

双总体参数估计及其使用的分布如图 6-15 所示。

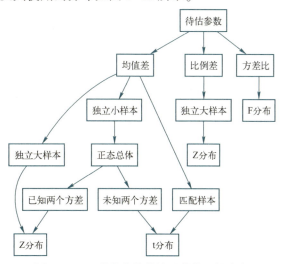

图 6-15 双总体参数估计及其使用的分布

假设检验

和参数估计一样，假设检验也是对总体进行推断，不同的是，假设检验对统计量提出某种假设并通过样本信息验证该假设是否成立。可以将假设检验分为以下几步：

1）将业务问题转化为统计问题。
2）确定原假设 H0 以及与原假设对立的备择假设 H1。
3）验证前提条件。
4）选择检验统计量。
5）设定显著水平。

6）确定拒绝域（使用统计软件能自动计算 p 值并用于接受判断，因此从操作层面看这一步可跳过）。

7）（用软件）计算检验统计量或求出 p 值。

8）判断检验统计量是否位于拒绝域中：如果检验统计量落在拒绝域中，则拒绝原假设，接受备择假设；如果没有落在拒绝域，就说明拒绝原假设的证据还不够充分（一般不说接受原假设）。

由于统计软件都能计算 p 值，将 p 值与 α 进行比较要比使用拒绝域的方式更普遍，如果 $p<α$ 则说明可以拒绝原假设；如果 $p>α$，则说明没有足够的证据证明原假设不成立，所以无法拒绝原假设。

传统六西格玛项目中使用的数据多数是截面数据（是不同主体在同一时间点或同一时间段的数据，也称静态数据），截面数据的假设检验相关统计方法可参考表6-4。近几年越来越多的领域使用时间序列数据，甚至是许多自相关的时间序列数据，对于时间序列数据的分析本书会以一个专门的章节在后边介绍。

表6-4 变量类型与统计方法

X 类型	Y 类型	统计方法
单变量二值	连续	t-Test
单变量类别	连续	ANOVA
单变量连续	连续	线性回归
多变量（类别或连续）	连续	多元回归
单变量类别	类别	卡方检验
多变量（类别或连续）	二值	逻辑回归

利用假设检验思想的高级统计工具还有 DOE，在制造业之外的其他行业还有特定的分析方法，比如医学领域的队列研究和病例对照等，由于超出了本书的范围，因此不会深入介绍。

以上的假设检验均是参数检验，当分布偏离正态时，选择非参数检验功效可能更好。可参考图6-16选择用于对分布位置进行检验的参数检验和非参数检验方法。

蒙特卡罗分析方法

如图6-17所示，给定一小块不规则的沙地，一个半径为 1 m 的圆环，以及 500 个钢球，你能估计这一小块沙地的面积吗？

上题是笔者在给同事们培训蒙特卡罗方法时提出的一个问题，各位读者不妨也可以思考一下，给出自己的答案。

蒙特卡罗方法简介

以上问题的求解方法之一涉及蒙特卡罗模拟方法。在此先对蒙特卡罗方法做个简单介绍。

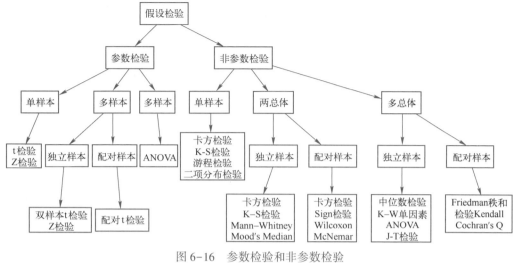

图 6-16 参数检验和非参数检验

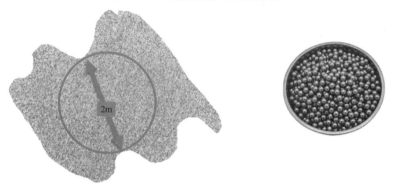

图 6-17 估算小块沙地的面积

蒙特卡罗模拟是一种基于计算机的技术，对一个物理系统（系统可以是新产品、生产线、财务和业务活动等）包括系统输入的变差进行多次模拟。蒙特卡罗模拟使用系统的数学模型，这比在真实系统上进行实验更快、更便宜，甚至在某些情况下也能更安全地探索系统的行为。

下面简单介绍一下与蒙特卡罗方法诞生相关的几位科学家（见图 6-18）。

- 1777 年，法国数学家布丰（Georges Louis Leclere de Buffon，1707—1788）提出用投针实验的方法求圆周率 π，这被认为是蒙特卡罗方法的起源。
- 20 世纪 30 年代，恩里克·费米在研究中子扩散时首先用蒙特卡罗方法进行实验，但他没有发表这项工作成果。
- 20 世纪 40 年代后期，乌拉姆（Stanislaw Ulam）在从事核武器研制项目时发明了现代版本的马尔可夫链蒙特卡罗方法。
- 在乌拉姆取得突破后，冯·诺依曼立即明白了它的重要性。冯·诺依曼对 ENIAC

布丰　　　　恩里克·费米　　　　乌拉姆　　　　冯·诺依曼　　　　梅特勒托利斯

图 6-18　与蒙特卡罗方法诞生相关的科学家

计算机进行编程以执行蒙特卡罗计算。
- 为了保密，冯·诺依曼和乌拉姆的工作需要一个代号。冯·诺依曼和乌拉姆的同事尼古拉斯·梅特勒托利斯提议使用蒙特卡罗作为名字，用它指代蒙特卡罗赌场，因为乌拉姆的叔叔喜欢向亲戚借钱到那里去赌博。
- 使用"真正随机"的随机数列表非常慢，冯·诺依曼为此开发了一种计算伪随机数的方法。

模拟在产品开发的设计阶段尤其有用，因为它们可以揭示复杂系统的不确定性或可变性。理想情况下，产品设计应该对工艺变化具有较小的敏感性，以便其性能保持在规范的限制范围内。因此，该方法经常用于六西格玛设计（DFSS）中，用于分析原型系统的灵敏度，预测产量、Cp 值和 Cpk 值。

经过实践证明，蒙特卡罗方法在生产过程改进方面也有广泛的用途，随着计算机尤其是统计软件的普及，这种基于生成大量随机样本的概率方法，越来越受到重视，因此本书专门用一节来介绍。但由于篇幅有限，又无法大而全地介绍关于蒙特卡罗方法的方方面面，这里会以实践案例的形式介绍蒙特卡罗模拟的实现原理和过程。在本书最后一章也包含了一个使用蒙特卡罗方法的完整六西格玛项目供读者参考。

实施蒙特卡罗模拟的步骤

实施蒙特卡罗模拟主要有以下五个大步骤：
1）识别转移方程。
2）定义输入和输出。
3）创建随机数。
4）模拟（模拟过程如图 6-19 所示）。
5）分析模拟输出结果。

蒙特卡罗模拟案例

下面以实践案例的形式介绍蒙特卡罗模拟的实现原理和过程。

客户质量工程师一直以来都会收到投诉反馈某开关按压手感不顺畅。由于多次整改

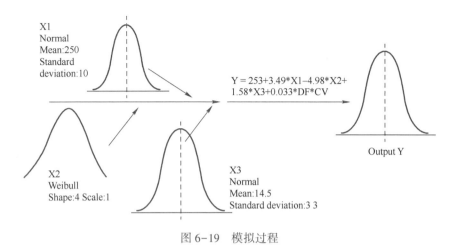

图 6-19 模拟过程

效果不明显,于是公司内成立六西格玛项目改善小组,该改善项目由绿带认证合格的工程师带领,笔者则作为项目教练(Coach)。

在测量和分析过程中,小组与负责技术的同事识别并确定了一个名叫移动间隙的关键尺寸对按压手感有重大影响,代号 MD。同时确认该尺寸由三个零件尺寸组合而得,它们分别是 TL、BL 以及 VW,用如图 6-20 所示的函数关系表示。

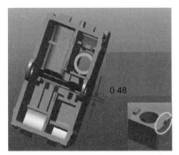

关键特性:
  MD: 移动距离(规范: >= 0.48)

影响因子:
  TL: Terminal Length
  BL: Base Hold Terminal Length
  VW: V-slot width

MD = TL − BL − VW/2

图 6-20 示意图

小组进一步调查几个零件尺寸均值及分布,得到如表 6-5 所示的结果。

表 6-5 零件尺寸均值及分布

因 子	分 布	均 值	标 准 差
TL	正态	7.20	0.021
BL	正态	6.32	0.075
VW	正态	0.55	0.016

接下来使用软件进行模拟。有许多统计软件及编程语言都可以实现蒙特卡罗模拟,图 6-21 中列出了一些有代表性的软件,比如 Excel、商业统计软件、编程语言及一些细分行业的专门软件。

图 6-21　蒙特卡罗模拟软件

本例中使用 Minitab Companion 软件。

1) 选择"插入"→"蒙特卡罗模拟",英文版则选择"Insert"→"Monte Carlo Simulation",如图 6-22 所示。

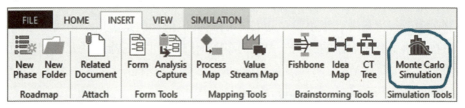

图 6-22　选择"Monte Carlo Simulation"

2) 对每一个因子选择对应的分布并输入分布参数,如图 6-23 所示。

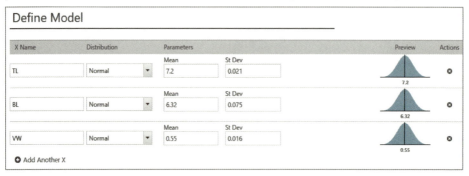

图 6-23　选择对应的分布并输入分布参数

3) 输入描述输出的名称,使用公式编辑器构建公式（也可从 Minitab 导入模型）。
4) 根据实际情况输入规格下限或规格上限。
5) 也可以使用 Diagram 图表（见图 6-24）来确认模型是否正确。
6) 在"模拟"菜单上,输入迭代次数,最大值为 1000000。默认值 50000 对于大多数模型来说就足够了。

7）选择"模拟（Simulation）"→"模拟（Simulate）"。

注：当有多组函数时，在 Minitab Companion 里还有创建组（Group）的功能（本例比较简单，没有用到该功能）。

图 6-24　Diagram 图表

8）确认 CPK 或 PPK，见图 6-25。

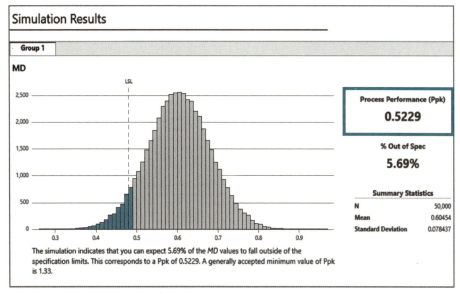

图 6-25　模拟结果

这里应注意，对于模拟数据来说没有长期和短期过程能力的概念，因此 CPK 或 PPK 的值应是一样的，唯一的区别只是名字不同。

9）检查结果，必要的时候甚至可以修改规格等再次重复以上步骤7）和8）。

10）如果 CPK 不满足要求，或者即使在满足要求的情况下希望进一步提升，可以进行参数优化和敏感性分析（分别对应着均值和标准差分析）。

最终，小组将过程领域知识和蒙特卡罗模拟结果结合起来确定了改善方案，按照改善方案对模具尺寸进行调整并最终完成了改善目标。

在本小节快要结束的时候，如果我们再回到本节开头所提出的问题，相信多数读者已经有了答案。为了加深读者对蒙特卡罗方法的认识，这里也公布一下笔者心中的答案。

- 将半径为 1 m 的圆环放在沙地上。
- 手里拿着小钢球，远离沙地 2 m。
- 闭上眼睛将钢球一个一个扔向沙地的方向（尽量随机扔，以满足小钢球随机落在沙地上的假设）。
- 当所有钢球扔完后，清点落在圆环内、沙地上圆环外以及沙地外的钢球数量。

- 假若以上三个数量依次为 120、250、130，则可计算出沙地的面积为 9.69 m²（计算过程见图 6-26）。

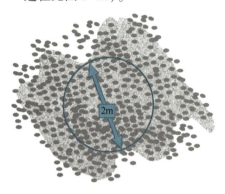

钢球数量	500
在圆环内	120
沙地上圆环外	250
在沙地外	130

- 圆环内钢球的数量与沙地上的钢球数量之比：
$$\frac{120}{370}$$
- 面积比接近上述比值，因此：
$$\frac{圆环面积}{沙地面积} \approx \frac{120}{370}$$
$$沙地面积 \approx \frac{370}{120} \cdot \pi \cdot r^2 = \frac{370}{120} \cdot \pi = 9.69\ m^2$$

图 6-26　估算结果

时间序列数据分析和处理

时间序列分析通常是让数据"自己说话"，主要基于统计学。时间序列的预测适用于短期预测，假定序列模式没有发生显著变化。

虽然我们在第五章关于测量系统和数据的介绍中说明了时间序列数据的特征、离群值及可视化等重要概念。但为了实现时间序列预测，还有一些重要的概念需要理解，我们先来看平稳性。

平稳时间序列

如果时间序列没有趋势或季节性影响，可称它们是平稳的。当一个时间序列是平稳的，可以更容易地建模。统计建模方法就要求时间序列是平稳的，因为从预测的角度来讲，如果序列非平稳，则无法把它推广到其他期间。这正如一个非统计受控的过程通常不满足客户要求一样。

非平稳时间序列的观测值图形显示出季节性影响、趋势和其他依赖于时间的结构。均值或方差等统计量会随着时间的推移而变化，经典的时间序列预测方法是当时间序列中有明确的趋势和季节性时对这些成分进行建模，从观测中去除它们，然后对残差进行模型训练。

有几种方法可以用来检验时间序列是否平稳，最常用的有以下两种。

1）看图：通过查看数据的时间序列图检查是否有任何明显的趋势或季节性。

2）假设检验：可以使用假设检验来检查时间序列是否平稳，最常用的是 ADF 检验（Augmented Dickey-Fuller test）。Python 的 Statsmodels 库提供了 adfuller() 函数用于实施 ADF 检验。

- 零假设（H0）：时间序列是非平稳的，数据中存在依赖于时间的结构。

- 备择假设（H1）：时间序列是平稳的，序列数据中没有依赖于时间的结构。

下面以国际旅行中的旅客人数数据集举例说明（该数据集包括 1949 年至 1960 年一共 12 年，每年 12 个月的旅客人数，本书随书资源中提供数据集及代码）。

首先，可对数据进行可视化，从图 6-27 中可清楚地看出序列中既存在明显的上升趋势，也存在周期性趋势。

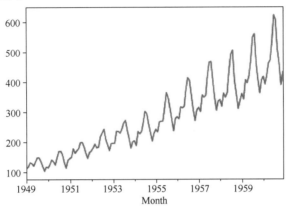

图 6-27 时间序列折线图（局部）

接下来使用第二种方法：ADF 检验，结果如下。

```
ADF Statistic:0.815369
p-value:0.991880
        1%:-3.482
        5%:-2.884
        10%:-2.579
```

结果显示 p 值为 0.99188，这个值远大于临界值（0.05），这意味着我们没有理由拒绝零假设（即时间序列是非平稳的）。

这里的检验统计量是一个 t 检验统计量，当这个统计量值越小时，我们就越有把握拒绝零假设而认为数据集是平稳的。本例中 T 值大于 1%、5%、10% 所对应的统计量，因此无法在这些显著水平下拒绝原假设。

补充：

1）平稳性的英文为 Stationary，平稳性分为严平稳和宽平稳（又叫弱平稳），严平稳要求序列所有的统计性质都不会随着时间推移而发生变化。本书中所讨论的是制造业中的时间序列数据，一般要求宽平稳即可，典型特征是期望值为常数且自相关系数取决于时间间隔而非时间起始点。关于平稳性的严格数学定义，请参见 Box 和 Jenkins 的大作 *Time Series Analysis Forecasting and Control*，当前最新版是第五版。

2）ADF 检验的本质是单位根（unit root test）检验，由 Dicky 和 Fuller 两人提出，可

参考论文"*Distribution of the estimates for autoregressivetime series with a unit root*"。

白噪声

在六西格玛项目中，经常会用普通最小二乘法（OLS）做回归分析，在六西格玛培训的时候笔者也都会跟学员强调，回归分析后一定要用残差图（residual plots）来检查模型。我们先以一元线性回归为例回顾一下残差图应该怎么看，再进一步解释一下原因。

先看一个残差图示例（图6-28）以及对残差图的要求。

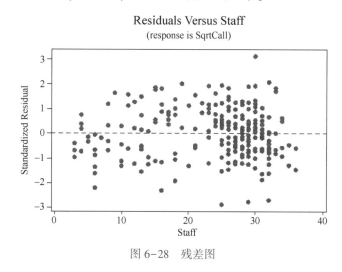

图6-28 残差图

一般我们要求残差变量必须满足以下几个条件：
1）概率分布为正态分布。
2）分布均值为0。
3）标准偏差是一个常数，与x的值无关。
4）与y的任何特定值相关联的残差值独立于与y的任何其他值相关联的残差。

在应用一元线性回归建模时，我们实际上假设了Y由线性部分和服从正态分布的随机部分共同决定，因此有以下方程式。

$$Y=\beta_1*X+\beta_2+\epsilon$$

如果以上公式中的误差变量不满足前边提出的要求，则说明模型还可以进一步改进以提高模型性能。

在以上残差检验条件中，如果不要求序列满足正态分布，这样的序列可称之为白噪声，它是时间序列预测中的一个重要概念。

白噪声（white noise）的称谓来自物理学，表示接收到的信号中没有信息，全部为噪声。白噪声的"白"字源于白色光，白色光由强度相等的各种频率的光组成。

如果变量是独立的，均值为零且同分布，则时间序列是白噪声。这意味着所有变量具有相同的方差，并且每个值与序列中所有其他值的相关性为零。如果序列中的变量来自高斯分布，则该序列称为高斯白噪声。

例如，以下 Python 代码可产生一个高斯白噪声序列并绘制折线图和直方图（见图6-29）。

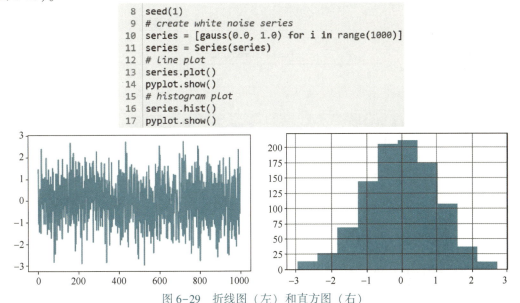

图 6-29　折线图（左）和直方图（右）

白噪声是平稳时间序列中的一个极端情况，具有十分广泛的应用。如果一个时间序列是白噪声，则它是一个随机数序列，无法预测；如果误差序列不是白噪声，则可对预测模型进行改进。

自相关图与偏自相关图

到现在为止，我们已经了解了时间序列的可视化及平稳性等概念。本书在第五章的时间序列可视化一节中曾介绍过自相关图，这里要特别补充说明另一个与之相关的概念——偏自相关。

偏自相关与自相关的使用是偏相关和相关这两个概念在时间序列分析范畴内的拓展，偏自相关图和自相关图在帮助选择 ARIMA 模型时有非常关键的作用。下一节我们将会讲到时间序列中的经典模型 ARIMA，通常依靠构建和识别自相关与偏自相关图来确定 ARIMA 模型的参数。图 6-30 是自相关（Autocorrelation）图和偏自相关（Partial Autocorrelation）图的例子。

自相关函数（ACF）图汇总显示观测值与各个滞后值的相关性，x 轴显示滞后，y 轴显示相关系数。介于 -1 到 1 之间，负号和正号分别表示负相关和正相关。

偏自相关函数（PACF）图汇总显示观测值中扣除前 k 项(t-1,t-2,…,t-k)的回归之

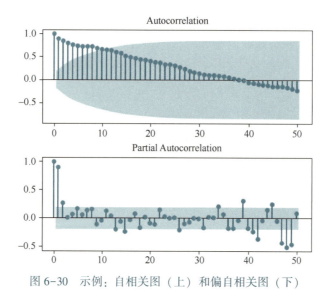

图 6-30 示例：自相关图（上）和偏自相关图（下）

后剩余部分相隔 k 项的相关程度。同样介于-1 到 1 之间，负号和正号分别表示负相关和正相关。

进一步，关于 ACF 和 PACF 图形可做如下解读：

✓ 如果 ACF 拖尾，并且 PACF 在 Lag k 后截尾，则模型为 AR，该滞后值 k 作为 AR 的参数 p 的值。

✓ 如果 PACF 拖尾，并且 ACF 在 Lag k 后截尾，则模型为 MA，该滞后值 k 作为 MA 的参数 q 的值。

✓ 如果 ACF 和 PACF 都拖尾，则模型是 AR 和 MA 的混合，即 ARMA。

注 1：拖尾指 ACF 或 PACF 不会在某阶后等于 0 或在 0 附近小幅随机波动，截尾指 ACF 或 PACF 在某阶后快速趋于 0。

注 2：基于以上图形解读法，再回看图 6-30 中的 ACF 和 PACF 图形示例，不难看出示例图对应的时间序列是 AR 模型。

本节主要从实用的角度介绍了 ACF 和 PACF 图的相关知识，如果读者想了解 ACF 或 PACF 函数的数学定义，建议参考由马逢时等编写的著作《基于 MINITAB 的现代实用统计》。

时间序列数据转换

我们已经对时间序列的平稳性有了一定的了解。现在试想一个问题，由于时间序列的观测值图形很容易显示出季节性影响、趋势和其他依赖于时间的结构，当面对这样的非平稳的序列（可通过可视化手段或假设检验来证明序列是不平稳的），我们如何将它变为平稳序列？

通常有三种方法，第一种方法是数据转换。第二种方法就是用利用回归模型建模来分解时间序列。第三种方法名叫差分。本节先讲数据转换，后边分别对分解时间序列和差分展开讨论。

如果时间序列的方差随时间变化，就可以使用转换函数来使方差稳定，通常用自然对数转换或平方根转换，但它们不能用于具有负值的序列。

- 自然对数转换：对序列值取自然对数。
- 平方根转换：对序列值应用平方根函数。

分解时间序列

了解了序列数据转换实现时间序列平衡性之后，可以进一步来看看时间序列的分解。

时间序列分解是将一个序列看作水平、趋势、季节性和噪声成分的组合。这种分解提供了一个有用的抽象模型，有助于理解时间序列以及更好地理解时间序列的分析和预测过程。

所有时间系列都有水平和噪声，但趋势和季节性成分可能存在也可能不存在。水平、趋势、季节性和噪声的组合关系可以是加法也可以是乘法。

Python 的 statsmodels 库中有一个名为 decompose() 的函数提供了一个简单的分解方法实现。函数返回一个 result 对象。result 对象包含从分解中访问四组数据的数组。

例如，下面的 Python 代码片段演示了如何用加法模型将一个序列分解为趋势、季节性和残差分量并输出每个序列。

```
from statsmodels.tsa.seasonal import seasonal_decompose
series = ...
result = seasonal_decompose(series, model = 'additive')
print(result.trend)
print(result.seasonal)
print(result.resid)
print(result.observed)
```

用一个序列数据来做练习，该数据集包括 1946 年 1 月到 1959 年 12 月的纽约每月出生人口数量，数据集可以从此链接下载 http://robjhyndman.com/tsdldata/data/nybirths.dat。使用 Python 的输出结果如图 6-31 所示，使用 Minitab 的输出结果如图 6-32 所示。

差分方法

差分在数学、物理和信息学中应用很广泛，计算机、电子和自动化领域的必修课"模拟电子技术基础"中有就有差分放大电路的介绍。

差分应用在时间序列数据处理中，可以用以下公式表示其实现过程：

$$x_t = z_t - z_{t-d} = \nabla z_t$$

式中，d 为差分的时间点间隔。在大多数情况下，针对序列中的趋势，选择 $d=1$ 可以实现平稳性；针对序列中的季节性因素，可选择 d 等于季节周期。一旦执行差分并且平稳时间序列，则可以使用统计方法来获得完整的模型。

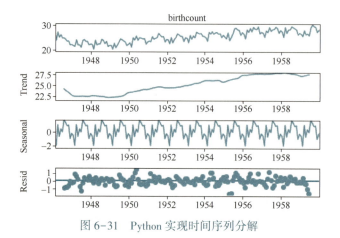

图 6-31 Python 实现时间序列分解

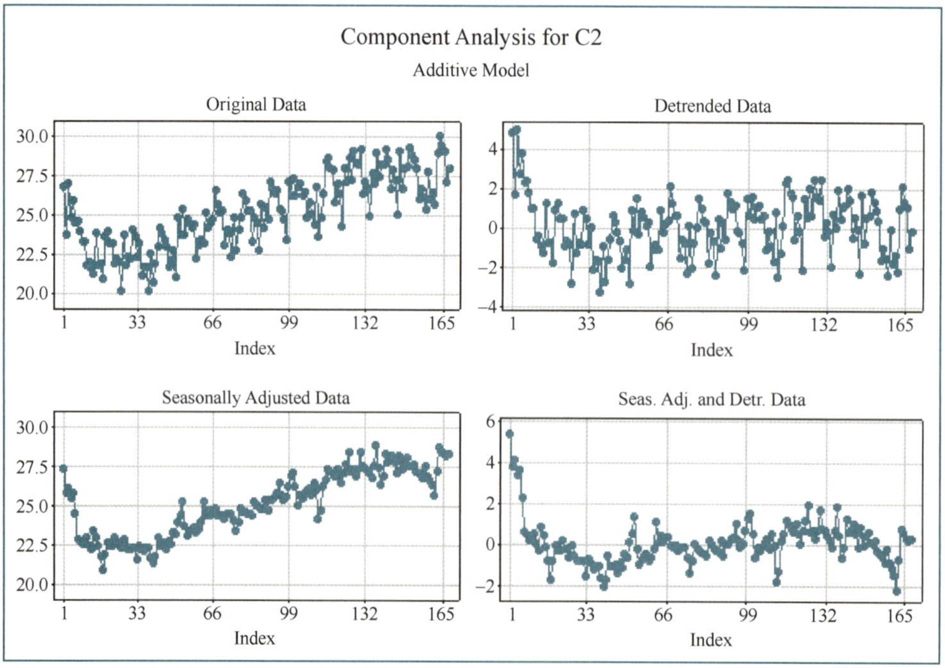

图 6-32 Minitab 实现时间序列分解

相对于拟合趋势模型调整数据，差分有两个优点。
- 首先，它更简单，不需要估计任何参数。
- 其次，模型拟合假设趋势在整个时间序列中是固定的，并且在将来也是固定的。而差分则可以使趋势成分随时间变化。

Python 差分方法一：手动实现差分

```
series = read_csv(filename)           #读取序列
X = series.values                     #序列值
def difference(dataset):              #自定义差分函数,实现返回差分结果
    diff = list()
    for i in range(1, len(dataset)):
        value = dataset[i] -dataset[i -1]
        diff.append(value)
    return Series(diff)

stationary = difference(X)            #调用差分函数,传入序列实现差分
stationary.index = series.index       #添加 Index
```

Python 差分方法二：使用 .diff( ) 方法。

```
first_order_diff=data.diff(1)
```

我们先看一个例子，以上两种方法的程序都可以实现同样的差分结果，结果如图 6-33 所示。

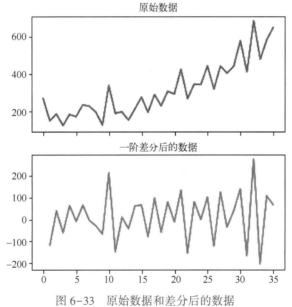

图 6-33　原始数据和差分后的数据

从这个例子中，我们可以体会到 .diff( ) 方法非常简洁，因此实际项目中经常使用 .diff( ) 方法，而手动实现差分的程序有助于读者理解差分实现原理。

当一阶差分不能使序列平稳时，还可以进行二阶差分，通常时间序列很少会进行 3 阶及以上差分。

有一点要注意的是，当差分和数据转换或者序列分解一起使用时，应该先应用数据

转换或序列分解。

纸上得来终觉浅，建议读者自行练习，练习数据可通过本书支持的链接下载。接下来我们开始讨论 ARIMA。

时间序列预测的统计方法：ARIMA

ARIMA 是 Autoregressive Integrated Moving Average Model 的简称，中文意思为综合自回归移动平均模型。ARIMA 是时间序列预测中一种常用的统计方法模型。最早由 Box 和 Jenkins 于 1970 年提出，因此它又称为博克斯-詹金斯法（Box-Jenkins Method）。在使用它正式开始介绍时间序列预测之前，也许还有一个问题得说明一下，那就是为什么要用时间序列来预测？

我们看一个场景：一些电子件工厂隔一段时间会在某个月的月初收到大量客户订单，虽然立即进行物料和人员准备，但仍然会影响及时交付、工厂运营效率以及员工满意度等。所以，公司物流部成品计划员一直希望能够预测某个系列产品下个月的客户订单，以便于物料计划员及时订购原材料以及生产和人事部门提前确保有足够的操作员，类似的情况表明：即使在工业化时代，预测一直存在而且是必不可少的。

我们通常喜欢假定历史会重演，虽然未来和过去不会完全一样但仍可能会很接近，因此可以通过研究过去来帮助现在面对未来，进而做出更好的决策。

时间序列预测就是对一个（或多个）序列在未来一定时间内的值进行预测。例如，在刚才的例子中，为预测下个月的订单量，市场部或者成品计划人员必须分析过去一段时间（可能是几年的数据）直到现在的客户订单情况，找出其中的模式。使用统计建模技术分析过去数据中存在的模式并用于预测该序列的未来值的可能范围正是以 ARIMA 为代表的工具的理想适用场景。

ARIMA 模型的构成

在本节中将介绍 ARIMA 模型的构成，包括自回归模型（AR）、移动平均模型（MA）以及综合 AR 和 MA 的 ARIMA 模型。

（1）AR(p)模型

自回归或 AR（Autoregression）是一种时间序列模型，AR 模型假设当前及更早的观测值有助于预测下一时间点的值，这一点通过使用统计方法计算时间序列与各个不同滞后（Lag）序列之间的相关性来确认。因为相关性是在时间序列变量和它本身之前的时间点之间计算出来的，所以便有了它的名字：自相关。

当存在自相关时，将已有的观测值作为回归方程的输入用来预测下一时间点的值。比如，我们可以用当前时间点（t）的观测值 z_t，以及前一时间点（$t-1$）的观测值 z_{t-1} 来预测下一时间点（$t+1$）的观测值 z_{t+1}，回归模型表示如下：

$$z_{t+1} = b_0 + b_1 * z_t + b_2 * z_{t-1}$$

时间序列与特定滞后变量之间的相关性越强,自回归模型在建模时对该变量所能施加的权重就越大。自相关性统计量因此就能用于选择哪些滞后变量应包含在模型中。

检验自相关性可以用时间序列与滞后散点图或者自相关图来确认,有关这两个图的作图方法可参照第五章时间序列数据可视化的相关内容。图6-34中包括两个存在自相关的时间序列示例。

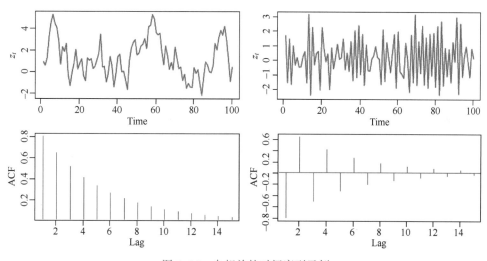

图6-34 自相关的时间序列示例

当然,也可以计算皮尔逊相关系数,通过相关系数可定量了解相关性的强弱。

如果所有滞后变量与输出变量都没有相关性或者相关性非常低,则表明时间序列问题可能是不可预测的(比如前文提到的白噪声)。

可以使用常用的统计软件,也可以使用各种编程语言(如果用 Python 的话,statsmodels 库提供的 AR 模型可自动选择适当的滞后值,并训练线性回归模型),创建散点图和自相关图、计算自相关系数以及 AR 模型建模。当然,也可以使用 ARMA 或者 ARIMA 模型指定参数训练。以下例子使用 ARMA 模型拟合:

```
import statsmodels.tsa.api as smtsa
import numpy as np
from matplotlib import pyplot as plt
import pandas as pd
ar1_data = pd.read_csv(filename)
plt.plot(ar1_data)
plt.show()
series = Series(ar1_data)
```

```
from statsmodels.graphics.tsaplots import plot_acf
from statsmodels.graphics.tsaplots import plot_pacf
plt.figure()
plt.subplot(211)
plot_acf(series, lags=50, ax=plt.gca())
plt.subplot(212)
plot_pacf(series, lags=50, ax=plt.gca())
plt.show()
ar1model = smtsa.ARMA(ar1_data.tolist(), order=(1, 0))
ar1=ar1model.fit(maxlag=30, method='mle', trend='nc')
ar1.summary()
```

输出结果包括时间序列折线图、ACF 图和 PACF 图以及模型结果，分别如图 6-35 及图 6-36 所示。

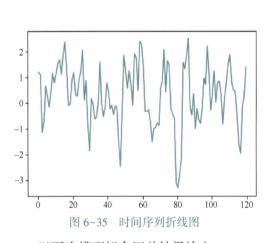

图 6-35 时间序列折线图

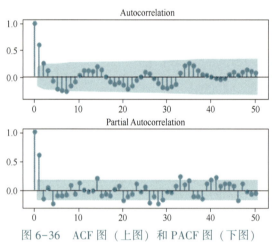

图 6-36 ACF 图（上图）和 PACF 图（下图）

以下为模型拟合汇总结果输出：

```
   Dep. Variable: y                No. Observations:  120
          Model: ARMA(1, 0)         Log Likelihood   -163.554
         Method: mle               S.D. of innovations  0.944
           Date: Sun, 22Aug 2020            AIC       331.109
           Time: 12:43:09                   BIC       336.684
         Sample: 0                         HQIC       333.373
                Coef    std err    z     P>|z|    [0.025  0.975]
ar.L1.y        0.6217   0.072    8.687   0.000    0.481   0.762
Roots
           Real     Imaginary    Modulus    Frequency
AR.1      1.6086    +0.0000j     1.6086     0.0000
```

可以看到，本例中模型拟合结果为 AR(1)，系数为 0.6217。

(2) MA(q)模型

在开始讨论 MA 模型之前，请读者回想一下，在传统六西格玛项目中进行回归分析时，如果残差不满足规定的要求，例如残差不符合正态性或者残差图具有一定的规律形状，我们是如何应对的？

在实践中，当残差不满足要求时，我们一般会选择对 y 或者 x 进行数据转换（比如 BOX-COX 转换），通过选用适当的 lambda 参数以达到模型的残差满足要求。

再回头来看在上一小节中我们选用的 AR 模型，它也是一种回归模型，AR 模型的残差本身也形成一个时间序列。试想一下，假如 AR 模型的残差不是白噪声序列，则意味着模型还可以进一步改进，我们要怎么做？

一个不加思考的答案就是进行数据转换。这种思路可行吗？可行，但有经验的读者也可能立即会想到在传统六西格玛统计回归实践中对转换后的数据进行回归，其残差图可能依然包含一定的有规律形态，比如轻微的喇叭口，意味着还可以进一步改善模型。

可见，对时间序列来说，进行数据转换虽然是一个可选的办法，并有助于提升模型预测能力，但光靠转换可能不足以保证最大化模型有效性。为此，还有另一个思路：将残差本身作为一个时间序列，再对它进行回归建模，这个想法确实很精妙。

这种针对残差的自回归模型就称之为移动平均模型（Moving Average Model），它用来预估预测误差，进而可用来修正预测。

$$误差_{t+1} = b_0 + b_1 * 误差_t + b_2 * 误差_{t-1} + \cdots + b_n * 误差_{t-n}$$

通过查看自相关函数（ACF）图以及偏自相关函数（PACF）图可识别 MA 模型的参数 q：当 ACF 具有 q 阶截尾并且 PACF 呈拖尾时，ACF 模型的截尾阶数 q 即为移动平均模型的参数。

statsmodels 库提供的 ARMA 或者 ARIMA 模型指定参数可对 MA 模型进行建模。以下例子使用 ARMA 模型拟合 MA 模型：

```
import statsmodels.tsa.api as smtsa
import numpy as np
from matplotlib import pyplot as plt
import pandas as pd
ma1_data = pd.read_csv(filename)
plt.plot(ma1_data)
plt.show()
series = Series(ma1_data)
from statsmodels.graphics.tsaplots import plot_acf
from statsmodels.graphics.tsaplots import plot_pacf
plt.figure()
```

```
plt.subplot(211)
plot_acf(series, lags=50, ax=plt.gca())
plt.subplot(212)
plot_pacf(series, lags=50, ax=plt.gca())
plt.show()
ma1model = smtsa.ARMA(ar1_data.tolist(), order=(0, 1))
ma1=ma1model.fit(maxlag=30, method='mle', trend='nc')
ma1.summary()
```

输出结果包括时间序列折线图、ACF 图和 PACF 图以及模型结果，分别如图 6-37 和图 6-38 所示。

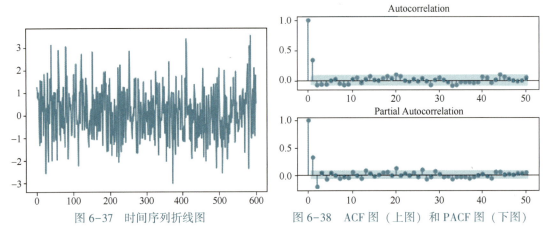

图 6-37 时间序列折线图

图 6-38 ACF 图（上图）和 PACF 图（下图）

如图 6-39 所示为模型拟合汇总结果输出：

Dep. Variable:	y	**No. Observations:**	600
Model:	ARMA(0, 1)	**Log Likelihood**	-839.640
Method:	mle	**S.D. of innovations**	0.980
Date:	Sun, 25 Jul 2021	**AIC**	1683.281
Time:	13:21:25	**BIC**	1692.075
Sample:	0	**HQIC**	1686.704

	coef	std err	z	P>|z|	[0.025	0.975]
ma.L1.y	0.4588	0.038	12.112	0.000	0.385	0.533

Roots

	Real	Imaginary	Modulus	Frequency
MA.1	-2.1796	+0.0000j	2.1796	0.5000

图 6-39 结果输出

可以看到，本例模型拟合结果 MA(1)系数为 0.4588。

(3) ARMA 模型

前面描述了自回归模型 AR(p) 和移动平均模型 MA(q)。ARMA 模型可将 AR 和 MA 结合在一起。ARMA(p,q) 时间序列预测模型分别采用 p 阶 AR 和 q 阶 MA 模型。

statsmodels 库提供的 ARMA 或者 ARIMA 模型指定参数可对 ARMA 模型建模。以下例子拟合 ARMA(1,1) 模型：

```
import statsmodels.tsa.api as smtsa
import numpy as np
from matplotlib import pyplot as plt
import pandas as pd
arma_data = pd.read_csv(filename)
plt.plot(arma_data)
plt.show()
series = Series(arma_data)
from statsmodels.graphics.tsaplots import plot_acf
from statsmodels.graphics.tsaplots import plot_pacf
plt.figure()
plt.subplot(211)
plot_acf(series, lags=50, ax=plt.gca())
plt.subplot(212)
plot_pacf(series, lags=50, ax=plt.gca())
plt.show()
ma1model = smtsa.ARMA(ar1_data.tolist(), order=(1, 1))
ma1=ma1model.fit(maxlag=30, method='mle', trend='nc')
ma1.summary()
```

输出结果包括时间序列折线图、ACF 图和 PACF 图以及模型结果，分别如图 6-40 及图 6-41 所示。

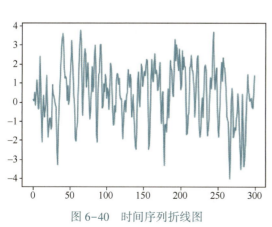

图 6-40　时间序列折线图

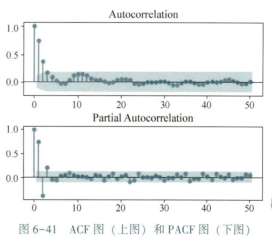

图 6-41　ACF 图（上图）和 PACF 图（下图）

如图 6-42 所示为模型拟合汇总结果输出：

Dep. Variable:	y	No. Observations:	300
Model:	ARMA(1, 1)	Log Likelihood	-403.050
Method:	mle	S.D. of innovations	0.925
Date:	Sun, 25 Jul 2021	AIC	812.100
Time:	17:00:54	BIC	823.211
Sample:	0	HQIC	816.546

	coef	std err	z	P>|z|	[0.025	0.975]
ar.L1.y	0.5872	0.053	11.038	0.000	0.483	0.691
ma.L1.y	0.5078	0.051	9.917	0.000	0.407	0.608

Roots

	Real	Imaginary	Modulus	Frequency
AR.1	1.7029	+0.0000j	1.7029	0.0000
MA.1	-1.9692	+0.0000j	1.9692	0.5000

图 6-42 结果输出

可以看到，本例模型拟合结果 ARMA(1,1)系数，p= 0.5872，q=0.5078。

（4）ARIMA 模型

ARIMA 模型又称 Box-Jenkins 模型。ARIMA(p,d,q)包括 AR、差分（I）和 MA。差分的目的是对信号进行去趋势处理使其平稳，然后将 ARMA 模型应用于去趋势后的数据集。可将 ARIMA 看成是 ARMA 的泛化。

有一些特别的(p,d,q)组合，比如 ARIMA(1,0,0)就是 AR(1)模型，ARIMA(0,0,1)就是 MA(1)模型，ARIMA(0,1,0)代表随机游走模型。

我们将在下一节通过实践来讨论 ARIMA 建模及预测的相关内容。

ARIMA 模型实战

本节以实例介绍如何使用 Python 建立 ARIMA 模型，以及如何用 ARIMA 模型进行预测。

我们以某产品在 2015~2018 年的（真实）客户订单数据来介绍 ARIMA 模型建立的步骤，我们的任务是用这些数据来预测（假如当前时间为 2018 年 12 月）2019 年 1 月份的客户订单。

（1）获取数据

某产品在 2015~2018 年的订单数据如表 6-6（读者可以从本书配套资源链接获取数据集）。

表 6-6　某产品在 2015~2018 年的订单数据

月　份	订单（kpcs）	月　份	订单（kpcs）	月　份	订单（kpcs）	月　份	订单（kpcs）
2015/1/1	1304.965	2016/1/1	1186.618	2017/1/1	1309.219	2018/1/1	2112.301
2015/2/1	869.591	2016/2/1	824.482	2017/2/1	1402.478	2018/2/1	1454.511
2015/3/1	1400.453	2016/3/1	1149.714	2017/3/1	1901.742	2018/3/1	1907.577
2015/4/1	1416.485	2016/4/1	1204.246	2017/4/1	1824.12	2018/4/1	2051.836
2015/5/1	1249.559	2016/5/1	1262.988	2017/5/1	1642.359	2018/5/1	2046.204
2015/6/1	1330.212	2016/6/1	1593.002	2017/6/1	1788.966	2018/6/1	1605.77
2015/7/1	1417.816	2016/7/1	1492.571	2017/7/1	1405.347	2018/7/1	1458.857
2015/8/1	1003.128	2016/8/1	1392.76	2017/8/1	1614.909	2018/8/1	1421.501
2015/9/1	1085.3	2016/9/1	1451.703	2017/9/1	1657.486	2018/9/1	1211.117
2015/10/1	894.596	2016/10/1	876.082	2017/10/1	1053.593	2018/10/1	1105.802
2015/11/1	1069.426	2016/11/1	942.499	2017/11/1	1185.898	2018/11/1	1113.712
2015/12/1	915.6	2016/12/1	1177.205	2017/12/1	1317.073	2018/12/1	1443.306

（2）数据分析

1）时间序列图：从图 6-43 可以看到可能存在季节性或非季节性周期，订单量均值也有上升趋势。

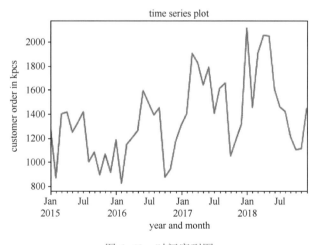

图 6-43　时间序列图

2）季度订单箱线图（Box plot），从图 6-44 可明显看出来，该公司这几年的业务似乎有明显的规律：Q1、Q2 的订单几乎都是 Q3、Q4 订单量的 1.5 倍。

3）ACF 图和 PACF 图（见图 6-45）。

- ACF 图在 lag = 12 处截尾，但依然可见类似于正弦曲线的波动，而且在 lag = 12 处达到波动顶点。

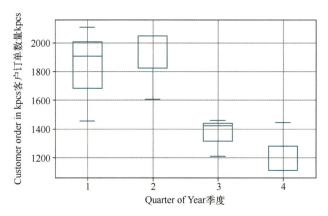

图 6-44 季度订单箱线图

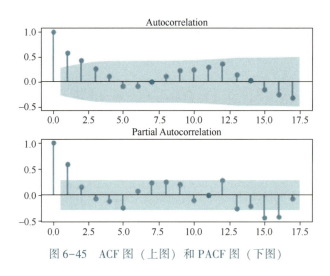

图 6-45 ACF 图（上图）和 PACF 图（下图）

- PACF 图在 lag=1 处截尾，但可见 lag=12 处也达到置信区间边界。
- 因此 AR(1) 和 MA(2) 是最直观的印象，但也可考虑 p 和 q 取其他值，比如 12。

读者可自行尝试其他可视化手段来发现数据中隐藏的有用信息，比如直方图、年度时间序列图（Time Series Plot）等。

（3）选择 ARIMA 参数并验证模型

可根据 ACF 图和 PACF 图确定 (p,d,q) 三个参数的值。本例中我们可尝试使用 (1,0,1)、(1,0,2)、(1,1,2)、(12,0,2) 等参数组合，并可比较最后的均方根误差（缩写为 RMSE）。

```
model = ARIMA(1,0,1),RMSE:264.317
model = ARIMA(1,0,2),RMSE:273.326
model = ARIMA(1,1,2),RMSE:304.997
```

人工决定模型参数并逐一验证通常是效率低下的，而且也不一定就能保证找到最优参数。因此最好的办法是对三个参数分别确定一个范围，然后用计算机程序实现穷举法（类似于机器学习领域的网格搜索法），所使用的评价指标除了 RMSE 还以使用赤池信息量准则（Akaike Information Criterion，AIC）。

本例通过穷举法可得到具有最低 RMSE 的以下参数组合：

```
ARIMA(5,1,5),RMSE=162.329
```

（4）评价和比较模型

在上一步生成的模型中选择了一个最优的模型，但模型的评价到此还没有结束，显然我们还面临一个问题，那就是若将这个模型部署在实际应用中，它到底有多准确？而回答此问题的一个最简单的方法就是用最朴素的预测，也就是假定预测每个月的订单数量都等于上一个月的订单数量，然后将这种最简单的预测结果作为基准线与 ARIMA 模型进行比较，通过比较确定谁更有效（RMSE 更低）以及差距有多大。

计算这种朴素预测的 RMSE 比较简单。本例中的结果为 Naive RMSE：246.398。因此，在此例中 ARIMA 模型比朴素预测性能提高 27%。

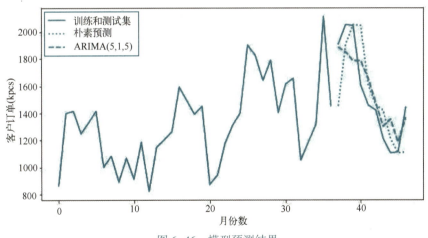

图 6-46 模型预测结果

从图 6-46 中也可看出，对大多数月份的预测结果而言，ARIMA(5,1,5)较为理想。

（5）确定模型

模型参数确定且验证有效性后，若决定使用该模型，则还需要在整个数据集上拟合 ARIMA 模型并对将来进行预测。如图 6-47 所示，对未来的 4 个月进行了预测。

至此，我们探讨了基于 ARIMA 的时间序列分析，有关本节的数据及代码实现见随书资源下载连接。时间序列是一个热门而实用的主题，也略显深奥。建议缺乏相关知识的读者进一步阅读相关专业书籍，比如《基于 MINITAB 的现代实用统计》，尤其是希望用

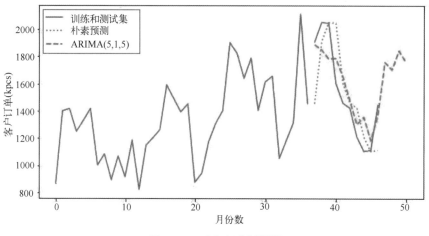

图 6-47 对未来进行预测

统计软件实现 ARIMA 的读者可参考该书。

此外，对于时间序列统计原理感兴趣的读者可参考 Box 和 Jenkins 的著作 *Time Series Analysis Forecasting and Control*。

作为经验总结，为获得 ARIMA 模型的最佳性能，在进行 ARIMA 建模前，最好先对数据进行探索性分析和预处理（见上一小节），然后再建模。

关于时间序列可视化和统计分析的总结

关于时间序列，在第五章讨论了可视化的方法和工具，本章又探讨了时间序列的分析和预测的统计方法，现在我们进行一个简单回顾，将所有这些点串起来，希望读者通过此回顾进一步理清这些方法和工具之间的联系。

- 使用时间序列可视化工具绘制图形并了解是否有趋势或季节性特征以及趋势和季节性是否有变化，还可通过图形发现异常值等。
- 通过差分方法、拟合回归模型方法或者数据转换方法去除序列中的趋势或季节性成分，从而得到一个新的时间序列。
- 建立预测模型并验证模型的性能。这一步骤会涉及将样本分割为两部分的操作以及借助暴力搜索来找到最佳预测模型。

除了 ARIMA 方法用于时间序列预测外，还有多种统计方法和机器学习建模方法，感兴趣的读者可以自行参阅相关书籍。

机器学习和数据挖掘算法

前边讨论的时间序列数据是工业大数据中经常遇到的类型，除了上一节介绍的时间序列分析、分解和预测的统计方法外，还有针对时间序列数据的机器学习或数据挖掘算法，它们可完成时间序列的预测、模式检测、分类、分解、模式挖掘、切片算法等任务。此外，生产过程中会积累大量的日志，如 Andon 记录等，这些结构化或者非结构化数据中蕴含着丰富的信息，这都是文本分析的技术能够派上用场的地方。

总之，在企业运营的各个环节中都会有大量的生产、管理和销售数据以及来源于外部的物流数据、行业数据、政府数据等，利用这些数据，通过机器学习或数据挖掘算法并通过统计模型、机器学习模型与机理模型结合，可提高生产加工能力、质量监控能力、企业运营能力、市场营销能力、风险感知能力。这些都是数字化六西格玛大有作为的地方，同时也是各种类型的工业软件可以覆盖的一个个细分区域。

接下来，将对一些可用于工业大数据分析和挖掘的常见机器学习算法进行简要介绍，作为概览，可以参考图 6-48，该图包括了传统机器学习领域的相关算法（来自 https://scikit-learn.org/stable/tutorial/machine_learning_map/）。

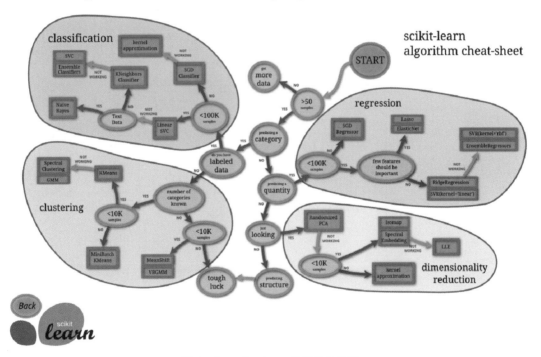

图 6-48　scikit-learn 机器学习分类

回归和分类

如图 6-48 所示，常见的机器学习或数据挖掘有四种任务类型，分别是回归（regression）、分类（classification）、聚类（clustering）、降维（dimensionality reduction）。通过样本属性 X 来预测其连续型因变量 Y 称为回归问题，若 Y 为离散型因变量则是分类问题，分类和回归都是通过标记的输入和输出进行学习，然后将学习的模型用于预测，因此它们统称为监督学习。聚类和降维都属于无监督学习，它们的任务在于从数据中发现模式。我们先从回归开始讨论。

回归模型

回归包括一元回归和多元回归，这是按照变量多少来划分的。若按照自变量和因变量之间的关系类型，可分为线性回归和非线性回归。

线性回归属于统计模型，是六西格玛领域最为人熟知的建模技术之一，线性意味着回归方程是回归系数的线性方程。在线性回归中，因变量是连续的，自变量可以是连续的也可以是离散的。

简单线性回归使用最佳的拟合直线（也就是回归线）在因变量（Y）和一个或多个自变量（X）之间建立一种关系，线性回归示例如图6-49所示。线性关系意味着当自变量的值变化时，因变量的值也将相应变化。数学上，简单线性回归的关系可以借助以下方程式来表示：

$$Y=aX+b$$

式中，Y是因变量；X是自变量；a是斜率；b是截距。在六西格玛培训课程里面包括了普通最小二乘法（OLS）线性回归，它是最常用的方法。

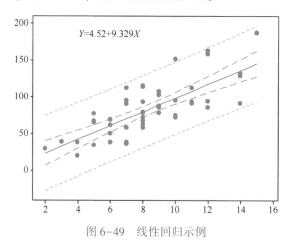

图6-49 线性回归示例

当回归自变量有相关性时会发生多重共线性，导致建模难以解释、回归系数不稳定，线性回归模型假设数据中很少或没有多重共线性，解决的办法是计算相关系数设定阈值过滤、VIF使用偏相关系数、Ridge回归、Lasso回归等。

非线性回归有参数模型和非参数模型。参数模型有双曲线、二次曲线、三次曲线、幂函数曲线、指数函数曲线、S形曲线、对数曲线、指数曲线等，一些统计软件提供一部分非线性参数回归拟合功能。最简单的非参数回归模型是K近邻（KNN），还可以使用CART决策树回归以及集成学习回归，也可以使用一些神经网络模型。

回归分析是统计方法还是机器学习？

回归分析是统计方法还是机器学习？这个问题的背后，其实是机器学习和统计方法的关系问题。

笔者在学习机器学习过程中看到一些名字里含"统计学习"字样的书籍后，也觉得关于这两者区别的问题实在是困扰人。诺贝尔经济学奖获得者托马斯·萨金特于 2018 年 8 月在"共享全球智慧，引领未来科技"世界科技创新论坛上曾表示："人工智能其实就是统计学，只不过用了一个很华丽的辞藻。"

实践出真知，面对这样的困扰时，最好的办法是实证。下面就以常用的 Boston 房价数据集（见表 6-7，读者可通过本书随书资源链接下载）作为例子比较统计方法和机器学习回归建模之间的差异。我们可以用这个数据集来拟合多元线性回归模型，也可以训练出一些不同的回归模型。

表 6-7 Boston 数据集

row	CRIM	ZN	INDUS	CHAS	NOX	RM	AGE	DIS	RAD	TAX	PTRATIO	B	LSTAT	MEDV
1	.0	18.0	2.3	.0	.5	6.6	65.2	4.1	1.0	296.0	15.3	396.9	5.0	24.0
2	.0	.0	7.1	.0	.5	6.4	78.9	5.0	2.0	242.0	17.8	396.9	9.1	21.6
3	.0	.0	7.1	.0	.5	7.2	61.1	5.0	2.0	242.0	17.8	392.8	4.0	34.7
4	.0	.0	2.2	.0	.5	7.0	45.8	6.1	3.0	222.0	18.7	394.6	2.9	33.4
5	.1	.0	2.2	.0	.5	7.1	54.2	6.1	3.0	222.0	18.7	396.9	5.3	36.2
……														
……														
503	.0	.0	11.9	.0	.6	6.1	76.7	2.3	1.0	273.0	21.0	396.9	9.1	20.6
504	.1	.0	11.9	.0	.6	7.0	91.0	2.2	1.0	273.0	21.0	396.9	5.6	23.9
505	.1	.0	11.9	.0	.6	6.8	89.3	2.4	1.0	273.0	21.0	393.5	6.5	22.0
506	.0	.0	11.9	.0	.6	6.0	80.8	2.5	1.0	273.0	21.0	396.9	7.9	11.9

在这个数据集中共有 13 个属性（X）和一个标签（Y），最后一列的"MEDV"即为标签，各列字段名的解释如下。

CRIM：城镇人均犯罪率。

ZN：住宅用地超过 25000 ft^2（1 ft^2 = 0.093 m^2）的比例。

INDUS：城镇非零售商用土地的比例。

CHAS：查理斯河空变量（如果边界是河流，则为 1；否则为 0）

NOX：一氧化氮浓度。

RM：住宅平均房间数。

AGE：1940 年之前建成的自用房屋比例。

DIS：到波士顿五个中心区域的加权距离。

RAD：辐射性公路的接近指数。

TAX：每 10000 美元的全值财产税率。
PTRATIO：城镇师生比例。
B：1000(Bk-0.63)^2，其中 Bk 指代城镇中非洲裔居民的比例。
LSTAT：人口中地位低下者的比例。
MEDV：自住房的平均房价，以千美元计。

我们用统计软件拟合多元线性回归模型，如图 6-50 所示，可以看到 $R^2=0.74$。

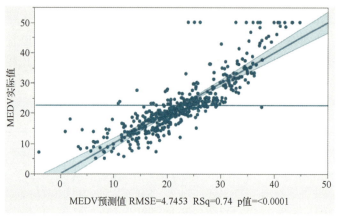

图 6-50　多元线性回归

使用新版 JMP（一种统计软件）的模型筛选功能可对一系列模型进行评估，结果如表 6-8 所示，可看出神经网络模型取得了 $R^2=0.8943$ 的成绩，相比较而言，最小二乘法达到的结果不太理想。

表 6-8　JMP 模型筛选结果

方　　法	N 次试验折数	频数总和	R 方	RASE 均值	标准差 RASE
神经网络已提升	10	50.600	0.8943	2.9219	0.5170
提升树	10	50.600	0.8873	2.9727	0.6277
Bootstrap 森林法	10	50.600	0.8721	3.2006	0.7982
支持向量机	10	50.600	0.8328	3.6578	1.2535
K 最近邻	10	50.600	0.8266	3.7228	0.9298
决策树	10	50.600	0.7936	4.0646	0.9401
拟合最小二乘法	10	50.600	0.7172	4.8140	0.7079

笔者曾在机器学习普及培训、CART 培训等不同场合分享过相似的结果，大家都认同在此例中机器学习模型优于统计回归模型的结论。从这个例子中也能看到，一部分性能较好的机器学习模型（比如神经网络）的可解释性比较差，而决策树模型是个例外，它很易于解释。

以上提到了模型预测能力和可解释性，这只是基于此案例的最直观的发现。单个案例的目的不在于说明方法的优与劣（事实上也不可能），通过这个案例最重要的是理解到机器学习方法很丰富，而且和统计方法的确有区别。如果将整个过程梳理一遍，我们会发现统计方法和机器学习确实有很多不同的地方：

- 机器学习主要关注结果，通常模型的可解释性不是最主要的。而统计建模主要是为了寻找变量之间的关系并确定关系的显著性。
- 机器学习（监督学习）的训练过程需要训练集和测试集，但统计回归模型不需要划分训练集或测试集。统计建模评估模型参数的显著性和稳健性。
- 机器学习的学习过程需要损失函数。
- 为了最小化损失函数，机器算法有可能存在过度拟合（这也是为什么要使用训练集、测试集和验证集）。
- 机器学习的过程中尝试了许多不同的模型，最后收敛出一个最终模型。传统统计方法会求出最优解，不会对其他可能的函数（模型）进行测试。

虽然有这些区别，但从现实应用角度，笔者还是认为不需要刻意强调这种区别，理由如下：

- 统计知识是机器学习的基础。无论是统计还是机器学习，回归模型的评价指标都可以用 MSE（Mean Square Error）、R^2 等，也可通过残差来判断回归模型的拟合效果。这些都是基础统计知识。
- 在一些编程语言里边机器学习和统计方法都同样方便使用，比如 Ridge 回归和 Lasso 回归可以同随机森林回归一起作为 scikit-learn 的类进行调用。对于简单线性回归，两种方法可得到同样的结果。

所以，从实用的角度出发，我们需要了解以上区别和联系，但不用纠结于机器学习是不是统计方法这个问题。

统计学虽然是机器学习的基础，但机器学习库里封装的算法可以让人轻松使用，因而即使统计知识有所欠缺依然可以使用机器学习算法，但为了得到更好的模型以及避免过拟合，最好还是具备一定的统计基础。

回到 Boston 房价预测的例子，当笔者向朋友们展示这个例子的时候，还有一个目的在于明确：如果有类似的情境需要最准确的预测模型，可选用机器学习方法。而如果目的在于找出哪些是显著的影响因子，则可以使用统计方法（当然机器学习里的决策树方法也可以考虑）。这也是六西格玛需要机器学习的原因之一。

分类模型

两种最常见的监督学习任务是回归和分类，上一节中我们已经了解回归主要是处理数值预测，本节将介绍分类，即根据预测变量（自变量）对数据样本分门别类。

分类的例子很多，比如预测明天下雨还是不下雨，预测股票会涨还是会跌，以及有着广阔应用前景的人工智能缺陷检测（通过基于深度学习的计算机视觉来判断良品和不良品）。

以上例子中的因变量只有两个类别，因此叫作二分类问题。分类问题还包括多分类情形，比如工业场景中的故障类型问题通常是多分类。

机器学习的分类算法也有线性算法和非线性算法之分。常见的线性算法有线性判别分析（Linear Discriminant Analysis，LDA）和逻辑回归，它们的分类决策边界为直线或线性超平面；非线性算法有决策树、K近邻（KNN）、支持向量机（Supporting Vector Machine，SVM）、朴素贝叶斯、多层感知机等。这些算法有些只适用于二分类，但通过OvA（One vs. All）或OvR（One vs. Rest）等技术也可以解决多分类问题。

由于本书不探讨机器学习算法的实现细节，因此将不再对每一类分类算法的实现方法进行说明，此领域的书籍或学习视频已经非常多。即便如此，对于分类算法的评估指标有一定的了解还是很有帮助的，包括分类准确度、对数损失函数、ROC和AUC图、混淆矩阵、分类报告等。下面以在Python scikit-learn中实现为依据进行介绍。

1) 分类准确度是分类正确的样本数除以所有样本数而得到的结果。可以看到，它非常直观，但分类准确度也是分类算法中最容易被误用的指标，因为光看准确度并不一定代表分类模型表现很好。比如在地震预测中，预测标签为有地震或无地震，一个不加思考的模型每次都会预测没有地震，虽然它的准确度可以超过99%，但它却是一个没有用的模型。

在Python sklearn中使用sklearn.model_selection模块中的cross_val_score()函数，指定分类模型、训练集和测试集及验证方法可获得模型分类准确度。

2) 对数损失函数常用于逻辑回归分类模型，通过最小化对数损失实现最大化分类器的准确度。在Python sklearn中使用sklearn.model_selection模块中的cross_val_score()函数，指定分类模型、训练集和测试集及验证方法的同时设定函数参数 score ='neg_log_loss'，可获得模型对数损失函数值。

3) 混淆矩阵（Confusion Matrix）是一个可视化工具，用于比较分类结果和真值，可以把分类结果的精度显示在混淆矩阵里面。混淆矩阵的列代表预测的类别，行代表真实分类类别。如表6-9所示，现有51个样本数据，分为3类，每类各17个。分类结果显示分类A和B均正确分类，第三行显示对于实际为C类的数据，实际有一个错误分类（被误分为B类）。

表6-9 混淆矩阵

		预测		
		A类	B类	C类
实际	A类	17	0	0
	B类	0	17	0
	C类	0	1	16

使用 sklearn.metrics 模块的 confusion_matrix() 函数，分别传入实际结果和预测结果两个参数即可得到混淆矩阵。代码如下：

```
matrix = confusion_matrix(y_test,predicted)
classes = ['A','B','C']
dataframe = pd.DataFrame(data=matrix, index= classes, columns=classes)
print(dataframe)
```

4) 分类报告。基于混淆矩阵可以算出一系列非常重要的分类指标，包括前边提到的分类准确度、精度、敏感度、特异度及 F 值等。

表 6-10 左边为一个二分类混淆矩阵，右边为基于混淆矩阵计算的相关分类指标。

表 6-10　混淆矩阵及指标计算结果

二分类混淆矩阵	相关分类指标				
		precision	recall	f1-score	support
0: 44, 5	**0.0**	0.77	0.90	0.83	49
1: 13, 15	**1.0**	0.75	0.54	0.63	28
	accuracy			0.77	77
	macro avg	0.76	0.72	0.73	77
	weighted avg	0.76	0.77	0.76	77

上例中，假定 0 为阳性（这是任意的，也可以规定 1 为阳性，在实际业务中以业务要求为准），则 44 代表预测值和实际值相同且均为阳性，称之为真阳性（True Positive，TP）；15 代表预测值和实际值相同且均为阴性，称之为真阴性（True Negative，TN）；13 代表预测值阳性但实际值为阴性，称之为假阳性（False Positive，FP）；5 代表预测值为阴性而实际值为阳性，称之为假阴性（False Negative，FN）。基于这些定义我们可以计算一些评估指标。

- 准确度 $= \dfrac{TP+TN}{TP+TN+FP+FN} = \dfrac{44+15}{44+15+13+5} = 0.77$

- 精度_0 $= 1-$误报率 $= \dfrac{TP}{TP+FP} = \dfrac{44}{44+13} = 0.77$，

- 召回率_0 $=$ 敏感度 $=$ 真阳率 $= 1-$漏报率 $= \dfrac{TP}{TP+FN} = \dfrac{44}{44+5} = 0.90$

- 特异度_0 $= 1-$假阳率 $= \dfrac{TN}{TN+FP} = \dfrac{15}{15+5} = 0.75$

- F1_0 $= 2 * \dfrac{\text{精度}*\text{召回率}}{\text{精度}+\text{召回率}} = 2 * \dfrac{0.77*0.90}{0.77+0.90} = 0.83$，F1_1 的计算同理，可看出对 F1 的

值为精度和召回率的调和平均值。

在实际项目中,使用 sklearn.metrics 模块的 classification_report( ) 函数,分别传入实际结果和预测结果参数即可得到分类报告。

5) ROC 和 AUC 也是评估分类器的指标。ROC,即受试者操作特征曲线(Receiver Operating Characteristic Curve),它是揭示敏感性和特异性相互关系的综合指标,图中的曲线上的点反映对同一分类算法用不同判定标准所得的敏感性和特异度结果。作图的过程是设定多个不同的分类判断标准值并计算敏感性和特异性数值对,然后以敏感性为纵坐标、1 与特异度的差值(即假阳率)为横坐标绘制散点图并连成曲线。

在 ROC 曲线上,靠近坐标图左上方的点为敏感性和特异度均较高的临界值。AUC (Area Under ROC Curve)值就是处于 ROC 下方那部分面积的大小,通常 AUC 值介于 0.5 到 1.0 之间,值越大准确性越高。

图 6-51 是一个 ROC 曲线及 AUC 的示例。

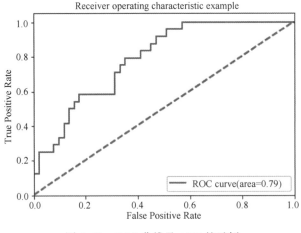

图 6-51　ROC 曲线及 AUC 的示例

有三种不同的方法(调用 scikit-learn 的 API)用于评估模型质量:

1) 估计器的 .score( ) 方法:几乎每一个估计器都有 score( ) 方法作为默认的评估方法。

2) 指定评估指标参数:使用交叉验证作为模型评估(如 model_selection.cross_val_score 和 model_selection.GridSearchCV)方法时依赖评估方法内部的评分。

比如,在以上一些分类模型评估指标的介绍过程中可以看到 cross_val_score( ) 函数十分便捷好用,通过设置表 6-11 中的 scoring 参数就可以在模型训练后获得对应的指标值。

感兴趣的读者也可参考官方网站,在以下网页中还提供了回归和聚类算法的评估参数 https://scikit-learn.org/stable/modules/model_evaluation.html#scoring-parameter。

表 6-11　scoring 参数设置选项

scoring 分类	函数
'accuracy'	metrics.accuracy_score
'balanced_accuracy'	metrics.balanced_accuracy_score
'top_k_accuracy'	metrics.top_k_accuracy_score
'average_precision'	metrics.average_precision_score
'neg_birer_score'	metrics.brier_score_loss
'f1'	metrics.f1_score
'f1_micro'	metrics.f1_score
'f1_macro'	metrics.f1_score
'f1_weighted'	metrics.f1_score
'f1_samples'	metrics.f1_score
'neg_log_loss'	metrics.log_loss
'precision' etc.	metrics.precision_score
'recall' etc.	metrics.recall_score
'jaccard' etc.	metrics.jaccard_score
'roc_auc'	metrics.roc_auc_score
'roc_auc_ovr'	metrics.roc_auc_score
'roc_auc_ovo'	metrics.roc_auc_score
'roc_auc_ovt_weighted'	metrics.roc_auc_score
'roc_auc_ovo_weighted'	metrics.roc_auc_score

3）指标函数：sklearn.metrics 模块可以提供用于特定目的的预测误差评估函数，例如前边使用过的 confusion_matrix( ) 和 classification_report( ) 函数。

聚类和降维

前面介绍的用已知标签的数据训练模型进行的分类和预测，属于监督学习。本小节将介绍无监督学习，包括聚类和降维。聚类，顾名思义，它接受一个未标记的数据集，然后将数据聚类成不同的组。降维则是用维数更低的子空间来表示原来高维的特征空间。

聚类

聚类的目标是在数据中找到自然分组，确保相同簇（cluster）内的元素比不同簇内的元素更相似。聚类算法的分类有多种，通常有以下三类：分别是基于原型的算法、基于密度的算法以及层次聚类算法。

- 基于原型的聚类算法：K 均值（K-Means）算法、GMM（Gaussian Mixture Models）。
- 基于密度的算法：DBSCAN（Density-Based Spatial Clustering of Applications with

Noise)。
- 层次聚类算法：根据数据点之间的距离构建簇的等级。层次聚类有自上而下和自下而上两种方法，当数据点不多时层次聚类算法非常适用。

图6-52是由两个变量构成的散点图，我们以它为例介绍K-均值算法的工作过程，注意K均值聚类是一种迭代算法，其方法如下。

1）定义k个质心（cluster centroid）。这些质心是随机的（也有一些用于初始化质心的算法），本例中我们指定为3个质心，并随机设置位置，如图6-53所示。

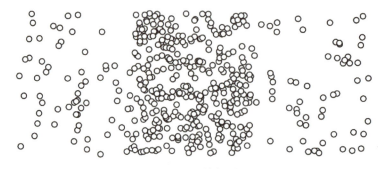

图6-52 散点图

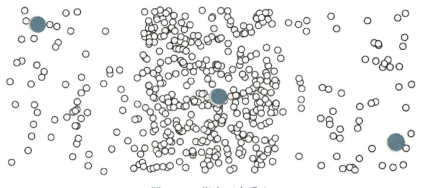

图6-53 指定三个质心

2）然后将每个数据点分配给离它最近的质心所在的聚类，通常是使用欧几里得距离（Euclidean distance），分别用不同的颜色表示三个质心所"管辖"的范围，如图6-54所示。

3）接下来再计算每一个组距离的平均值，将聚类的中心点移动到平均值的位置。图6-55是移动中心点后的情况。

4）重复以上步骤2）~3）直到算法收敛（每次迭代时重心的位置不再显著变化），从而得到最终聚类模型，如图6-56所示。

K-均值聚类可能会使代价函数停留在一个局部最小值处，这取决于初始化的情况。

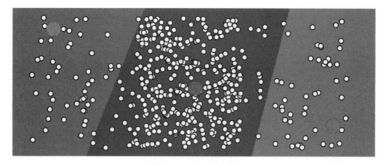

图 6-54 初始化

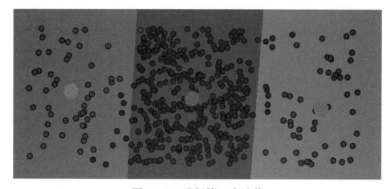

图 6-55 进行第一次迭代

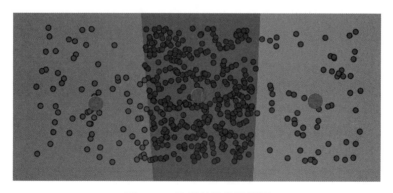

图 6-56 聚类的最终结果图

为了解决这个问题,我们通常需要多次运行 K-均值算法,每一次都会重新进行随机初始化,最后再比较多次运行 K-均值的结果,选择代价函数最小的结果。

K-均值算法实现时的目标是最小化所有的数据点与其所关联的聚类中心点之间的距离的平方和。基于代价函数选择聚类数目时有一种叫作肘部曲线的方法:

- 对于 n 个点的数据集,使用 k 从 1 到 n 迭代聚类,每次聚类后都计算代价(各质心及其他拥有的点之间距离的平方和)。

- 随着 n 的增大，平方逐渐减小，$k=n$ 时代价为 0（此时所有点都与各自的质心重合）。
- 以代价为纵轴，k 值为横轴作折线图，图中出现一个拐点，即认为是肘点，建议可选择此点所对应的 n 值（或其前一个值）为聚类数目，如图 6-57 所示。

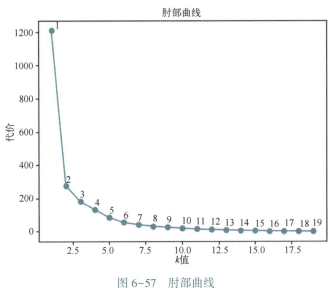

图 6-57　肘部曲线

限于篇幅，不再对其他聚类方法进行介绍，感兴趣的读者可阅读相关书籍，比如周志华博士的《机器学习》。

降维

在上一节关于聚类的讨论中我们重点讨论了 K 均值（K-Means）聚类，它的实现离不开质心和点之间的距离计算，为直观展示，本书选用了一个二维数据作为例子，但实际上数据维度并没有限制，有限制的只是人脑的想象力，我们没办法想象出 3 维以上的可视化图形。当维度非常多（现实中有的数据集会达到上万个维度）的时候，距离计算对计算机算力的要求将非常高，因此维数增加给许多机器学习算法都会带来很大影响，比如会增加训练的负担与存储空间，因此被称为"维数灾难"。

缓解维数灾难的重要途径就是降维，用维数更低的子空间来表示原来高维的特征空间。

降维算法中最基础的是 PCA（Principal Components Analysis），即主成分分析技术。主成分分析（PCA）是一种简化数据集的技术。它是一个线性变换，这个变换可以把数据变换到一个新的坐标系统中，使得任何数据投影的第一大方差在第一个坐标（称为第一主成分）上，第二大方差在第二个坐标（第二主成分）上，依此类推。主成分分析经常用于减少数据集的维数，同时保持数据集对方差贡献最大的特征。这是通过保留低阶主成分，忽略高阶主成分做到的。这样低阶成分往往能够保留住数据的最重要方面。

由于 PCA 的方向对数据的比例尺度非常敏感，因此需要在 PCA 之前对特征进行标准化，PCA 的步骤如下。

- 标准化 d 维数据。
- 构建协方差矩阵。
- 将协方差矩阵分解为特征向量和特征值。
- 通过降阶对特征值排序，对相应的特征向量排序。
- 选择 k 个最大特征值的 k 个特征向量，其中 k 为新的子空间的维数（$k<<d$）。
- 从最上面的 k 个特征向量开始构造投影矩阵 W。
- 用投影矩阵 W 变换 d 维输入数据集 X 获得新的 k 维特征子空间。

现有一个数据集（见表6-12），包括 13 个特征（1~13 列），一共有 177 行。现要求对 13 个特征降维并通过特征变换提取最重要的两个特征来实现可视化。

- 利用 sklearn.decomposition 模块的 PCA 类创建实例 pca = PCA(n_components=2)。
- 然后，调用实例 X_train_pca = pca.fit_transform(X)。
- 最后，用获得的主成分分量绘制散点图如图 6-58 所示：

表 6-12 数据集

	1	2	3	4	5	6	7	8	9	10	11	12	13
0	14.23	1.71	2.43	15.6	127	2.80	3.06	0.28	2.29	5.64	1.04	3.92	1065
1	13.20	1.78	2.14	11.2	100	2.65	2.76	0.26	1.28	4.38	1.05	3.40	1050
2	13.16	2.36	2.67	18.6	101	2.80	3.24	0.30	2.81	5.68	1.03	3.17	1185
3	14.37	1.95	2.50	16.8	113	3.85	3.49	0.24	2.11	7.80	0.86	3.45	1480
4	13.24	2.59	2.87	21.0	118	2.80	2.69	0.39	1.82	4.32	1.04	2.93	735
...													
173	13.71	5.65	2.45	20.5	95	1.68	0.61	0.52	1.06	7.70	0.64	1.74	740
174	13.40	3.91	2.48	23.0	102	1.80	0.75	0.43	1.41	7.30	0.70	1.56	750
175	13.27	4.28	2.26	20.0	120	1.59	0.69	0.43	1.35	10.20	0.59	1.56	835
176	13.17	2.59	2.37	20.0	120	1.65	0.68	0.53	1.46	9.30	0.60	1.62	840
177	14.13	4.10	2.74	24.5	96	2.05	0.76	0.56	1.35	9.20	0.61	1.60	560

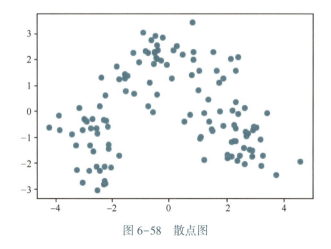

图 6-58 散点图

通过此例可看到主成分分析（PCA）能很好地捕捉到数据中的有用信息，同时将数据压缩到二维的特征子空间。我们还可以创建一个 PCA 之后的柏拉图，从图 6-59 中可以看到前两个主成分加在一起约占方差的 60%。

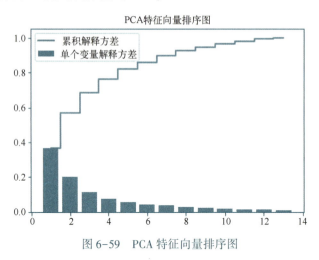

图 6-59 PCA 特征向量排序图

除了主成分分析外，还有 LDA（线性判别分析）、KPCA（核主成分分析）等降维技术，在机器视觉领域还有奇异值分解（SVD）技术的应用。值得一提的是，PCA 这一无监督线性变化技术除了主要用于特征提取和降维以外，还可广泛用于不同的领域，包括探索性数据分析和生物学信息基因组数据分析等。

深度学习介绍

我们可以从人类的成长过程看到大脑的学习过程，我们的视觉、听觉、嗅觉、味觉和触觉都是输入，经过在大脑中的储存、处理并最终使我们可以解决即使是最强大的超级计算机也无法解决的问题(但在某些问题上计算机已经可以战胜人类)。

人脑的基本单位是神经元。大脑的一小片,大约米粒大小,就包含超过 10000 个神经元,每个神经元平均与其他神经元形成 6000 个连接。正是这种巨大的神经元网络使我们能够体验周围的世界。

在其核心,神经元被优化以接收来自其他神经元的信息,以独特的方式处理这些信息,并将结果发送给其他细胞。这一过程如图 6-60 所示。神经元通过称为树突的触角状结构接收其输入。每个传入连接都会根据其使用频率动态增强或减弱(这就是我们学习新概念的方式),每个连接的强度决定了输入对神经元输出的贡献。通过对各自连接的强度进行加权后,输入在单元体中相加。然后,这个总和被转化成一个新的信号,沿着细胞的轴突传播并发送到其他神经元。

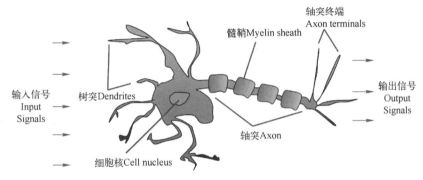

图 6-60 生物神经元示意图

为了设计人工智能,沃伦·麦库洛和沃尔特·皮兹在 1943 年首次提出了简化脑细胞的概念,即所谓的麦库洛-皮兹(MCP)神经元。麦库洛和皮兹把神经细胞描述为带有二进制输出的简单逻辑门:多个信号到达树突,然后整合到细胞体,当累计信号量超过一定阈值时,输出信号将通过轴突。几年后,弗兰克·罗森布拉特提出了基于 MCP 神经元模型的感知器学习规则,由此有了第一个人工神经网络。

深度学习的概念源于人工神经网络的研究,但是并不完全等于传统神经网络(见图 6-61)。深度学习一直在快速发展,新模型层出不穷。常见的神经网络有:前馈神经网络、卷积神经网络、生成对抗网络、循环神经网络、长短期记忆网络、深度强化学习等。深度学习技术已经渗透到每一个领域当中,从无人驾驶汽车到疾病诊断,再到手机 APP 的购物推荐,几乎所有领域都在使用深度

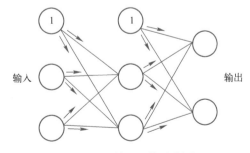

图 6-61 神经网络示意图

学习。

深度学习是用复杂的机器学习算法学习样本数据的内在规律，这些学习过程中获得的信息对诸如文字、图像和声音等数据的解释有很大的帮助。它能让机器像人一样具有分析学习能力，能够识别文字、图像和声音等数据。深度学习在搜索技术、数据挖掘、机器翻译、自然语言处理、多媒体学习、语音、推荐和个性化技术，以及其他相关领域都取得了很多成果。深度学习使机器也能够模仿视听和思考等人类的活动，解决了很多复杂的模式识别难题，使得人工智能相关技术取得了很大进步。

深度学习与人工智能

计算机程序运算速度非常快，并因摩尔定律的推动变得越来越快，快速的计算机程序可以利用它的优势执行一系列明确的指令，比如通过 VBA 可以在很短的时间内完成对一个 Excel 表的复杂处理。但若指定一些其他任务，比如像小朋友一样学会分辨猫和狗或者学会认字和讲话，则会显得无能为力。人工智能正是在解决问题的过程中，不断进步的同时又不断遭遇挫折，因此到目前为止回顾人工智能的历史，有三次技术浪潮，其间也伴随两次低潮期，如图 6-62 所示。

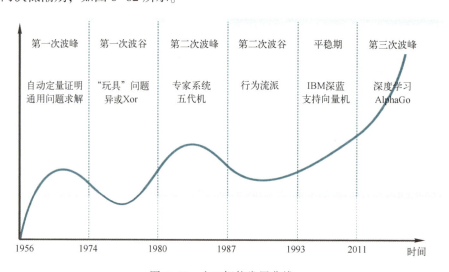

图 6-62　人工智能发展曲线

人类一直梦想着用人工智能来解决所有复杂的问题，虽然有很多失败，但从失败中逐渐找到了一些思路。深度学习（Deep Learning）是目前实现人工智能的最新技术，它是机器学习领域中的一个研究方向，它被引入机器学习使其更接近于最初的目标——人工智能（Artificial Intelligence，AI）。可通过图 6-63 了解深度学习与机器学习以及人工智能的关系。

深度学习有一个重要领域是计算机视觉，而在工业领域计算机视觉也有非常广泛的应用，可参见第七章中对计算机视觉在六西格玛项目中的应用介绍。

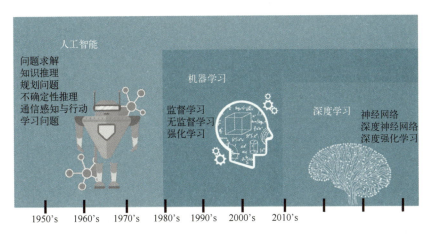

图 6-63　人工智能与机器学习以及深度学习的关系

异常检测

异常检测概述

在分析真实数据集时，我们经常要确定哪些数据实例与所有其他实例不同（比如我们用散点图来查看是否有离群值），此类实例称为异常。在机器学习领域，异常检测的英文是 Anomaly Detection，有时候也称为离群值检测（Outlier Detection）。

异常值或离群值是与其余数据显著不同的数据点。霍金斯（D. Hawkins 在 1980 年发表的 *Identification of Outliers* 是离群点相关书籍中最经典的作品之一）对异常值的定义如下："离群值是一种与其他观测值相差甚远的观测值，以至于引起人们会怀疑它是由另一种机制产生的"。

异常检测在制造业有广泛的应用。一个包含两个变量的二维数据集用散点图表示如图 6-64 所示，N_1 和 N_2 是由大多数观测值组成的区域，因此被视为正常数据实例区域，而数据点 O_1 和 O_2 是单个数据点，区域 O_3 也只少数数据点，这些点与其他大部分数据点距离都较远，因此被视为异常。揭示产生异常数据的原因可获得有关数据的有价值的信息。因此，异常检测非常重要。

可将异常分为全局异常（Global Outliers）、上下文异常（Contexture Anomaly）和集体异常（Collective Anomaly）。

- 全局异常：即某个点与大多数点都不一样，这个点就是全局异常。图 6-64 中的 O_1 和 O_2 就属于全局异常。
- 上下文异常：在特定上下文中可以被视为异常的数据实例。可以通过考虑上下文和

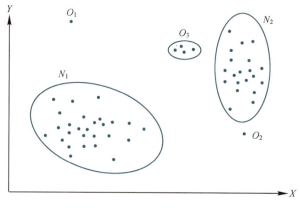

图 6-64 散点图示例

行为特征来识别上下文异常。通常使用的上下文特征是时间和空间。
- 集体异常：异常值对应于多个数据点的序列，而不是单个数据点，这种异常被称为集体异常，因为它们只能从一组或一系列数据点集体推断出来。图 6-64 中的 O_3 就可以称为集体异常。

异常检测方法输出结果可以是异常分数或者二分类标签（如异常和正常）。异常分数描述每个数据点的异常程度，可以根据异常分数对数据实例进行排序，根据选择的阈值来识别异常，异常分数比二分类标签揭示更多的信息。

异常检测是机器学习的一个重要应用方向，在深度学习广泛推广之前，用于异常检测的传统算法也有很多。比如，图 6-65 中的异常点可通过统计方法计算概率并设定阈值实现，也可以使用传统机器学习算法。

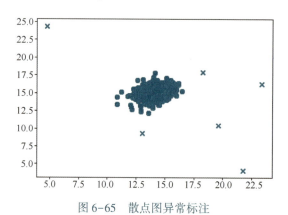

图 6-65 散点图异常标注

2012 年以后，由于深度神经网络得到迅速发展，越来越多的人开始研究如何将深度学习应用于各种异常任务中，有一个专门的研究方向叫深度异常检测（Deep Anomaly Detection，DAD）。作为机器学习的一个子集，深度学习在异常检测方面也要优于传统的机器学习。

深度异常检测模型（DAD）可以根据标签的可用性程度大致分为三类：有监督的深度异常检测、半监督深度异常检测以及无监督深度异常检测。

- 有监督的深度异常检测包括使用正常和异常数据实例的标签来训练深度监督的二分类或多类分类器。通常，基于监督的深度学习的异常检测分类方案有两个子网，一个特征提取网络后面会接一个分类器网络。深度模型需要大量的训练样本（以千或百万为单位）用于学习以有效区分各种类别。

  笔者所在的团队曾经与国内某家人工智能领域的知名公司合作开发一个有监督的异常检测项目，实践证明，尽管有监督方法的性能不错，但由于异常点数较多，许多异常缺乏标记的训练样本，致使项目延期且最终交付模型不能完全满足业务需要。正是因为类似的原因，有监督的深度异常检测不如半监督或无监督方法受欢迎。

  有一种混合模型采用的是两步学习。在深度混合模型中，深度学习模型被广泛用作特征提取器，在深度模型中学习的代表性特征会被输入到传统算法中，如支持向量机分类器。

- 无监督深度异常检测技术仅基于数据实例的内在属性来检测异常值。自动编码器是所有无监督深度异常检测模型的核心。

- 因为正常实例的标签远比异常更容易获得，因此半监督深度异常检测技术被广泛地采用，这些技术利用单个类（通常为正类）的现有标签来分离异常值。

时间序列异常检测

根据监控对象的不同，时间序列常分为业务指标、机器指标、网络指标等，在制造业所涉及的数据中尤其以业务指标和机器指标居多，比如工厂计划员每天从系统中查看的定单行数，或者设备工程师对设备耗电量的实时监控数据（见图6-66）等。

图 6-66　设备耗电量的实时监控数据

在这些时间序列数据中，数据模式通常不会突然改变，除非过程存在异常，异常检测主要就是基于这一时间连续性假设。

时间序列中的异常类型一般分为上下文异常（比如我们在第四章时间序列离群值章

节提到的 AO 离群点）和集体异常。具体来说，当特定时间戳的值突然相对于其时间上的相邻值发生变化时，异常值为上下文异常。当整个时间序列或时间序列中的子序列具有不寻常的形状时，异常值为集体异常（也有将集体异常定义为因整个时间序列异常而增加一个子序列（Sequence）异常分类的划分方法）。整个序列为异常值的情况下，只有当输入数据是多元时间序列时才能检测到它们。子序列异常的例子如图 6-67 中的 O_1 和 O_2 所示。

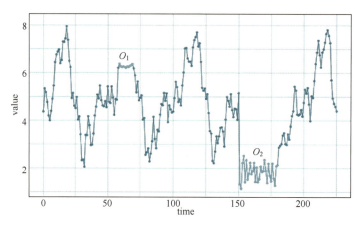

图 6-67　时间序列子序列异常

时间序列异常检测基于正态分布（或高斯分布，见图 6-68）小概率事件原理，与统计过程控制（SPC）相似，只不过当前数据点的状态由之前不同周期的相同位置数据决定，通过历史同期的数据分布来确定波动范围。它假设局部数据服从正态分布，超出均值±3 倍（或根据实际情况设置的倍数）标准差的数据（$\mu\pm3\sigma$）可能是异常的，算法有效利用了历史同期的数据，避免了全局使用唯一的固定阈值来衡量是否存在异常，同时还具有算法计算快速、原理易懂可解释的优点。

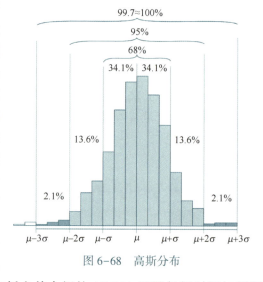

图 6-68　高斯分布

另一种时间序列异常检测的思路是基于预测方法：通过比较预测值和实际值的差异来判断是否存在异常。时间序列的预测模型包括之前介绍的 ARIMA 以及长短时记忆循环神经网络 LSTM（Long Short-Term Memory Recurrent Neural Network，见图 6-69）等。一些时间序列异常检测方法也可以用于 SPC 控制。

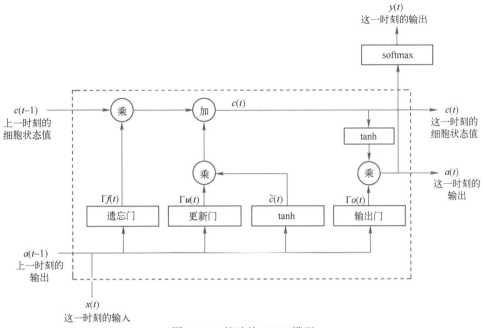

图 6-69　基础的 LSTM 模型

基于预测方法的时间序列异常检测实现原理分两步：
- 第一步是进行时间序列预测。
- 第二步是计算预测结果与实际结果的差值并进行异常判断。判断标准一般采用训练集误差的某个百分位数或误差均值的标准差的一定倍数等方法，设置时带有较强的主观性。

时间序列异常检测还有基于距离、基于密度、基于聚类、PCA 甚至非线性方法。深度学习算法在时间序列异常检测方面也有越来越多的应用，比如生成对抗网络（GAN）方法可用于时间序列检测。

了解机器学习的读者可能都知道周志华教授，他于 2008 年在第八届 IEEE 数据挖掘国际会议上提出过一个叫作孤立森林（Isolation Forest 或者 iForest）的算法，该算法的实质不是描述正常的样本点，而是要孤立异常点。孤立森林是一种适用于连续数据的无监督异常检测方法，对于那些容易被孤立（isolated）的点，iForest 使用了一套非常高效的策略。孤立森林算法会递归地随机分割数据集，直到所有的样本点都是孤立的。在这种随机分割的策略下，异常点通常具有较短的路径。在如图 6-70 所示的例子中，假设有 4 个样本，可以看到 d 最有可能是异常，因为它最早就被孤立了。

孤立森林算法凭借优秀的准确率已开始被广泛应用于工业数据结构的异常检测。下面以一个轴承的震动时间序列数据集为例来介绍如何使用孤立森林算法进行时间序列异常检测（数据集可在本书随书资源中下载），原始数据可视化后如图 6-71 所示。

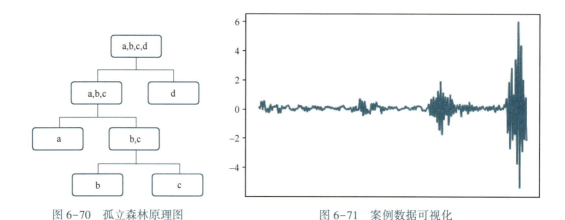

图 6-70 孤立森林原理图　　图 6-71 案例数据可视化

scikit-learn 提供了许多内建的函数用于自动识别数据中的异常点，孤立森林算法 API 属于 IsolationForest 类。模型中最重要的超参数是"contamination"，它用来帮助估计数据集中异常点数量的比例，通常设定介于 0~0.5 之间，默认值为 0.1。通过以下核心代码可获得对序列中每个数据点是否为异常值的判断：

```
# train isolation model andfcst anomaly values
contamination = 0.03
model = IsolationForest(contamination = contamination)
model.fit(data)
anomaly = pd.Series(model.predict(data)).values
```

算法判断结果存储于 anomaly 列表中，列表元素值只有 -1 或 1，判断结果为 -1 代表异常点，判断结果为 1 代表正常点，用直方图显示如图 6-72 所示。

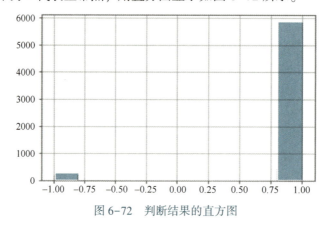

图 6-72 判断结果的直方图

可将异常点在时间序列折线图上标记出来，如图 6-73 所示。

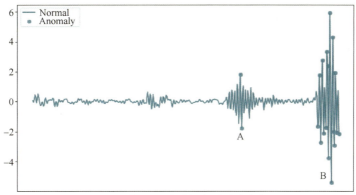

图 6-73 轴承震动时间序列异常点标注

通过图 6-73 可以看出，在轴承运行过程中震动时间序列正常波动，其间在时刻 A 有一次异常，此异常报警应引起维修人员的关注，在没有采取行动的情况下，经过一段时间之后在时刻 B 又出现了持续性的大幅震动。

工业生产依赖各式各样的设备，我们期待它们能随时保持可用性，正如我们在出门旅行时希望火车、飞机、公交车都能无故障运行一样。飞机或火车的维护和保养靠的是专业人员在背后努力工作，而工业生产设备的可用性则是持续改善领域一个永恒的关注话题，因此下面再补充一些关于预测性维护的内容。

维修策略经常包括分级维护和保养，这里涉及维护成本与效率损失之间的平衡，基于故障维修有头痛医头、脚痛医脚的嫌疑，常常还会出现设备不可用或不安全的状况，一些频繁采用的预防性维护策略在资源浪费方面的缺陷也是有目共睹。预测性维护通过预测故障再采取恰当的措施，可在节约成本的同时保持设备高可用性。

大约二十年前我开始从事质量体系和改善工作时便了解到 QS9000 质量管理体系（已于 2006 年过期）及 ISO/TS16949（目前已升级成 IATF16949 质量管理体系）都提出了预测性维护的概念，为此也专门向专家请教如何实施。但真正让预测性维护一词开始在工厂里有较高的重视程度则始于近几年，主要推动因素就是机器学习方法借着数字化转型的东风开始走入生产车间。

一般而言，对发生频率低、影响大的故障推荐采用预测性维护方法。为进行预测性维护，我们首先要在设备中设置传感器以监控和收集有关其操作的数据。很显然，这些数据是包括时间戳的时间序列数据，可以通过分类方法来预测接下来存在故障的可能性或者用回归、LSTM 等方法预测距下一次故障发生还有多长时间，如图 6-74 所示。

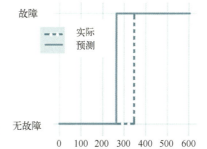

图 6-74 预测性维护原理

设备故障预测与健康管理（PHM）是近年来维修策略演进的成果，它包括故障预测和健康管理两个方面。故障预测是指根据系统现在或历史性能状态预测性地诊断部件或系统完成其功能的状态（未来的健康状态），包括确定部件或者系统的剩余寿命或正常工作的时间长度；健康是指与期望的正常性能状态相比较的性能下降或偏差程度，健康管理是根据诊断/预测信息、可用维修资源和使用要求对维修活动做出适当决策的能力。PHM 建模方法有几个不同的思路，包括模型与自身历史趋势对比、同类设备的模型对比以及将分析模型与机理模型对比等，感兴趣的读者可参考该领域内的图书或应用案例进一步学习。

数学模型综述

我们了解了机器学习或数据挖掘的分类和回归模型，通过一些案例的实现以加深理解，并对深度学习和异常检测进行了介绍。取决于具体场景，这些方法和模型都可能在六西格玛项目中使用，此外深度学习方法，尤其是基于深度学习的异常检测等在工业数据中的使用也越来越多。

回顾回归等模型的构建过程不难发现，这些模型建模方法都是基于数据分析建模，这也符合六西格玛以数据说话的特点。从分析需求和实践来看，传统六西格玛项目主要使用基于分布的统计工具和模型，而我们介绍的一些高级分析方法在数学模型（包括模型背后的理论知识）方面的应用探索已经有了更多的拓展；在实际的数字化六西格玛项目中几乎可以找到所有的分类、预测、优化及评估模型的身影。

数字化六西格玛使用的数学模型

数学以各种形式应用于各个领域，帮助人们分析原因、量化过程、控制风险、优化管理、合理预测。科学技术离不开数学，它通过建立数学模型与数学产生紧密联系。数学方法解决实际问题需要数学建模和科学计算，随着计算机技术的飞速发展，科学计算和数学建模在工程技术中发挥着越来越大的作用。最近几年，数字化转型深入人心，在笔者的工作中，数学模型的应用（以改善项目为主）已向生产和管理的各个方面渗透；了解或掌握科学计算的基本方法以及数学建模的过程和基本方法可以说也成了持续改善专家（比如精益六西格玛黑带大师）的必需技能。

数学建模是为了特定的目的，根据特有的内在规律，对现实世界的特定对象进行必要的抽象、归纳、假设和简化，运用适当的数学工具而建立的一个数学结构。数学建模就是运用数学的思想方法、数学的语言去近似地刻画一个实际研究对象，构建一座沟通现实世界与数学世界的桥梁，并以计算机为工具应用现代计算技术达到解决各种实际问题的目的。建立一个数学模型的全过程称为数学建模。

传统六西格玛以一些典型分布为基础，广泛使用回归分析、方差分析等分析方法。在数字化时代，以预测分析（如分类和回归）为主的数据挖掘模型已经经过验证，对于我们的改善工作有着重要的价值。此外，在制造业领域用于过程及产品质量改善时还可能会用到许多数学模型，例如线性规划、动态规划、整体规划、目标规划模型、偏最小二乘回归、博弈论/对策论、排队论模型等优化模型或评价模型，它们都是数字化六西格玛强大分析工具包中的组成部分。

通过数学建模来分析并实现改善是一个具有挑战性的工作，在数字化时代，应用各种工具解决实际问题已经成了一个创造性的活动。从工作的意义上说，从事改善的人员（事实上人人都应该也必须从事改善，只是角色不同），尤其是数据分析师及六西格玛黑带在数字化时代的工作充满乐趣；乐趣既来自于工作的过程，又包含将创新的挑战转变为现实成功的快乐。还有什么理由不爱上改善的工作呢？

除了建立数学模型以外，与模型密切相关的领域还有模拟。模拟的基本思想是建立一个试验模型，这个模型包含所研究系统的主要特点。通过对这个实验模型的运行，获得所要研究系统的必要信息。突破将计算机模拟主要应用于产品或过程设计的应用定式，在全流程和整个产品生命周期的改善方面都应用得越来越多。如通过模拟工件在整个加工过程中的流转过程来识别生产过程中的瓶颈环节，以及了解生产线设计产能和效率等关键性能；通过对注塑模具和注塑过程的模拟可以识别模具镶件的薄弱环节，进而帮助找到改善方法。

与物理模型实验相比，计算机模拟仿真成本低、时间短、重复性高、灵活性强。这些优点相信读者从本章介绍的蒙特卡罗（Monte Carlo）模拟案例中已有体会。

计算机模拟模仿对象的实际演变过程，难以从得到的数字结果中分析出对象的内在规律。对于那些因内部机理过于复杂而难以建立数学模型的实际对象，用计算机模拟是解决问题的有效手段。模拟通过大量的结果来对系统或过程进行定量分析，如果是为了通过模拟来建立数学模型，可将模拟与数学建模工作相结合。

在本书第十一章中将会通过案例介绍 CAE 分析在持续改善过程中所发挥的独特作用。

测试分析模型和机理分析模型

数学模型与思维模型和符号模型一样都属于抽象模型，在实际工作中建模的思路有通过机理分析建模和通过测试结果分析建模（与现代控制理论领域的系统辨识相关）两个不同的思路，机理分析建模和测试分析建模是建立数学模型的两种方法（见图6-75）。

机理模型是根据对象、生产过程的内部机制或者物质流的传递机理建立起来的精确数学模型。它是基于质量平衡方程、能量平衡方程、动量平衡方程、相平衡方程以及某些物性方程、化学反应定律、电路基本定律等而获得对象或过程的数学模型。机理模型的优点是参数具有非常明确的物理意义，模型参数易于调整，所得的模型具有很强的适应性。其缺点

图6-75　模型分类

是对于某些对象，人们还难以写出它的数学表达式，或者当表达式中的某些系数还难以确定时，就不能适用。机理模型往往需要大量的参数，这些参数如果不能很好地获取，也会影响到模型的模拟效果。

测试分析建模方法常将研究对象看成黑箱，对其输入、输出的数据进行测量与分析，并建立与数据拟合最好的模型。

机理与数据的结合体现在基于间接测量（本书第二章中数据思维一节曾对间接测量进行过简单介绍）的分析和控制过程中：首先确定所需要测量的关键变量，通过机理分析初步确定影响关键变量的可测变量。工业机理和工业大数据算法双管齐下（即知识驱动+数据驱动），形成面向各个细分工业领域的各类知识库、工具库、模型库和工业软件，将有助于加速旧知识的复用和新知识的不断产生，进一步服务于过程的改进和提升。

本章小结

通过对数据分析而找到原因及改善方向一直以来是传统六西格玛项目实施中的重要一环，虽然笔者在实践中也经常强调对业务问题的理解、数据测量与收集以及措施和控制很重要，但很多经验表明分析阶段是最具"技术含量"的，分析阶段直接决定了原因并对改善措施和项目最终结果起到重要作用。

本章中我们并没有对传统六西格玛的分析阶段进行展开，而是紧扣数字化与传统六西格玛融合这一主线首先介绍了一系列高级分析方法。本章有几个重点，包括：DMAIC与数据挖掘流程的融合；蒙特卡罗分析和时间序列分析方法这两个高级统计分析方法；还有将机器学习或数据挖掘应用在六西格玛项目中完成各种不同任务等。也许这里需要再次强调，由于机器学习已证明了在六西格玛项目中的应用价值，因此我们在本章中对不同算法进行了一些侧重介绍，但这些介绍仍然是比较粗浅的，这些内容作为机器学习入门应该足够，若能为读者将这些高级分析方法与 DMAIC 方法论结合用于实际改善做一点贡献，本书的目的就算达到了。对于有志于提高机器学习技能的读者，可通过其他渠道获得进一步的知识，以提升专业技能。

按前几章的惯例，在此也列出一个汇总的数字化六西格玛分析阶段的工具集（见表 6-13）供读者参考。

表 6-13 数字化六西格玛分析阶段的工具或方法

数字化六西格玛分析阶段的工具或方法
价值流程图（VSM）、TOC、Takt Time、因果分析、FMEA、EDA、假设检验、非参数假设检验、简单及多元回归、逻辑回归、ANOVA、变异源分析、FTA、DOE、项目回顾、数据挖掘 - 分类（树、逻辑回归等）、数据挖掘 - 回归、时间序列异常检测、时间序列预测、异常检测、关联分析、可靠性统计、蒙特卡罗模拟、模拟、CAE

第七章

数字化改善方案

工业4.0是由德国于2013年在汉诺威工业博览会上提出的，美国则提出了工业互联网的概念，两者属同一主题，侧重点有所不同，在一些文献中也经常将两者作为可互换的名词。我国以"中国制造2025"作为总体规划，同时将工业互联网作为智能制造的基础大力发展。

工业4.0、工业互联网、"中国制造2025"等战略引导了产业和企业转型，企业通过对一些相互关联的先进数字技术，包括机器人流程自动化、机器学习、人工智能（AI）、云平台等的合理应用可提升传统制造业的产品质量和运营效率，以及客户的体验。作为这些数字技术中的一些高级分析工具，比如机器学习和高级统计分析，已在之前的章节中讨论，本章将进一步探讨一些能在生产与管理流程中实现价值创造的数字化改善工具或方法，比如计算机视觉、光学字符识别（OCR）、自适应控制和智能控制、机器人流程自动化等。

计算机视觉

"如果我们想让机器思考，我们需要教它们看见。"

——李飞飞

计算机视觉简介

通过视觉器官捕获现实世界的信息是人和很多动物都具有的技能，视觉的重要性对于人和许多生物而言不需多言。

可是，对于机器而言，又是什么情况呢？

我们知道，进入工业化时代后人类发明了很多机器，但所有机器最初都是没有视觉的，连最初的计算机也没有视觉，这从它的名字就可看出，人们最初主要希望计算机承担计算任务。机器视觉概念的产生实际上是在人工智能出现之后。

20世纪60年代早期，在 Marvin Minsky 的领导下，美国的麻省理工学院（Massachusetts Institute of Technology，简称"麻省理工"或MIT）的人工智能实验室成立，同一时期 John McCarthy 在斯坦福也建立了人工智能实验室（正是这两位学者和 Claude Shannon 及 Nathaniel Rochester 等人于1956年提出人工智能的概念并开启了人工智能的第一次热潮）。1966年，即第一次人工智能热潮开启十年后，麻省理工学院的教授 Seymour Papert 给他的学生布置了一项暑期作业——开发一个视觉系统将图片分类，他们相信这个问题可以在一个夏天解决。但是，事实上这只是计算机视觉发展的开始，它开启了人工智能在模式识别方面的第一次应用，因此1966年就这样成了计算机视觉元年。

计算机视觉可以定义为从数字图像中提取信息的科学领域。从图像中获得的信息类型可能因不同的应用（例如识别、导航空间测量或增强现实等）而不同。

计算机视觉汇集了大量的学科（见图7-1）。神经科学可以通过首先理解人类视觉来帮助计算机视觉。计算机视觉也可以被视为计算机科学的一部分，算法理论或机器学习对于开发计算机视觉应用至关重要。

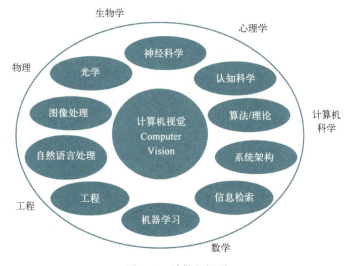

图7-1 计算机视觉

人类的视觉器官是眼睛，计算机获取外部信息主要通过相机摄像头（世界上第一台数码相机诞生于1975年，由柯达公司工程师 Steven Sasson 发明），此外也可以通过算法生成图片。在人类识别、定位和区分物体时，通过眼睛获取的信息被输入大脑，大脑分析和处理来自眼睛的信息以实现物体识别、定位等功能。计算机要经过算法对获取的图片进行分析和处理，这个算法就算是计算机对图像分析和处理的"大脑"。

计算机视觉技术的发展

从1966年计算机视觉元年开始，计算机视觉随着各个学科的进步而一起继续发展，如今，半个多世纪过去了，虽然计算机视觉的问题还没有被完全解决，但它已成了一个细分的科学领域，近年来随着深度学习技术的飞跃也取得了非常大的发展。目前，计算机视觉主要应用于完成图片分类、图像语义分割和目标识别、自动驾驶及图像风格迁移等任务。考虑到一些从事数字化转型和改善工作的读者对计算机视觉这一领域还不熟悉，我们先回顾一下计算机视觉技术的发展历程。

20世纪70年代后期，英国神经系统学家与心理学家、计算神经科学创始人大卫·马尔（David Marr）撰写了一本非常有影响力的书《视觉》，他认为我们认知事物不是看整体的框架，而是看他的边缘和线条，由此产生一个重要的领悟：视觉是分层的，从线条开始识别。这本书对计算神经科学领域的开始和快速发展起到了关键作用。现在，每两年举办一届的计算机视觉国际大会（ICCV，计算机领域世界顶级的学术会议之一）上评选出的最佳论文奖，被看作是计算机视觉研究方面的最高荣誉之一，就被命名为马尔奖（Marr Prize）。

1998年，卷积神经网络（CNN）大师LeCun Yann在论文"Gradient-Based Learning Applied to Document Recognition"中提出了LeNet-5（见图7-2），他在LeNet中定义的网络模型直到现在仍然是卷积神经网络模型的基本结构。LeNet用于解决手写数字识别的视觉任务时会起到很好的效果。但其模型训练困难，在一般的实际任务中的表现不如SVM、Boosting等算法好，一直处于学术界边缘的地位。

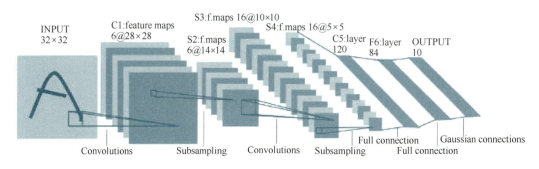

图7-2 LeNet-5模型

2010年，李飞飞发起计算机自动识别图像的ImageNet国际挑战赛。从2010年开始，ImageNet项目每年举办一次比赛，即ImageNet大规模视觉识别挑战赛（ILSVRC，ImageNet Large Scale Visual Recognition Challenge），关于该竞赛的相关情况可参考以下网站：https://image-net.org/challenges/LSVRC/。

在2012年的ILSVRC竞赛中，Geoffrey Hinton和他的两个学生Alex Krizhevsky及Ilya-

Sutskever 提出的卷积神经网络 AlexNet（见图 7-3）夺得冠军，并将错误率从 2011 年的 25.8%降至 16.4%。AlexNet 让人们意识到 LeNet 结构还是有很大改进空间的；随后不断有人在网络深度、宽度等方面提出优化，从此深度学习和卷积神经网络以计算机视觉为主阵地得到了迅猛发展；因此，2012 年被广泛认为是深度学习元年。

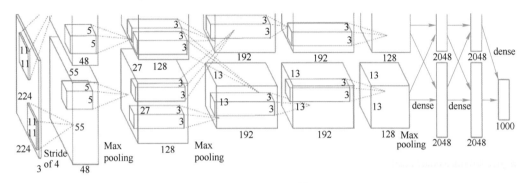

图 7-3　AlexNet 模型

2012 年之后，在计算机视觉问题中对图片进行处理和分析时，深度学习是唯一的主角，涌现了许多好的卷积神经网络模型（见图 7-4）。

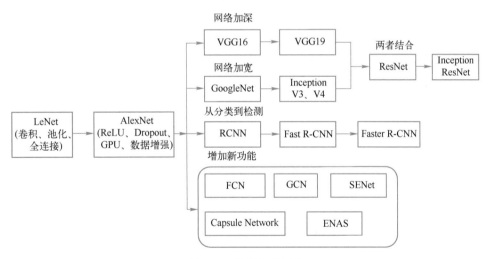

图 7-4　卷积神经网络

自 2012 年之后，每年参加竞赛的中国选手都非常多，有不少科学家取得了很好的成绩（见图 7-5 和图 7-6）。比如 2015 年，当时在微软亚洲研究院工作的何恺明博士（http://kaiminghe.com/）提出的 ResNet 获得了冠军。ResNet 是目前计算机视觉领域的流行架构，也被用于机器翻译、语音合成、语音识别和 AlphaGo 的研发上。

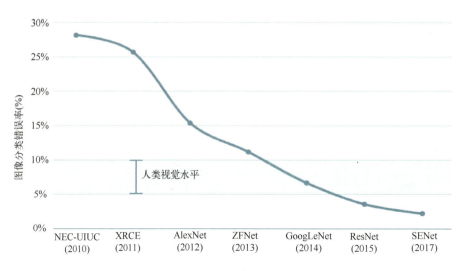

图 7-5 ILSVRC 竞赛历年最好成绩

ILSVRC 竞赛于 2017 年停办后，2018 年起由 WebVision 竞赛（Challenge on Visual Understanding by Learning from Web Data）接替。WebVision 所使用的数据集（dataset）抓取自浩瀚的网络，不经过人工处理，难度大大提高，也会更加贴近实际运用场景。

下面以一个案例来理解深度神经网络（卷积神经网络），限于篇幅，本书引用案例的目的不在于详细讲解卷积神经网络实现的每一个细节，只介绍卷积神经网络的主要结构及实现案例结果（此案例的数据集及代码可通过本书的随书资源下载链接下载）。

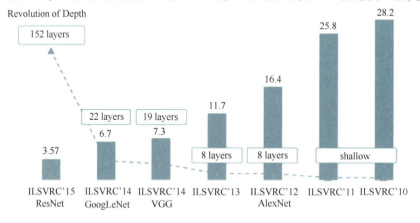

图 7-6 卷积神经网络深度

卷积神经网络

卷积神经网络（Convolutional Neural Network，CNN）是一种前馈神经网络，可以使用反向传播算法进行训练。它的结构包括卷积层、池化层、全连接层和输出层。

- 卷积层初步提取特征。卷积层是卷积神经网络的核心层，它包括一个卷积核（kernel）。卷积层的输入和卷积核都是张量，卷积运算就是用卷积张量分别乘以输入张量中的每个元素，然后输出一个代表每个输入信息的张量，如图7-7所示。卷积核又称为过滤器（filter）。

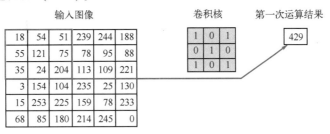

$429 = 18×1+54×0+51×1+55×0+121×1+75×0+35×1+24×0+204×1$

图7-7 卷积核工作原理

对卷积核可以有不同的设置，从而起到不同的效果。输入图像的所有像素点都至少被覆盖一次后，就产生了卷积层的输出，如图7-8右边矩阵所示。

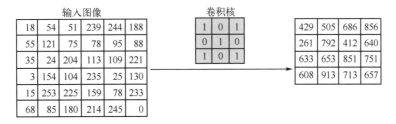

图7-8 卷积层输出

- 池化层提取主要特征。通过卷积层获取图像特征后，理论上可以直接使用特征训练分类器。但直接训练有两个很大的弊端，一是计算量大，二是容易过拟合。因此需要进行池化（pooling）。以下是最常见的三种池化层的形式，示意图如图7-9所示。

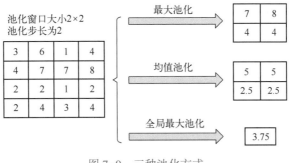

图7-9 三种池化方式

1) 最大池化（max pooling）：选取 pooling 窗口区域内的最大值作为采样值代表整个窗口。
2) 均值池化（mean-pooling）：选取 pooling 窗口区域内数值的平均值作为采样值。
3) 全局最大或均值池化：对整个特征图池化，而不是在移动窗口范围内。

- 全连接层负责将各部分特征汇总，起到分类器的作用。全连接层的工作原理和神经网络学习类似，把池化层输出的张量重新切割成一些向量，乘上权重矩阵，再加上偏置值，通过 ReLU 激活函数用梯度下降法优化参数。

我们用的数据集是 CIFAR-10（http://www.cs.toronto.edu/~kriz/cifar-10-python.tar.gz），它是由 Hinton 的学生 Alex Krizhevsky 和 IlyaSutskever 整理的一个用于识别普适物体的小型数据集。一共包含 10 个类别的 RGB 彩色图片：飞机（airplane）、汽车（automobile）、鸟类（bird）、猫（cat）、鹿（deer）、狗（dog）、蛙类（frog）、马（horse）、船（ship）和卡车（truck）。

该数据集共有 60000 张彩色图像，这些图像是 32×32，分为 10 个类，每类 6000 张图。有 10000 张图片用于测试，测试批（batch）的数据中每一类有随机抽取的 1000 张图片。抽取剩下的 50000 张就随机排列组成了训练批，训练批分成 5 批，每一批 10000 张图；每一个训练批的 10000 张图片中的各类图像数量不一定相同，但汇总起来每一类都有 5000 张图。

1) 首先，加载图片，然后随机挑选五张图片（见图 7-10）进行查看，从左到右的标签分别为 truck、horse、car、cat、frog。

图 7-10　标签

2) 使用 PyTorch 构建一个 LeNet 网络。

```
import torch.nn as nn
device = torch.device("cuda:0" if torch.cuda.is_available() else "cpu")

classLeNet5(nn.Module):
    def __init__(self):
        super(LeNet5,self).__init__()
        self.c1= nn.Conv2d(3,6,5)
        self.c3= nn.Conv2d(6,16,5)
```

```
        self.c5 = nn.Conv2d(16,120,5)
        self.f6 = nn.Linear(120,84)
        self.output = nn.Linear(84,10)

    def forward(self, image):
        output = nn.functional.relu(self.c1(image))     #C1
        output = nn.functional.max_pool2d(output, 2)    #S2
        output = nn.functional.relu(self.c3(output))    #C3
        output = nn.functional.max_pool2d(output, 2)    #S4
        output = nn.functional.relu(self.c5(output))    #C5
        output = output.view(image.size(0),-1)          #tensor 展平
        output = nn.functional.relu(self.f6(output))    #F6
        output = self.output(output)                    #OUTPUT

        return output
net = LeNet5()
net = net.to(device)
```

LeNet 网络不算输入（INPUT）总共 7 层，分别是 C1、S2、C3、S4、C5、F6、OUTPUT，其中以字母 C 开头的层代表的是卷积层，以字母 S 开头的层代表的是池化层，也称下采样层。LeNet 网络各层的顺序如图 7-11 所示。

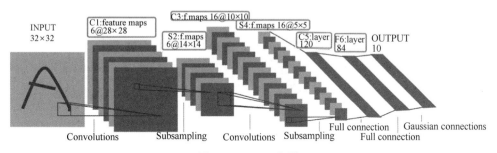

图 7-11 LeNet 网络

输入层中输入图像的尺寸为 32×32。

① C1 卷积层。

- C1 层的输入是尺寸为 32×32 的图像，卷积核的大小是 5×5，深度为 6（即有 6 个卷积核），不用 0 填充，步长为 1。
- 输出的图像大小是 28×28（32-5+1=28），因为使用了 6 个卷积核，故 C1 层的输出尺寸是 28×28×6。
- C1 层参数的总个数为 (5×5+1)×6 = 156 个参数，其中 +1 代表的是每个卷积操作之

后需要有一个额外的偏置（bias）参数。
- C1 层总共产生 122304 条连接。因为一共有 28×28×6＝4704 个像素点，而每个像素点都是由 5×5+1 个连线得到的，故 4704×26＝122304。

② S2 池化层。
- S2 层的输入是 C1 卷积层的输出
- S2 使用的核大小为 2×2，步长为 2，使用的是平均池化（average pooling），那么这一层的输出就是 14×14×6。
- 总共需要 6×2＝12 个参数。其中，2 代表系数和偏置。
- 每一个像素点都需要经过一次池化操作，一次池化操作需要产生 4+1 条连接，故总共产生(4+1)×14×14×6＝5880 条连接。

③ C3 卷积层。
- C3 卷积层的输入是 S2 层的输出。
- C3 卷积层使用的卷积核大小是 5×5，深度为 16，不使用 0 填充，步长为 1。故输出尺寸为 10×10×16。
- 总共 1516 个参数，151600 个连接。

④ S4 池化层。
- S4 池化层与 S2 池化层方式相同。核大小为 2×2，步长为 2。
- S4 层的输出尺寸降到 5×5×16。
- S4 层一共包含 16×2＝32 个参数，与 C3 层一共有(4+1)×5×5×16＝2000 个连接。

⑤ C5 层是卷积层，而不是全连接层。
- C5 卷积层包含了 120 个卷积核，核大小为 5×5，填充为 0，步长为 1。
- 每一个卷积核的输出大小是 1×1，即 C5 层的输出是一个 120 维的向量。
- C5 层与 S4 层之间一共包含 120×(5×5×16+1)＝48120 个连接。

⑥ F6 全连接层。
- F6 层将输入向量与权重向量求点积，然后再加上偏置项，最后通过 sigmoid 函数输出。
- F6 全连接层包含了 84 个节点，故一共包含了(120+1)×84＝10164 个参数。

⑦ 输出（OUTPUT）层。
- OUTPUT 层也是全连接层，共有 10 个节点，分别代表 10 种类别。

LeNet 的 C5 卷积层没有利用上一层所有的通道；输出层之前加了一个全连接层，强制把所有的图像变成一个 84 维的向量，然后去分类；使用平均池化而不是最大值池化。这几点都是可以改进的地方。

3）执行训练。这里选用交叉熵（CrossEntropyLoss）损失函数，用随机梯度下降方法学习，学习速率为 0.01。

训练损失如图 7-12 所示:

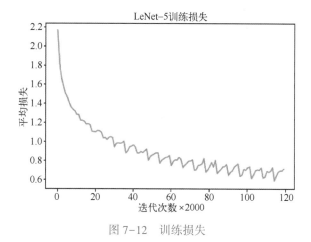

图 7-12 训练损失

4) 使用含 10000 张图片的测试集进行测试,代码如下。

```
correct = 0
total = 0
with torch.no_grad():
    for data intestloader:
        images, labels = data
        images, labels = images.to(device), labels.to(device)
        outputs = net(images)
        _, predicted = torch.max(outputs.data, 1)
        total += labels.size(0)
        correct += (predicted == labels).sum().item()

print('使用10000张测试图片测试,准确度为：%d%%'% (
100 * correct /total))
```

输出结果为"使用 10000 张测试图片测试,准确度为: 61 %"。

如图 7-13 所示,还可输出对每一类的测试准确度,从中可看到对"bird"和"cat"这两个类别的分类准确度较差。

通过这个例子我们了解到卷积神经网络的工作原理。同时,也可看到 LeNet 在图像识别方面确实有先天不足。对此数据集,如果用 2012 年以后的深度卷积神经网络分类准确度可达到 90%以上。

通过深度学习计算机学会了思考,而计算机视觉则使机器可以观察世界。正如 Web-Vision 在发布 2020 年竞赛结果时所说:"深度学习最近的成功表明,深度体系结构与大量

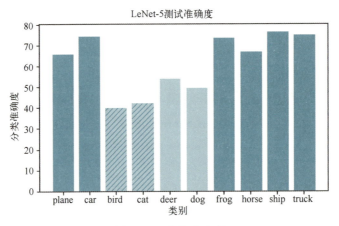

图 7-13　分类准确度

标记的训练数据相结合是许多视觉任务最有希望的方法。然而，为训练如此深度的神经网络而注释大规模数据集也是昂贵且耗时的。因此，人们对开发新型深度学习系统产生持续的兴趣并不奇怪。"人们对机器饱含期待，可以说有一万个理由期待深度学习和计算机视觉技术有进一步发展。图 7-14 来自于 Tractica 网站，显示了机器视觉行业的实际市场大小和预估。

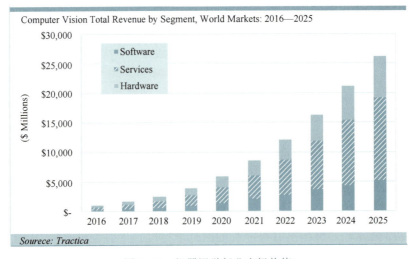

图 7-14　机器视觉行业市场价值

在谈论计算机视觉的同时，我们还经常会听到机器视觉、工业视觉、机器人视觉等概念。这几个概念间的界限较模糊，众说纷纭。显然，机器视觉通常是自动化系统的重要组成部分，因此机器视觉实际上是一个工程领域的概念，而计算机视觉是一门学科。传统的机器视觉以工业相机为核心硬件，通过对照片的特征提取来进行识别；以机器学习为支持的计算机视觉技术用于机器视觉领域也经常被称为人工智能相机，目前已应用在许多领域。表 7-1 中包含了对传统工业视觉和计算机视觉的比较。

表 7-1　传统工业视觉和计算机视觉的比较

	工业视觉	计算机视觉
功能目标	主要解决以往需要人眼才能进行的工件的定位、测量、检测等重复性劳动	赋予智能机器人视觉，利用测距、物体标定与识别等功能以实现对外界位置信息、图像信息等的识别与判断
硬件需求	工业视觉的要求相对较高，需要依据自身的需求对工业相机的帧频、分辨率等指标进行筛选	除少部分特殊情况外，大部分对于相机或摄像头的要求并不高
算法需求	往往侧重于精确度的提高	算法难度相对较高，侧重于采用数学逻辑或深度学习方法进行物体的标定与识别
产业成熟度	相对较为成熟，在半导体、包装等行业的测量检测已有较为广泛的应用	整体来讲还是一个刚起步的状态，初创企业层出不穷

计算机视觉技术广泛应用于生产制造、图像检索、医疗影像分析、人机交互等领域，主要有图像识别、物体识别、人脸识别、文字识别等应用。下面我们重点介绍在工业企业的应用，主要是异常检测和光学字符识别（OCR）。

人工智能异常检测

我们在第六章中介绍分析方法时曾介绍过基于机器学习的异常检测，尤其是对时间序列数据分析处理，异常检测是一种有效的分析手段，可以用于改善项目。将计算机视觉作为一种改善手段代替人眼用于制造过程的异常检测是近年来越来越流行的实践。数据对象是图片，因此它是跟自动化和 IoT 技术紧密相连的应用。

使用深度学习的计算机视觉异常检测经常被称为人工智能视觉检测，人工智能异常检测目前已是较成熟的方案，但如何在生产线上识别出哪些工序适合采用这个方案仍然是一个广泛关注的话题，因此我们在此主要讨论如何识别制造过程中的应用机会，也可作为对第三章中识别改善机会的补充。计算机视觉方案的部署一般采用边缘计算，将会在本书第八章中进行介绍。

实践中我们使用了 MTM（Methods-Time Measurement）数据库，MTM 的中文意思为方法时间测量。所谓方法时间是指执行某项特定工作所需要的时间。很多制造企业都应用 MTM 来设计生产系统（如生产线、工作台及操作方法），所以它是工业界的一种全球通用语言，易于学习、理解和应用。测量 MTM 动作的单位为 TMU（Time Measurement Unit）：1 TMU=36 ms（0.036 s）；1 h=100000 TMU。

MTM 主要用于分析执行手动操作或任务的方法（即 MTM 中的第一个 M，表示 Methods），MTM 分析的结果还可以用来设置操作员完成任务的标准时间，而这与生产管理和生产效率追踪都有紧密的联系。当然，MTM 方法以及 MTM 结果都可以用在改善项目中，比如下面将要提到的方法。

使用 MTM 方法的企业都有一个 MTM 数据库，数据库的载体可能千差万别，但它里边的内容才是我们关注的重点。从持续改善的角度，使用 MTM 数据来识别机器视觉改善机会可按以下步骤实施。

① 首先，可以从 MTM 数据库导出数据（对于未建立 MTM 数据库的工厂，可以另行统计需要目视检验的各工位的检验时间）。表 7-2 是一个 MTM 数据库部分字段结构的例子。

表 7-2 MTM 数据库部分字段

序号	目检（TMU）	换算成秒	工站	工位名称	产线
508	7.30	0.26	F10	焊接	F
512	7.30	0.26	F25	检测	F
936	7.30	0.26	F40	装配罩子	F
1343	7.30	0.26	F60	打印日期	F
1342	14.60	0.53	F70	检测	F

② 整理出需要目视检验的工位及检验项。这一步可对导出的原始数据使用直方图（如图 7-15）查看分布，并使用柏拉图筛选确定范围，通常 TMU 太大或太小在采用计算机视觉替代人工检验方案选择时可能会面临技术或成本压力。经验表明，对于大批量离散制造现场，当检验时间介于 1~5 s 之间时有较大改善机会，建议结合企业实际情况判断。

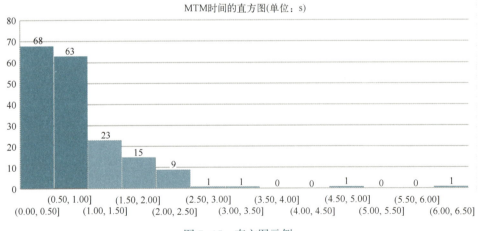

图 7-15 直方图示例

③ 制造现场讨论（工作坊）。这一步主要关注技术实现的可行性，因此主要是技术人员之间的讨论。典型的技术人员包括：质量工程专家、工艺工程专家、机器学习专家

和计算机视觉专家、设备及自动化工程师、生产现场管理人员等。

④ 确定实施人工智能视觉检测的机会。经过技术可行性讨论确定后，按正常改善项目筛选流程选择项目（见第三章），由于通常涉及较大金额的投资改造，因此也必须由设备管理、财务及运营管理者确认。

除了统一识别计算机视觉改善机会，在实施项目改善过程中，由改善团队选择将机器视觉作为一个改善措施也是可能出现的情况。比如，在某一改善制造过程不良的项目中，时任运营经理提出了个位数 ppm 的挑战目标。改善团队分析完所有不良原因后，进行了一系列改进，其中就包括选择将计算机视觉作为一系列改善措施中的一个，图 7-16 为该项目建模完成后识别出的不良品照片的示例；项目通过工业相机采集照片，利用深度学习建模，训练后的模型可识别出产品表面的所有瑕疵，其准确度和重复再现性都远胜于人类视觉检测。

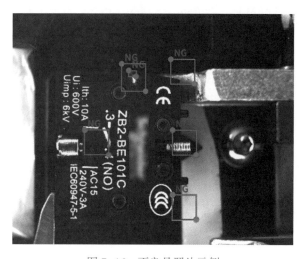

图 7-16　不良品照片示例

光学字符识别（OCR）

目前，光学字符识别（Optical Character Recognition，OCR）是计算机视觉在工业领域的另一大应用分支。根据维基百科定义，光学识别是通过电子或机械方式将打印、手写或印刷文本的图像转换为机器编码文本，无论是从扫描文档、文档照片、风景照片（例如风景照片中标志和广告牌上的文字）还是从叠加在图像上的字幕文本（例如：来自电视广播）进行识别。

近几年，春节期间互联网公司经常发起的扫福字活动（见图 7-17），以及平常报销时使用的自动识别发票功能（见图 7-18）都是光学字符识别在现实生活中应用的例子。

光学字符识别已有将近 100 年的历史，在其发展历史上的一些主要事件如下：
- 光学字符识别的概念是在 1929 年由德国科学家 Gustav Tauschek 最先提出来的，并申请了专利。

图 7-17　生活中的光学字符　　　　图 7-18　生活中的光学字符
　　　　识别应用——扫福字　　　　　　　　识别应用——自动识别发票

- IBM 公司最早开发了 OCR 产品——IBMl287。当时的这款产品只能识别印刷体的数字、英文字母及部分符号，并且必须是指定的字体。
- 最早对印刷体汉字识别进行研究的是 IBM 公司的 Casey 和 Nagy，1966 年他们发表了第一篇关于汉字识别的文章，采用了模板匹配法识别了 1000 个印刷体汉字。
- 全世界第一个实现手写体邮政编码识别的信函自动分拣系统是由日本东芝公司研制的，之后 NEC 公司也推出了同样的系统。到了 1974 年，信函的自动分拣率达到 92% 左右，并且广泛地应用在邮政系统中，发挥着较好的作用。
- 我国在 20 世纪 70 年代才开始对数字、英文字母识别进行研究。
- 1986 年，国家"863 计划"信息领域课题组织了清华大学、北京信息工程学院（即现在的北京信息科技大学）、沈阳自动化所三家单位联合进行中文 OCR 软件的开发工作。至 1989 年，清华大学率先推出了国内第一套中文 OCR 软件——清华文通 TH-OCR1.0 版，至此中文 OCR 正式从实验室走向了市场。TH-OCR 在国际上首次突破了 OCR 产品只能处理汉字或英文单一文字的局限性，新增了东方文字（简繁汉、日文、韩文）识别功能，对日文和韩文与英文混排文档的识别水平甚至超过日本和韩国对本国文字的识别水平，TH-OCR9.0 版本已应用于电子政务、电子出版物、报社、银行、邮政、税务、图书馆等多个领域，成为国内 OCR 市场的先锋。
- 我国最早的 OCR 商业应用是由科学家王庆人教授在南开大学开发出来的，并在美国市场投入商业使用。
- 目前，深度学习已广泛用于 OCR，比如各大商业云平台及开源深度学习框架都可以实现。

依据不同的分类标准，光学字符识别主要有几种分类方法，比如印刷体文字识别和手写体文字识别、传统 OCR 和深度学习 OCR、文档图像分析和识别（DAR）和场景文字识别（STR）等。

光学字符识别的应用场景非常广泛，比如：车牌识别（见图 7-19）、文档识别、证件识别、票据识别、读数识别、手写字符识别等，图 7-20 是百度 AI 开放平台（https://ai.baidu.com/tech/iocr）提供的 OCR 服务清单，从中也可看到许多典型用途。

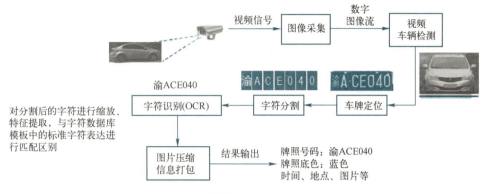

图 7-19　OCR 在停车场车牌识别中的工作原理

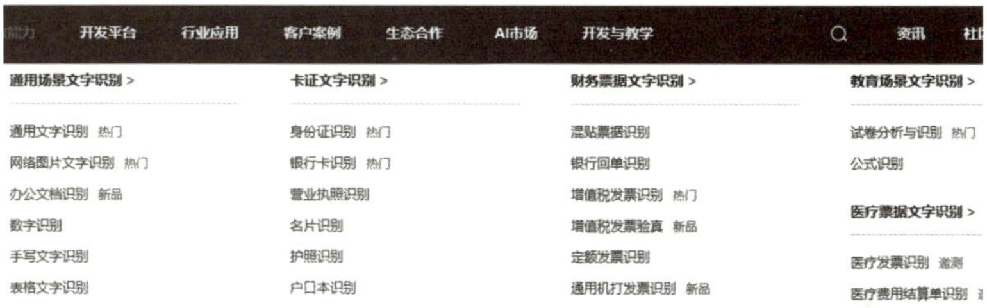

图 7-20　百度 OCR 服务清单截图

光学字符识别是模式识别、人工智能和计算机视觉的研究领域。传统方法通过字符特征提取再输入分类器，进而得出 OCR 模型；也有字符模板匹配法，通常只适用于很简单的场景。光学字符识别一般分为两个大步骤：图像处理和文字识别。传统 OCR 的流程如图 7-21 所示。

图 7-21　传统光学字符识别的流程

图像预处理很重要，对原始图片进行预处理以便后续的特征提取和学习。这个过程通常包含：图像增强、二值化、降噪、倾斜矫正、文字切分等子步骤。每一个步骤都涉及了不同的算法。字符识别包括字符、字体和表格识别等。后处理也很重要，比如将"IBM"识别为"I日M"或者将"Because"识别为"8ecause"的情形，这些可以用语法检测器去纠正，比如用"B"代替"日"和"8"完成识别矫正。

使用机器学习方法有一些开源的 OCR 引擎可用，比如 Tesseract 和 PaddleOCR。在场景文字识别方面，经过测试 Tesseract 对汉字的识别准确率差强人意。传统 OCR 解决方案存在各种不足之处，基于深度学习的 OCR 是一种较好的方法，调用商业平台（比如百度 AI 开放平台）提供的基于深度学习的 OCR API 可能是目前最简单的方法，其识别准确率也较高；此外，也可以使用开源框架开发基于深度学习的字符识别方案。

识别正确率是 OCR 最重要的目标。衡量一个 OCR 系统性能好坏的主要指标包括：拒识率、误识率、识别速度、用户界面的友好性、产品的稳定性、易用性及可行性等。

基于深度学习的 OCR 使用人工神经网络充当特征提取器和分类器的功能，输入是字符图像，输出是识别结果。接下来举例介绍以上提及的两种基于深度学习的方案。

1）调用商业云 API。阿里巴巴（https://market.aliyun.com/）和百度（http://ai.baidu.com/tech/ocr）等公司都提供 API 调用。各个平台收费价格略有差异，以阿里为例，起步价为 1 元（时间点为 2021 年 4 月），若对所提供的套餐标价进行可视化，就会看到一条比较完美的指数曲线（见图 7-22），似乎 IT 公司的市场定价都是有统计模型支持的。

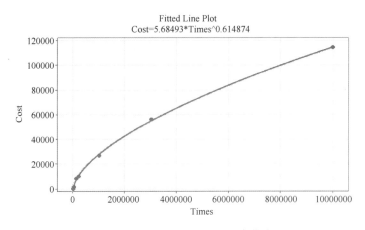

图 7-22　Aliyun OCR 定价拟合曲线

Aliyun 的自定义模板 OCR 识别有以下功能或特点：
- 支持用户创建模板，自定义需要提取的结构化信息，解决用户个性化需求。
- 模板配置地址 https://ocr.data.aliyun.com/#/。
- 调用地址 http(s)://ocrdiy.market.alicloudapi.com/api/predict/ocr_sdt。
- 请求方式：POST。
- 返回类型：JSON。
- Aliyun OCR 提供的一些常见的语言请求示例，如图 7-23 所示。

图 7-23　Aliyun OCR 提供的常见语言的请求示例

在笔者的应用中曾调用过 AliyunAPI 的识别，其中文文档字符准确率可达到 99% 以上。

2）基于开源深度学习框架开发 OCR 方案。取决于所用学习框架及学习程序设置，对于要求不是特别高的场合一般都能达到识别率要求。但正如前文介绍的一样，OCR 识别指标并不仅仅看识别率，还要看识别速度等指标。图 7-24 是一个使用 PyTorch 的 OCR 识别案例结果示例，左边是被识别的图片，中间部分是识别过程中的输出，最右边的英文单词是识别的输出结果。

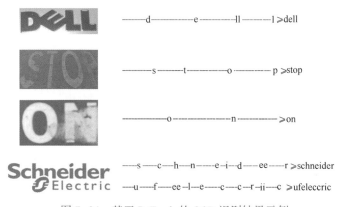

图 7-24　基于 PyTorch 的 OCR 识别结果示例

与异常检测类似，在 OCR 领域也有一些竞赛，比如 ICDAR 竞赛每年举办一次，截止到 2021 年 4 月，已举办 15 届，每年我国参加的人数都很多，成绩也不错。

自适应控制和智能控制

在生产线上，有各种机理且复杂程度不同的设备。在工业化进程以及工业化与信息化深度融合的大背景下，企业里设备越来越多是必然的趋势，在这样的情况下从事持续改善（包括数字化六西格玛）工作，必然也会跟越来越多的设备和控制系统打交道。一方面我们期望这些设备和控制系统都完美无缺［比如我们想让所有的设备都做机械设备潜在失效模式和结果分析（MFMEA）］，但另一方面，严酷的现实是在运行过程中，许多新的非标自动化设备，在控制质量、效率和安全（这些都是六西格玛的主要关注点）方面始终存在较大改善机会。因此，新形势下的六西格玛项目已经越来越多涉及对设备和系统的控制原理的理解，并以自动化的方式优化制造过程。这也可以说是数字化六西格玛的一个特点，作为一本讨论数字化六西格玛的书，笔者感到很有必要结合自己的专业所学将这部分内容包括在本书中。

自动控制是指应用自动化仪器仪表或自动控制装置代替人自动地对仪器设备或工业生产过程进行控制（这里所指的控制不完全等同于 DMAIC 的最后一个阶段 C，主要是指对生产设备系统实现既定功能的控制，对自动控制系统的改善可对应在六西格玛项目的 I 阶段），使之达到预期的状态或性能指标。

控制的类型

在控制领域，有很多控制方法，除了最著名的 PID 控制，还有模糊控制、优化控制、稳健控制、非线性控制、自适应控制、预测控制、神经网络控制、智能控制等方法，以及这些概念之间的组合［比如自适应 PID 控制、模糊 PID 控制（见图 7-25）］。

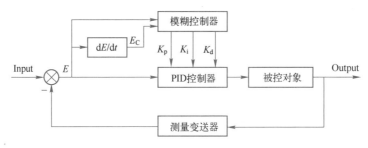

图 7-25　模糊 PID 控制原理

按控制理论发展的三个阶段来分，有经典控制、现代控制和智能控制，每个阶段都有很多控制类型，这里用图 7-26 来总结这些纷繁复杂的控制类型及关系。

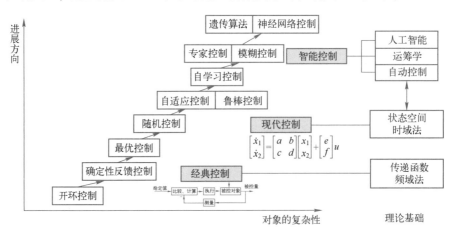

图 7-26　控制理论的类型及关系

如果系统介绍控制理论将会涉及一个专业的数十门课程，考虑到本书的中心主题是数字化六西格玛，因此重点关注与制造业现场的改善工作（而非控制系统设计）密切相关的几种自动控制方法，主要介绍自适应控制和智能控制。

如果要简短地介绍自适应控制与智能控制，尤其是它们的异同点（还没看到有人做过明确的区分），我们可认为自适应控制主要是已知数学模型，随系统行为的变化而相应地改变控制器参数以保证整个系统的性能指标达到令人满意的结果。智能控制主要是因为生产系统大、控制任务复杂，进而导致现代控制理论（包括自适应控制）难以应用，转而通过人工智能和自动控制结合的过程控制方法。

自适应控制与智能控制的关系，如图 7-27 所示，可见控制对象的复杂程度是最重要的影响因素。接下来分别介绍自适应控制和智能控制。

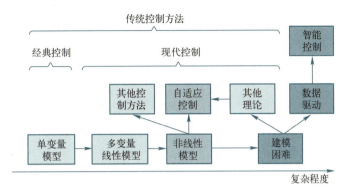

图 7-27 自适应控制与智能控制

自适应控制

包括 IEEE（电气与电子工程师学会）在内的机构和许多学者都探讨过自适应控制的定义，目前为止还没有所有人都认可的权威定义。为此，我们从控制对象的特点来切入讨论。

在经典控制和现代控制理论中，有些系统的数学模型的阶次和所有参数都是已知的，而有些系统的模型阶次或参数没有确定或者无法确定。自适应控制（Adaptive Control）就适用于这种具有不确定性的系统，如何找到控制规律，修正控制的特性以适应对象动态特性的变化，使控制性能指标达到满意的结果就是自适应控制的应用范围。

从自适应控制系统框图（见图 7-28）可看出，它是在闭环反馈系统基础上增加了一个参数调整环，因此自适应控制系统具有两个环，一个是普通闭环反馈环，另一个是参数调整环（参数调整可以根据系统输出或状态进行调整）。

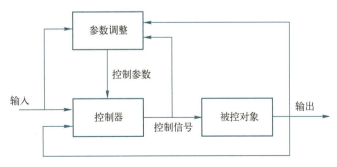

图 7-28 通用自适应控制系统框图

自适应控制必须具有在线实时测量对象输出与参考输出之差或者直接辨识系统参数的能力，必须有可调控制器，还必须具有面向目标性能的适应机制。

自适应控制分类方式比较多，控制理论界也存在一些不同的声音，我们立足于改善而不是设备控制系统设计，可了解两种自适应控制方法：一种是模型参考自适应控制（MRAC），又叫直接自适应控制；另一种是自校正（或自调节）控制（STC），也叫间接自适应控制。这两种类型的自适应控制在实际工作中都会使用到。

- 模型参考自适应控制（见图7-29）通过引入一个有较好性能的预期参考模型，将实际系统的输出（并行模型结构）或状态（串行模型结构）与参考模型的信号进行比较，通过得出的误差信号去驱动自适应机构调节控制器参数。

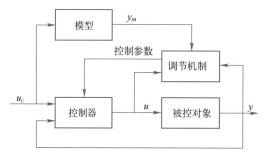

图7-29　模型参考自适应控制框图

- 自校正控制（见图7-30）通常需要用一个辨识环节来实时辨识受控对象的参数，这样的工作通常由递推辨识环节实现。有了受控对象参数，则可计算控制量以控制整个控制系统的行为。

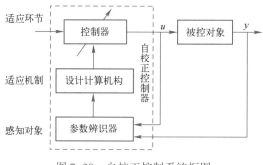

图7-30　自校正控制系统框图

因为直接自适应控制可以直接更新控制器参数，不需要显式的对象参数辨识，因此在原始设备控制设计时应用较多，而间接自适应控制需要迭代估计对象参数，然后应用估计参数来更新控制器参数，因此这种基于数据来估计参数并用于更新控制的方法在（六西格玛）改善项目中有应用空间。

除了应用在生产执行层外，自适应控制技术也在向组织协调和决策层扩展，如图7-31

所示。Gartner 于 2013 年总结了一直以来广受认可的数据分析的四个层次，分别是：描述性分析（Descriptive Analysis）、诊断性分析（Diagnostic Analysis）、预测性分析（Predictive Analysis）和处方性分析（Prescriptive Analysis）。其中的处方性分析就可以说已融入自适应调节的理念，只是自适应调节的物理落实机制在这些方面还得继续探索。根据《工业大数据技术架构白皮书》，还可以将处方性分析进一步细化为决策类与控制类，这在实践中是有重要意义的。

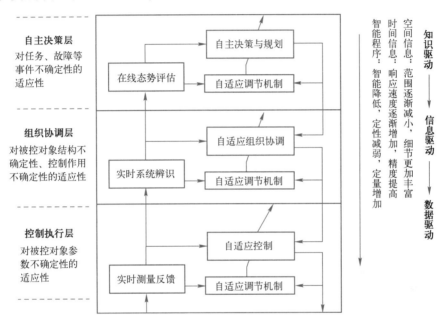

图 7-31　自适应控制的执行层、协调层和决策层应用

在控制理论界还有无模型自适应控制系统，它和智能控制的概念有不少重复的地方，将会在智能控制里介绍。在此以一幅关于自适应控制的漫画作为本节的结尾（见图 7-32）。

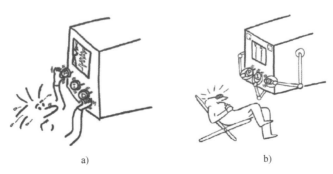

图 7-32　关于自适应控制的漫画
a）无自适应控制　b）有自适应控制

智能控制

解决问题通常有两个思路。一是基于数学模型的科学方法，另一种是基于知识和经验的智能方法。数学模型以内部机理为主，知识和经验则从系统外部着手，两种方法可相互补充帮助解决问题。

以骑自行车为例，几乎所有人都不懂骑行的机理，但稍加练习后每个人都能学会骑行（然后还能学会骑摩托车）。人就是这样从感知的信息中获取数据，通过逻辑思维建立因果联系（模糊规则、神经网络）进而形成知识，从而具有解决问题的智能。

智能控制是一门交叉学科，美籍华人傅京逊教授在 1971 年首先提出智能控制是人工智能与自动控制的交叉。美国学者 G. N. Saridis 于 1977 年在此基础上引入运筹学，提出了三元论的智能控制概念，如图 7-33 所示。

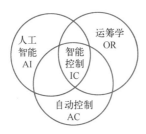

IC：智能控制（Intelligent Control）
AI：人工智能（Artificial Intelligence）
AC：自动控制（Automatic Control）
OR：运筹学（Operational Research）

图 7-33 智能控制

智能控制系统具有学习功能、自适应功能、自组织功能，智能控制系统的基本组成框架如图 7-34 所示，其中规划和控制是核心。看到这幅图，读者是否会想到很多学科？

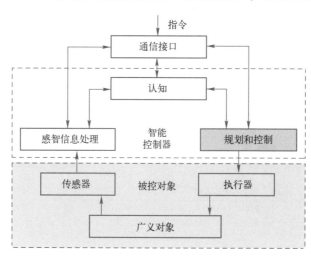

图 7-34 智能控制系统的基本组成结构

没错，从控制理论来讲，智能控制结合了许多领域的知识，比如符号推理与数值计算、模糊理论、神经网络、遗传算法、离散事件与连续时间系统等。而从硬件和软件的角度来看，有 PLC、传感器、通信协议、网络技术及所有的自动化技术等。

在数字化时代，对工业过程控制系统及生产管理实施改善比传统改善涉及的范围更大，目标对象更多，改善程度也更深，当然可选的手段也更多。在对单个设备的控制、生产线的控制、工厂内物流系统的控制等实施改善时，已越来越多地采用智能控制方案。典型的应用可包括但不限于：

- 机器学习模型用于直接过程控制。
- 机器学习模型用于过程参数学习。
- 使用遗传算法（见图 7-35）实现组合优化（如包装优化）和生产调度。

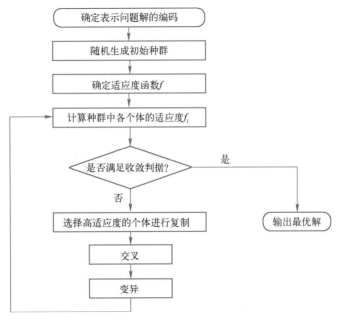

图 7-35　遗传算法流程

- 运输车载导航路径规划，示例如图 7-36 所示。

虽然分别介绍了自适应控制和智能控制，但笔者认为在制造企业里使用太多的专有名词并不是件容易管理的事，而且一些技术之间的交叉与综合应用也很多，比如神经网络自适应控制既是自适应控制也是智能控制，因此在实际改善项目中可不必太在意这些术语名称上的细微差异；同样的一个改善方案，有人称之为自适应，也有人称之为自调节，或者称之为智能控制，都是可以理解的。

智能控制将自动控制与人工智能、运筹学及其他学科知识综合应用于工业过程控制的实践还在继续探索中，将多种方法综合应用于实践以解决实际问题是践行持续改进的

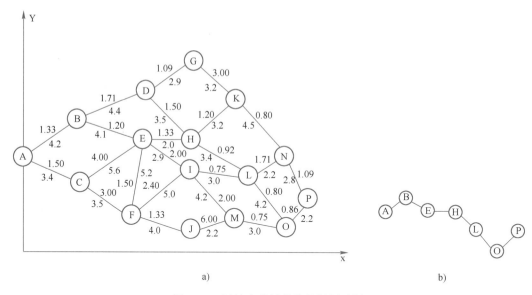

图 7-36　运输车载导航路径规划示例

a）路径规划用仿真地图　b）最短路径优化结果

有趣挑战。

最后，让我们再聊聊骑自行车的例子。几乎所有人都搞不懂骑行自行车的机理，包括科学家也很难用精确的数学模型将它来写出来，虽然有不少人做过尝试，但一直以来都未能制造出可以骑自行车的机器人。随着智能控制的应用和发展，这一突破在 2018 年实现了：日本东京大学研制的一款机器人成为世界上第一款自己会骑自行车的机器人（见图 7-37），它能和人类一样用双脚向前蹬来提供动力，靠双手紧握车把来保持平衡。制造者对外表示，制造这款机器人的主要目的就是让人工智能更加贴近生活，学会更多的人类技能！

图 7-37　日本东京大学研制的一款自行车机器人

有趣的是，这款机器人除了会骑自行车以外，还会刹车以及向观众们招手致意，专业程度不亚于一名职业运动员！当然，这样一个吸引眼球的机器人，最大的亮点其实就是它的控制系统。

机器人流程自动化（RPA）

笔者多年前曾使用过按键精灵软件，因后来有需求要根据屏幕上的颜色来操作鼠标，所以也尝试过几款其他类似的软件，但都不是很满意；后来接触了一款叫作 AutoHotKey 的开源软件，留下了很深的印象！

笔者用 AutoHotKey 做了好些事情，跟质量管理相关的事也有一些：比如在施耐德电气担任质量经理（2014~2017）的时候用它来将每天部门晨会的行动清单定时发送给团队的每一位工程师；再比如 Minitab 软件升级到 18 版以后，由于软件支持的文件格式变化导致有 1000 多个培训文件（.MTB 格式和 .MPX 格式）无法打开，笔者也是借助 AutoHotKey 实现了自动格式转换，时间是在 2019 年。

也就在 2019 年，我们感受到机器人流程自动化（Robotic Process Automation，RPA）在社会上引发的讨论如潮水般扑面而来。顺着潮水拍打的节奏，人们将类似于 AutoHotkey 实现的这一类"数字劳动力"统称为 RPA，即机器人流程自动化。

RPA 技术并不是新的，这个名词已有几十年的历史了。为什么 RPA 会在 2019 年迎来大爆发？让我们将时钟往回拨一点，看看其发展的历程。

本书之前提到过几个重要的时间点：2012 年，深度学习技术领域的 AlexNet 使卷积神经网络以深度学习为名再次赢得"老大"的江湖地位；由于存储技术及相关技术的发展，自 2013 年突破 10ZB 以来全球数据继续以指数形式增长；此外，一些数字化技术的应用促进了各行各业的更多企业在 2016 年（人工智能元年）开始数字化转型。

通过梳理这些里程碑事件我们首先可以清楚看到，虽然 RPA 概念已不算很新，但支撑它突飞猛进的关键技术（比如人工智能）都在近些年迎来了巨大的飞跃；正是以人工智能、NLP、OCR 为主要技术为支撑，RPA 才有可能在 2019 年迎来大爆发。

从需求端来看，由于数字化转型的深入，转型的企业都建设了大量的业务系统并由此产生了大量重复性的低附加值操作流程；此外，由于有不少数据孤岛，各企业也有了大量需要跨系统的标准操作，而且需求还在不断增长。

RPA 通过软件机器人模拟人与计算机的交互过程，替代或辅助人来完成规则明确的重复性劳动，正好迎合了数字化转型需求，客观上促成了 RPA 的广泛使用，因此 RPA 技术和应用都发展得极其迅速。

RPA 的价值

机器人、流程、自动化，RPA 的名词似乎已指明它的用途以及暗含的价值。RPA 主要用于高重复性、规则明确的流程。

RPA最大的优点体现在效率和成本两方面。机器人可以没日没夜地工作，而且单位时间能够完成远超人类的重复工作量，与传统意义上依靠人力处理的业务流程相比能大大提高效率，成本也能得到显著降低，在一部分业务流程中部署RPA机器人的成本可能会远低于人工成本。除了效率和成本优势外，RPA流程与人工处理相比也更连续、可控而且准确，能够避免因为偶发的人为错误而造成的损失。

RPA通常在几周内即可完成部署并投入使用，它的执行成本也较低，因此企业可以快速获得投资回报。

从技术上来说，RPA可解决系统遗留问题，数字化转型边想边干带来的一个短期副作用可能是内部IT系统越来越多，而解决的办法可能是需要企业级的数据仓库（在第四章也曾提到数据仓库的重要性）；无论是各个系统之间的协作还是保持企业级数据仓库运转，都有可能会用得到RPA技术。

通过RPA将员工从烦琐的重复劳动中解放出来，既可让员工将专注于富有创造性和更高价值的任务，也可帮助应对人员流失问题。

RPA项目需要相关的业务人员和开发者共同完成，同其他持续改善项目一样，其对促进团队合作也非常有帮助。

在数字化改善范畴内，RPA既可以是一种改善手段，也可以说是一套方法；用SIPOC的方法分析流程，RPA的着眼点在于P（Process，过程），因此首要问题是明确哪些过程中有改善机会并把它们识别出来，剩下的就是项目执行。因此，完全可用精益六西格玛的方法论指导相应工作。总体来说分两步：第一步识别存在于各个流程中潜在的RPA应用机会，第二步是实施每个具体的RPA项目；接下来从这两方面展开讨论，先从识别RPA机会开始。

识别RPA项目机会

本小节的内容也可看作是对第四章识别改善机会的补充。

当前的RPA技术的适用场景通常具有两个最主要的特点，即规则明确且大量重复。因为主流的RPA技术还未发展到认知性RPA（这应该是RPA继续发展的一个方向），因此要求规则明确是可行性的前提；而大量重复是保证投资回报的前提，开发一个RPA只有通过频繁使用才能体现出价值。

一个比较受认可的方法是自上而下与自下而上的方式结合起来识别改进机会，双管齐下，既照顾了重点流程，也抓住了工作的长尾效应（见图7-38）。

精益六西格玛相关的流程工具可以用于识别潜在的RPA应用机会，不管是大流程还是小流程，只有有价值的流程才值得使用自动化，否则应该废止。对有价值的流程实施自动化前，还可以先进一步优化流程，简化是一种常用的优化手段，还有一种是近年来

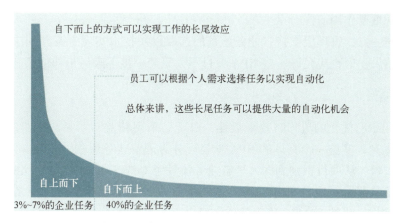

图 7-38 自上而下与自下而上的方式结合

看到的趋势——大的集团企业通过集中管理再发现高价值的 RPA 机会,尤其是财务相关领域。

制造企业的 RPA 项目团队通常不会有太多成员,除财务等流程以外,在多数流程中实施的 RPA 单个项目效率提升幅度或成本节约金额也都不会特别令人兴奋,因此特别需要通过长尾效应来形成规模效应。RPA 改善项目需要参与的人越多价值才会越大,因此通过项目识别、实施和对员工的认可等活动紧密结合起来全盘考虑才是成功的关键。一个学习型组织实施 RPA 的成功的范例是以下关键几步:

1)破冰,企业里必须有人带头学习 RPA 工具并实施成功的案例。

2)通过成功案例分享再带动一批有兴趣的人参与识别改善机会并分享成功项目

3)两轮之后,已经有相当一部分人喜欢上了自动化工具,他们会乐于使用已掌握的技术进行改善,也愿意带动身边的同事学习和应用 RPA。

4)只要大部分员工都积极响应实施 RPA 项目,识别 RPA 项目的机会就是自然的事了。因为 RPA 的两个大前提(规则明确且简单重复)实在是简单明了。

启动和实施 RPA 的重点不在于通过一两个工具来识别某一个或某些具体的项目机会,而在于从一开始就在已有的六西格玛改善文化基础上叠加一个 RPA 的应用小循环(以上的四步),通过构建能力和开展项目相互促进的方式最终将对 RPA 的应用融入六西格玛活动中,RPA 也被纳入数字化六西格玛工具包。读完本章关于 RPA 的讨论,读者也许会发现,本书在内容编排上把关于 RPA 的讨论(即本小节)作为一个完整的小环节附加在六西格玛的 DMAIC 程序中,如果读者所在的企业走过了这一步,就会发现 RPA 已变成持续改善工作的一部分了。

有人说 RPA 是人工智能的初级阶段,也有人说 RPA 就是对鼠标精灵的包装,也许这都是从不同侧面看 RPA。作为一种技术,RPA 目前还处在 Gartner 所描述的技术成熟度曲线(炒作曲线)的顶峰位置,但我们可以清晰地看到它在数字化转型和企业的持续改善活动中起到的重要作用。

还要补充一点，管理层支持、业务场景的选取以及技术实现方案共同决定了 RPA 项目能达到的结果，但也应允许一些 RPA 项目不太完美。接下来讨论如何实施单个项目。

实施 RPA 项目

RPA 应用于已优化的流程时效果最佳，对于已采用精益六西格玛的组织而言，实施 RPA 会更加顺利。实施一个具体的 RPA 项目可分为理解业务流程、方案开发部署以及运营监控三个步骤。从项目识别到深入理解业务流程可对应于 DMAIC 的定义和测量两个阶段，方案开发和部署对应分析和实施改进两个阶段，运营监控测对应控制阶段。因此，RPA 项目的实施，可按 DMAIC 流程开展，但也不必太拘泥于步骤之间的界限，这种按三段式的工作方法和精益改善周期也有异曲同工之妙。

开始一个 RPA 项目，首先按照六西格玛项目任务书（Charter）清晰地定义项目，包括团队、目标、项目计划等。然后沟通业务流程需求，如果 RPA 开发者本身对业务流程很熟悉，理解流程需求就是毫不费力的事，否则开发者有必要深入理解需求（往往需求很笼统，需要逐级细化）。总之，软件开发的难点之一是了解客户的需求，在正式开始开发之前这些准备工作要尽量充分。

根据经验，制造企业里多数 RPA 流程需求并不复杂，无论使用哪一种开发工具来实现，代码开发、审核和测试等工作都可在较短时间完成。RPA 从部署到投产可和 IT 技术人员一起根据企业相关规定来执行，验收合格后的项目交付与六西格玛项目没有本质区别，相关的文档、操作指导或流程程序文件等必要时需要更新。当企业部署很多 RPA 之后可进行集中管理，这时需要搭建企业级管理平台。

当前 RPA 技术已经比较成熟，一般 RPA 软件都支持低门槛的、基于图形化界面的自动化流程设计，从 UI 层面进行非侵入式系统连接，由业务人员直接开发和使用，能够带来流程效率提升的确定性回报。

RPA 已经成为投入增长最快的企业级软件之一。RPA 在以下这些行业或任务上已经有了大量的应用：银行和金融过程自动化、抵押贷款程序、客户服务自动化、电子商务商业运作、光学字符识别应用、数据提取过程等。根据一些研究报告，RPA 和其他技术将推动全球劳动力市场的新一波生产率和效率提升。Gartner 预计，到 2023 年底，90%的大型和超大型组织将部署某种形式的 RPA。

任何一次产业革命都会让一些之前有价值的技能变得一文不值，智能时代对某些行业的冲击首当其冲来自于 RPA，新的技术加速了以 RPA 应用为代表的数字化转型进程，某些职业的员工不可避免地已经遭遇到了职业安全挑战，员工如何做好职位规划以及企业如何帮助员工做好职业规划是一个不得不面临的重要课题。

本章小结

一直以来，六西格玛强调将根本原因分析作为改善的基础，通常力求改善方案是针对根本原因的最佳方案。因此，在六西格玛的改善阶段通常包含寻找解决方案、评价方案、风险评估、验证有效性以及实施方案等步骤。但即使如此，我们也经常发现一些改善方案并不算最优或次优，即使在技术专家的支持下，一些过程仍在不可接受的绩效水平上长期运行，相当一部分是受到了分析或改善技术的限制。

六西格玛实践中不可避免地在分析和改善阶段使用较多定性分析工具（如头脑风暴），针对一些复杂的系统，即使采用 DOE 等高级方法也常常不能得到最优改善模型，于是人们转而看好黑白分明的防错（Poka-Yoke，也叫愚巧法、防呆法）并依赖 Jidoka（即自动化，由丰田公司提出的一种生产模式）甚至百分之百检查，但又常在技术和成本压力下无可奈何地妥协，于是就有了一个个痛点；那些点在生产线上，天天都能看到，那些痛却在心里，一直坚持不放弃治疗。

这些传统六西格玛的局限，我们在第一章也曾提到过。所幸的是，在数字化时代，计算机科学的一系列工具能很好地与精益六西格玛结合，再结合既有的领域知识能产生出非常多创新的改善思路，有许多曾经的痛点问题，终于可以在这一波技术的支持下得到较好解决。表 7-3 是一个汇总的数字化六西格玛改善阶段工具集（这并不是一个全集），供读者参考。

表 7-3 数字化六西格玛改善工具和方法

数字化六西格玛改善工具和方法
拉动/看板、可视化管理、过程模拟、CAE、ECRS 策略、工艺流程改进、过程平衡、TPM、实验设计（DOE）、方案选择矩阵、试运行与模拟、TOC、项目回顾、蒙特卡罗方法、数据挖掘工具、计算机视觉异常检测、光学字符识别、RPA/智能 RPA、基于 RPA+AI 的控制、自适应控制系统、智能控制系统

虽然在本章中介绍了几种数字化改善方法，也许正如读者所感受的，新技术或技术的应用可谓是层出不穷，没有任何一本书可以覆盖所有新技术和不同的应用场景。当一个新技术出现时，它可能会给公司带来好处，也可能完全不相干。如果我们不去了解新技术和新趋势，则技术肯定不会出现在改善方案中。从这个角度来说，保持关注新技术和借鉴成熟的改善方案对持续改善工作很重要。

第八章

数字化控制手段

来到控制阶段，笔者想到了一件事：从几年前开始直到如今，身边负责工厂持续改善工作的同事坚持做着一件很有意义的事——定期与管理层一道访问生产线并确认过往完成的改善项目的有效性。

这件事本身有着非凡的意义，但这里想特别说明的是：通过一次次的验证，我们发现绝大多数项目都至少保持了项目关闭和移交时的绩效水平，一部分项目的KPI水平甚至比项目关闭时项目报告中陈述的水平又提升（指好的方向）了很多。

在笔者的工作中，每年都会参与、指导或了解到许多六西格玛改善项目，大多数项目报告格式正确而统一，有清晰的分析逻辑和针对性的改善措施，尤其是在改善阶段短小的报告篇幅中常常展现着每个项目中所做的控制措施：过程变更点自然是一目了然；修改的PFMEA、控制计划、作业指导书、检验指导书或者是程序也逐一列出；对员工的培训也清晰记录着；还有最终的项目KPI以及团队的收获等。

控制的目的是为了维持项目成果，还可以作为进一步持续改进的基础，笔者也看过或听过一些项目在移交后又退回到改善前的状态，它们中的多数与控制阶段措施没有标准化并落实有着密切的关系。传统精益六西格玛方法论中有一些常用的控制方法，比如控制计划、防错、Jidoka、标准作业、控制图、过程能力、作业准备验证、TPM等。同时，在项目关闭时还要进行总结、分享、评审和认可等。这些工具和方法已经被充分验证是维持改善成果和激励持续改善的行之有效的方法。在数字化转型过程中，有一部分工具会随着数字化而进化，比如SPC（统计过程控制）演变为在线SPC系统，虽然这不是一个新概念，但在数字化时代会越来越普及，作业指导书等文件的电子化也都变成了寻常事。此外，分析和控制阶段涉及一些模型和基于模型的软件，如何控制这些模型和软件也是控制阶段的课题。控制阶段还有一个思路上的拓展：传统控制强调不产生问题（应用过程能力及防错工具）或者对产生问题进行全检，数字化时代可增加的选项是通过预测及设备控制措施实现闭环管理，对这些系统的有效性验证也是控制阶段应该考虑的。

程序软件及商业智能软件在某些业务过程的监控控方面也有很大的帮助。

虽然提出了以上这些要点，但笔者并不打算在本书中面面俱到地对每一点都进行深入探讨，接下来我们探讨在线 SPC 控制等几个问题，关于控制阶段的更多思考留给读者在实践中探索。第七章中提到的计算机视觉等智能改进方案的实现要使用边缘计算，因此也将会在本章中简要介绍。

基于数字化平台的统计过程控制（SPC）

统计过程控制（SPC）让操作员和生产管理者随时了解过程受控状态，过程失控时能及时触发报警；受控状态的控制图也有助于对受控特性未来的质量表现进行预测，保障质量可控的同时帮助企业降低成本。因此，自休哈特发明 SPC 控制图以来，SPC 在工业中受到的重视程度一直有增无减。

在以纸张为媒介实施 SPC 时，一部分企业实施 SPC 的效果非常好，但不可忽视的是各企业之间对 SPC 应用程度及应用水平之间的差距也非常大，一部分企业或个人因为没能正确实施 SPC 反而失去了对它的信任。实施 SPC 的要点包括领导支持、选择正确的工具以及恰当的过程研究等，还有就是实时性非常重要。关于实施 SPC 的指南已有不少专著（比如 AIAG 发行的《SPC 手册》）可供参考。据笔者观察，成功应用传统 SPC 的企业有一个关键的特点就是一线操作人员和管理者理解并正确使用 SPC 控制图，这种能力是确保实时控制的基础，但这种对人员能力的依赖往往是阻碍一部分企业成功实施的障碍。为消除这种障碍而采用数字化手段实施 SPC，这与在其他方面将六西格玛方法论和数字化结合一样都有着积极的现实意义（但也不能指望系统能解决管理问题）。

目前已有越来越多的企业采用基于数字化平台的统计过程控制方案（以下简称在线 SPC）实时采集数据、自动绘图、分析及反馈结果来代替在 SPC 执行层的人工劳动，使用数字化平台进行统计过程控制可以减少手动数据采集，同时进行准确计算和快速分析，还能和 Andon 系统进行连接，实现更高效的闭环管理。这个过程涉及测量仪器的自动化、数据库技术及编程等能力。下边从应用范围、益处、具备的功能、系统开发、判断准则等几个维度分别解读。相关的信息和经验总结主要基于笔者对传统 SPC 的使用以及过去十年时间内开发和使用数个在线 SPC 系统的实战经验。

在线 SPC 的应用范围和益处

基于数字化平台的在线 SPC 系统可以适用于生产过程、成品检验等过程。因为具有可在线远程访问的优势，因此也可将 SPC 监控范围扩大至供应商（含外包商）的过程控制。

实施在线 SPC 控制有着许多传统 SPC 不可比拟的益处，包括但不限于：

✓ 改变传统的数据输入方式，提高生产效率。

- ✓ 数据分析快捷。
- ✓ 对数据的利用更充分，无论是数据量还是信息提取程度都有所提升。
- ✓ 易于使用，尤其是远程、实时掌握质量状况。
- ✓ 不同层级的自定义报告和报警层级安排。
- ✓ 数据趋势可使过程关键特性管理更主动。
- ✓ 帮助识别过程改进机会及提供改善基准。
- ✓ 可用于确保供应质量受控。
- ✓ 质量绩效追溯性强，不同时段的产品特性值很容易对比。
- ✓ 确认和排查问题的效率高。
- ✓ 减少纸张使用，更环保。

在线 SPC 系统具备的主要功能

一般而言，在线 SPC 控制方案应具备的功能可由各需求企业按需定制，一些常用的系统功能特性如下：

- ✓ 多种控制图。一般要求在线 SPC 系统能提供多种常见 SPC 控制图功能以满足不同的需要，以企业具体需求为准。
- ✓ 通过 IoT 技术将测量结果传至 SPC 数据库中。
- ✓ 数据输入界面提醒功能（针对人机交互输入方式），实现操作层面及时处置。
- ✓ SPC 系统可调用其他数据库系统的数据。
- ✓ EDA 及 SPC 稳定性分析。
- ✓ 提供整个工厂范围的过程能力分布。
- ✓ 定制化的报告，如能力分析报告及其他汇总报告（过程能力分布直方图等）。
- ✓ 配置实时、集中监控的电子看板。
- ✓ 在办公区域和生产现场都可见。
- ✓ SPC 系统与 Andon 连接。
- ✓ 更新和配置 SPC Andon 规则。
- ✓ 基于角色的仪表盘显示状态、报警信息及处理状态。
- ✓ 具有对异常问题进行汇总分析的功能。
- ✓ 原始测量数据可获得性。
- ✓ 控制图版本控制。
- ✓ 提供不同时期的控制图对比，趋势预测。
- ✓ 与 MSA 状态关联，显示 MSA 结果。
- ✓ 若将在线 SPC 用于供应商过程控制，还应有关于供应商过程控制和能力管理的相关规定。

以上这些只是举例，并不是全部，与这个清单相比，更重要的是在开发 SPC 系统或者任何其他系统前，充分理解企业自身的需求是最重要的，为了防止主要功能缺失或者后期出现一些非常大的变更需求，一定要先了解需求并形成文件（应该采用多方论证的方法），并在项目验收时作为重要的依据。

开发在线 SPC 系统的要点

许多企业都会选择同软件供应商共同开发在线 SPC 系统，SPC 系统的开发同任何制造过程开发一样，都应该使用多方论证的方法进行系统功能设计，根据实际项目开发经验，在开发系统时至少应考虑以下要点：

- ✓ 明确所有关于 SPC 的功能需求。
- ✓ 包括易于使用的需求。
- ✓ 确认与智能检测仪器的连接方式。
- ✓ 是否有手动数据输入。
- ✓ 通过 PLC、单片机等信号来源输入数据。
- ✓ 软件的流程图。
- ✓ 梳理与控制特性相关的需求，包括产品、设备、控制特性、数据类别、操作人员等。
- ✓ 确保 SPC 相关的逻辑正确实现。
- ✓ 生产事件跟踪。
- ✓ 必须实现实时分析和预警功能，让操作员和检验员能够及时把握生产质量、处理异常。
- ✓ 投资预算与功能之间取舍，SPC 的核心功能就是实时描点绘图和图表分析，对于部分难以实现自动采集数据的测量设备或装置，即使是采取人工录入数据也依然是可取的方式。
- ✓ 系统开发供应商选择。

在线 SPC 控制图的判异准则

依照 3σ 原理，传统的休哈特控制图判异准则关注的是 α 风险，若过程显著偏离稳态就称为异常，异常可以有好与坏两类。有两类判异准则，分别是点超出控制限和控制限内点的排列不随机。点排列不随机是一个宽泛的描述，可以有无穷多种表现形态，一般相对常用的有 7 种，加上点超出控制限，合计 8 条判异准则。

当使用在线 SPC 系统时，若设置采样频率比较高，则容易发生误报警。此外，在设置传统报警规则时，在员工手工操作的便捷性与统计概率之间做了平衡处理，采用在线 SPC 控制系统时不再需要人工描点绘图及目视确认异常，因此使用在线 SPC 控制系统时有必要更新判断准则。以下按照传统 SPC 判断准则的顺序逐条说明，重点关注统计概率及以概率为依据对在线 SPC 控制规则更新的建议。

准则 1：点出界（超出控制限 UCL/LCL），也可描述为一点落在 A 区以外，如图 8-1 所示。控制限内的累积概率为 99.73%，单侧控制限外的概率为 0.135%。此条准则应用最为广泛，它是由休哈特在 1931 年提出的，在许多应用中它甚至是唯一的判异准则。这条准则犯第一类错误的概率为 $\alpha = P(|x| \geq 3\sigma) = 0.27\%$。

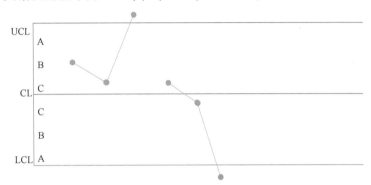

图 8-1　准则 1：一点超出控制限外

近年来在应用在线 SPC 的过程中，时常听到反馈在采样频率很高时，触发第一条报警的绝对次数很多，而令质量和工艺工程师苦恼的是往往找不到异常原因。下面先对正态分布情况下连续 n 个点中出现 d 个点超出控制限的异常进行概率计算，见表 8-1。

表 8-1　点出界的概率计算

连续点数 n	d>0 的概率	d>1 的概率	d>2 的概率
5	0.0134	0.0001	0.0000
10	0.0267	0.0003	0.0000
15	0.0397	0.0007	0.0000
20	0.0526	0.0013	0.0000
25	0.0654	0.0021	0.0000
30	0.0779	0.0030	0.0001
35	0.0903	0.0041	0.0001
40	0.1025	0.0053	0.0002
45	0.1146	0.0067	0.0003
50	0.1264	0.0082	0.0004
55	0.1382	0.0098	0.0005
60	0.1497	0.0116	0.0006
65	0.1612	0.0135	0.0008
70	0.1724	0.0156	0.0009
75	0.1835	0.0178	0.0011
80	0.1945	0.0200	0.0014
85	0.2053	0.0224	0.0016

(续)

连续点数 n	d>0 的概率	d>1 的概率	d>2 的概率
90	0.2160	0.0250	0.0019
95	0.2265	0.0276	0.0023
100	0.2369	0.0303	0.0026
105	0.2471	0.0331	0.0030
110	0.2573	0.0361	0.0034
115	0.2672	0.0391	0.0039
120	0.2771	0.0422	0.0044
125	0.2868	0.0454	0.0049
130	0.2964	0.0487	0.0055
135	0.3058	0.0521	0.0061
140	0.3151	0.0555	0.0067
145	0.3243	0.0591	0.0074
150	0.3334	0.0627	0.0081
200	0.4177	0.1024	0.0174
250	0.4913	0.1470	0.0310
300	0.5556	0.1947	0.0486
305	0.5616	0.1996	0.0506
310	0.5675	0.2045	0.0527
315	0.5733	0.2094	0.0547
320	0.5790	0.2143	0.0568

通过以上计算可清楚看到，随着 n 的增加，出现 $d>0$、$d>1$ 和 $d>2$ 的概率都在同步增加。$n\leqslant 20$ 时，$d>0$ 的概率小于 0.05；当 $n\leqslant 130$ 时，$d>1$ 的概率小于 0.05；当 $n\leqslant 300$ 时，$d>2$ 的概率也小于 0.05。

基于以上概率计算可知，在采样频繁时必须考虑到即使在稳定状态下按概率也可能有数据点随机落在控制限外，因此必须对第 1 类判定准则进行补充完善。具体来说，建议使用一组（3 个）假设检验对准则 1 进行补充判断，作为第 1 类判定准则的扩展，可分别记为准则 1.1、准则 1.2 和准则 1.3。现分别阐述如下：

准则 1.1：$n\leqslant 20$ 时，$d>0$ 则判异。可以看到，准则 1.1 是在准则 1 的基础上对连续数据点的数目 n 进行了基于概率计算的限制。准则 1 规定只要有点超出控制限外即判异，准则 1.1 补充规定连续点数小于等于 20 时，有一点超出控制限可判异；当连续点数超过 20 时，出现异常点虽可引起注意，但有可能属于过程的正常波动而非真的异常。

准则 1.2：$n\leqslant 130$ 时，$d>1$ 则判异。此准则可理解成是在准则 1.1 基础上的进一步延伸，当 $n>20$ 时，一个点及以上出界（$d>0$）的概率>0.05，此时若有一个点出界不能说明过程一定失控，但在线 SPC 系统仍然可报警提醒工程师确认和处理。当 $n\leqslant 130$ 时若有两点或两点以上出界（$d>1$）则认为过程已失控。

准则 1.3：$n\leqslant 300$ 时，$d>2$ 则判异。此准则可理解成是在准则 1.1 和准则 1.2 基础上的再次延伸，当 $n \leqslant 300$ 时，最多只有两个点出界则不能肯定过程一定失控，但此时在线 SPC 系统仍然可报警提醒工程师确认和处理。若两点以上出界（$d > 2$）则认为过程不稳定。

关于准则 1，如果实际过程中发现 SPC 控制图中均值数据点超出控制限很频繁，而同时又无法从过程要素中找到异常原因，此时应检查测量数据之间是否存在自相关关系（可参考图 8-2），对于存在自相关的处理可参见下一小节"应用在线 SPC 系统的注意事项"。

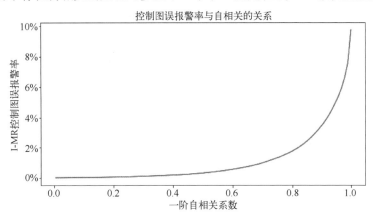

图 8-2　控制图误报警率与自相关系之间的关系

准则 2：连续 9 点在中心线同一侧，如图 8-3 所示。中心线一侧连续出现的点称为链（英文为 Run），出现链是过程均值水平变小或增大的缘故。链长≥9 的概率为 0.38%，此即为判异时犯第一类错误的概率，与准则 1 的 α = 0.27% 差异不算很大。我们可以计算链长为不同值时的概率，以下计算链长为 7、8、9 和 10 的概率。

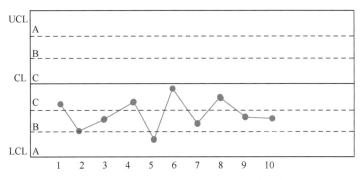

图 8-3　连续 9 或 10 个点位于中心线同侧

$$\alpha_7 = 2 \times (0.9973/2)^7 = 0.0153$$
$$\alpha_8 = 2 \times (0.9973/2)^8 = 0.0076$$
$$\alpha_9 = 2 \times (0.9973/2)^9 = 0.0038$$
$$\alpha_{10} = 2 \times (0.9973/2)^{10} = 0.0019$$

若考虑包括任意点出界的情况，则计算概率如下：

$$\alpha_7 = 2\times(0.5)^7 = 0.01563$$
$$\alpha_8 = 2\times(0.5)^8 = 0.00781$$
$$\alpha_9 = 2\times(0.5)^9 = 0.00391$$
$$\alpha_{10} = 2\times(0.5)^{10} = 0.00195$$

以往的标准多采用链长≥7 判异，虽然易于人工判定，但犯第一类错误的概率较高。在采用在线 SPC 的情况下，选择链长为 9 或 10 更优。

准则 3：连续 6 个点递增或递减，如图 8-4 所示。原因可能是工具逐渐磨损、维修水平逐渐降低、操作人员技能逐渐提高等，从而使得均值随着时间发生了变化。此准则是针对过程平均值的趋势而设计的，它判定过程平均值的较小变化趋势要比准则 2 更为灵敏。连续 6 个点递增或递减的概率为 0.2733%，与准则 1 的 $\alpha = 0.27\%$ 相仿。我们可以计算连续 n 个点递增或递减的概率，以下计算 n 为 5、6、7 的概率。

$$\alpha_5 = \frac{2}{5!}\times(0.9973)^5 = 0.01644$$
$$\alpha_6 = \frac{2}{6!}\times(0.9973)^6 = 0.00273$$
$$\alpha_7 = \frac{2}{7!}\times(0.9973)^7 = 0.00039$$

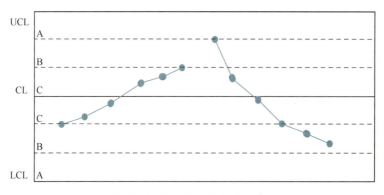

图 8-4　连续 6 点上升或下降

准则 4：连续 14 个点上下交替，如图 8-5 所示。出现本准则描述的现象是由于轮流使用两台设备或由两位操作人员轮流进行操作而引起的系统效应。实际上，这就是一个数据分层不够的问题。我们可以模拟连续 14、15、16 个点上下交替的概率，对每一种情况分别模拟 2000000 次，结果如下：

$$\alpha_{14} = 9298/2000000 = 0.00465$$
$$\alpha_{15} = 5907/2000000 = 0.00295$$

$$\alpha_{16} = 3603/2000000 = 0.00180$$

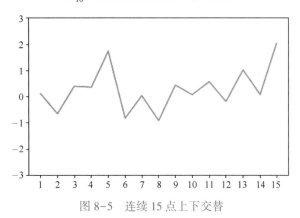

图 8-5　连续 15 点上下交替

通过模拟可看出，采用连续 15 点要比连续 14 点更接近于 0.0027。为增加使用信心，一共做了 10 次模拟，均值为 0.002933，模拟结果用如图 8-6 所示的箱线图表示。

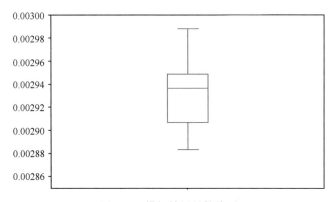

图 8-6　模拟结果的箱线图

准则 5：连续 3 个点中有 2 个点（同侧）距离中心线大于 2 个标准差，也可描述为连续 3 个点中有 2 个点落在中心线同一侧的 B 区以外，如图 8-7 所示。本准则可用于判定过程平均值的变化，对于变差的增加也较灵敏。三点中的两点可以是任何两点，第三点可以在任意处，甚至可以不存在。可计算 3 个点中有 2 个点（同侧）距离中心线大于 2 个标准差的概率如下。

包括点出界的概率：$C_3^2 \times (0.0228)^2 \times 0.9772 \times 2 = 0.003048$

排除点出界的概率：$C_3^2 \times (0.02145)^2 \times 0.9785 \times 2 = 0.002701$

准则 6：连续 5 个点中有 4 个点（同侧）距离中心线大于 1 个标准差，也可描述为连续 5 个点中有 4 个点落在中心线同一侧的 C 区以外，如图 8-8 所示。出现本准则的现象是由于均值 μ 发生了变化，本准则对于过程平均值的偏移也是较灵敏的。第 5 点可在任意处，甚至可以不存在。概率计算如下。

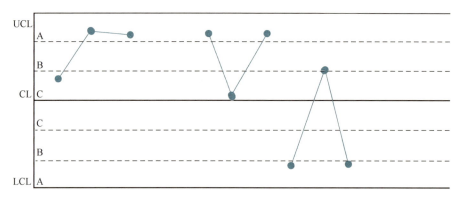

图 8-7　连续 3 个点中有 2 个点（同侧）距离中心线大于 2 个标准差

包括点出界的概率：$2 \times C_5^1 \times (1-0.841345)^4 \times 0.841345 = 0.0053$

排除点出界的概率：$2 \times C_5^1 \times (0.99865-0.841345)^4 \times (0.841345-0.001345) = 0.0051$

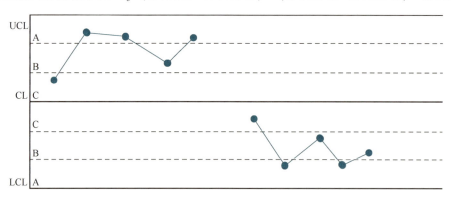

图 8-8　连续 5 个点中有 4 个点距离中心线（同侧）大于 1 个标准差

准则 7：连续 15 个点距离中心线（任一侧）1 个标准差以内，或者可描述为连续 15 个点落在 C 区内，如图 8-9 所示。造成本准则现象的原因可能是数据虚假、数据分层不够、控制限设置不当或过程 σ 确实变小了等原因。计算稳定状态下连续 14、15 及 16 个点出现的概率如下。

$$(0.6826)^{14} = 0.0048$$
$$(0.6826)^{15} = 0.0033$$
$$(0.6826)^{16} = 0.0022$$

在 SPC 使用手工描点时代，人工数点的数量越少应用越方便；但使用在线 SPC 控制图克服了这个弱点。从概率角度来看，16 个点要比连续 15 个点更接近于 0.0027，因此也可设置连续 16 个点集中在中心线附近作为判异的准则。

图 8-9　连续 15 个点距离中心线（任一侧）1 个标准差以内

准则 8：连续 8 个点距离中心线（任一侧）大于 1 个标准差，如图 8-10 所示。或者描述为连续 8 个点在中心线两侧，但无一在 C 区。造成本准则现象的主要原因是数据分层不够。过程稳定受控时发生概率如下。

包括点出界情形：$(1-0.6826)^8 = 0.000103$

排除点出界情形：$(0.9973-0.6826)^8 = 0.000096$

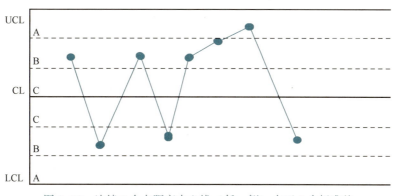

图 8-10　连续 8 个点距离中心线（任一侧）大于 1 个标准差

显然，连续 8 个点距离中心线（任一侧）大于 1 个标准差出现的概率太小，因此我们可尝试计算连续 5、6、7 个点距中心线大于 1 个标准差的概率。

排除点出界情形：$(0.9973-0.6826)^5 = 0.00308$

排除点出界情形：$(0.9973-0.6826)^6 = 0.00097$

排除点出界情形：$(0.9973-0.6826)^7 = 0.00031$

选取连续 6 个点时，α 最接近但不大于 0.27%，因此建议将本条准则改为连续 6 个点距离中心线（任一侧）大于 1 个标准差。对本条规则进行模拟所得连续 6 个点距离中心线（任一侧）大于 1 个标准差出现的概率约为 0.001，前述计算结论也得到支持。

综合以上讨论，将在线 SPC 判定规则汇总成表 8-2。

表 8-2 在线 SPC 判定规则汇总表

序 号	判 断 准 则	传统 SPC 设置	在线 eSPC 设置
1	1 点超出控制限（k 倍标准差）	3	3
1.1	连续 n 个点中出现 d 个点超出控制限	NA	$n \leq 20, d>0$
1.2	连续 n 个点中出现 d 个点超出控制限	NA	$n \leq 130, d>1$
1.3	连续 n 个点中出现 d 个点超出控制限	NA	$n \leq 300, d>2$
2	连续 k 点在中心线同一侧	7→9	9 或 10
3	连续 k 个点递增或递减	6	6
4	连续 k 个点上下交替	14	15
5	连续 $k+1$ 个点中有 k 个点（同侧）距离中心线大于 2 个标准差	2	2
6	连续 $k+1$ 个点中有 k 个点（同侧）距离中心线大于 1 个标准差	4	4
7	连续 k 个点距离中心线（任一侧）1 个标准差以内	15	15 或 16
8	连续 k 个点距离中心线（任一侧）大于 1 个标准差	8	6

符合上述某一准则的点将被判定为异常点，其中准则 1 所述情况出现时使用准则 1.1~准则 1.3 进行辅助判断是否异常。在使用在线 SPC 控制的时候大大减少了人工描点和数点的劳动时间及错误，SPC 控制规则参数设置可使用以上推荐的优化设置。在实际使用中，并非同时应用上述所有的准则，甚至存在只选择准则 1 的应用场合。此外，正如本节开始时所述，点排列不随机是一个宽泛的描述，可以有无穷多种表现形态，因此在以上介绍的规则外，其他具有理论依据和实践意义的规则都可以自行设计使用。

应用在线 SPC 系统的注意事项

部署一个在线、实时的 SPC 系统并不能完全保证成功应用 SPC 方法。一个好的在线 SPC 系统很重要，但它也只是基础保障，好的系统并不能保证好的应用质量。领导的支持、对 SPC 控制图的选择以及初始过程研究等对实施 SPC 都非常重要，如何利用 SPC 控制质量还需要质量、工艺和生产等过程管理者和参与者从实施 SPC 的全流程中做细做精。在成功部署在线 SPC 与实现实时控制之间也还存在响应机制的设置及应用等管理行为；此外，一线管理者和操作人员对 SPC 的理解和正确使用依然很重要。在采用数字化 SPC 平台后，成功应用 SPC 方法还可关注以下这些方面：

- ✓ 建立专门的 SPC Andon 规则及响应层级，而不是直接沿用已有的规则。这里最大的区别是，普通的 Andon 规则一般要求工程师或技术员在最短的时间内响应，而 SPC 可要求操作员或技术员作为第一响应人员并将同样的报警信息发送给对应的工程师。
- ✓ 对于人机交互输入数据的场合，人机界面对异常的提醒比 Andon 更直接有效。
- ✓ 使用在线 SPC 控制过程，从数据产生到产生 Andon 报警并得到处理这一连串操作之间可能会存在一些失效模式。

- ✓ 有必要建立 SPC 程序，明确 SPC 应用流程、问题反馈机制及相关处理要求。
- ✓ $\bar{X}$-R 图假设数据是独立的，如果这个假设不成立则意味着数据之间有相关性，应采用其他方案，比如降低采样频率后使用传统 SPC 控制图、使用批次均值和移动极差控制图、使用 I-MR-R/S 图、使用基于时间序列模型的残差控制图（有许多种类的控制图可以使用），以及可进行预测的移动中心线控制图等。有关测量数据独立性的进一步讨论请参考下一小节。
- ✓ 用于长期控制用控制图的控制限不可随便变更，更不能设置为动态更新的形式。
- ✓ 用于长期控制用控制图的控制限最好是通过分析用控制图计算而来，在特殊情况下也可以另行指定。
- ✓ 如果以非受控状态的控制图作为依据建立控制图参数用于长期控制，控制限之间的间隔一定较宽，以这样的控制图来控制未来，将导致错误的结论。因此，一定要使用分析用控制图确定过程稳定受控。
- ✓ 对系统进行充分、合理配置，然后对 SPC 报警抱有认真的态度，及时响应并采取措施。

应用控制图的常见问题：测量数据的独立性

在设计一般的控制图用于过程监控时，通常要考虑以下几个对于测量值的假设。
- 测量数据是独立同分布的。
- 测量值至少应近似服从正态分布（二值数据可用正态分布逼近）。
- 每个零件只能出现在一个子组中。

我们以 $\bar{X}$-R 图为例进行讨论说明，当测量数据满足独立同分布这一条件时，它对于数据偏离正态通常是稳健的；工业中的 $\bar{X}$-R 抽样计划满足以上第三个条件通常也不是问题。因此，实践中应用 $\bar{X}$-R 控制图的重要前提条件就是要求测量数据满足独立同分布的特性。

一般来讲，当一个数据点不影响随后的数据点时就是独立的。如果违反该条件，通常数据是自相关的。自相关的程度可从轻微到强烈，自相关的存在使控制图显示的波动比实际大，如果有很强的自相关，它可使人产生一个印象就是过程很容易失控。

实践中使用的 $\bar{X}$-R 图的异常情况

实践中人们通常默认满足独立同分布的假设，很少通过假设检验来验证。$\bar{X}$-R 控制图的原理是使用子组来估计过程的短期均值和变差（极差），使用平均极差（$\bar{R}$）来计算 $\bar{X}$ 和 R 图的控制限。因此，组内变差（平均极差）值非常重要，它作为计算因子提供了对组间变差的指示，显然只有在满足独立同分布假设时才行。因为人们一般不做假设检验，所以便总结出一个经验，就是子组内变差必须与子组之间变差具有可比性，也可以说是子组内变差的潜在原因（5M1E⊖）应与子组之间存在的那些变差的原因具有可比性。

显然，实践中违背这一经验的例子是较多的，以下是两个较极端的例子，分别是控制限可能过大和过小的情形：
- 当以不同批次生产（例如酿酒），并且这些批次均质时，与批次之间的变差相比，批次内样品之间的变差很小。
- 当设备有多个加工站或注塑有多个穴时，从每个工站或每个穴收集样本创建子组，可能会存在极差很大，从而导致 $\bar{X}$ 控制限制过宽。

产生以上这两种情形的原因就是忽略了 $\bar{X}$-R 控制图的关键要求：测量值应独立同分布，这也是现实中使用统计过程控制图时经常被忽视的。正如以上两例说明的，严重违反假设的过程经常会导致短期变差与组间变差没有可比性，使控制图显示的波动比实际大，给人产生过程很容易失控的印象，因此就有第二个经验：如果 $\bar{X}$ 图上的控制限特别严格，并且有许多不受控制的点，通常应怀疑自相关。

这里引用一篇讨论控制图异常与过程异常关系的文章，该文章描述的情况可以说就是一个典型的例子，每隔半小时抽取并测量 5 个线缆的外径，通过图形（见图 8-11）很容易发现组间变差与组内变差的显著区别；同时，通过图形也可判断子组似乎来自不同的分布（事实上，对于同一正态分布抽样，出现图中前两个子组的概率约为 0.008，出现前三个子组的概率为 0.0003）。

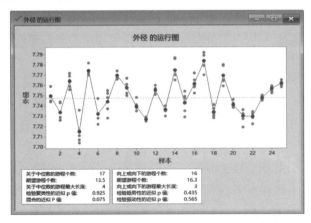

图 8-11 对子组数据进行独立性检验（游程检验）

该文作者还制作了 $\bar{X}$-R 图（见图 8-12），看到此图，联想到以上提及的第二个经验，笔者的建议就是接下来应该要检查独立性，尤其是序列的自相关特性。

注：该文章作者所做的均值游程测试不能代表测量数据是否独立，因此还不能确定

⊖ 指造成产品质量波动的原因主要包括人员（man）、设备（machine）、原材料（material）、方法（method）、测量（measurement）和环境（environment）等六类。——编辑注

这种情形是因为数据不独立造成的，还是过程中有另外的一个或多个变异源。基于线缆生产的过程特点，有必要进行测量数据的独立性检验，依据独立性检验结果进一步对过程进行确认并采取必要的措施。

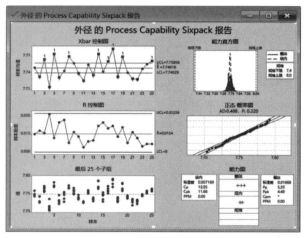

图 8-12　$\bar{X}$-R 图（左上角）

随机数的独立性及其检验方法

对于一般随机数或伪随机数的测试，美国国家标准与技术研究院和相关的专家在 2010 年的一份报告中推荐了 15 种独立性检验方法，包括频率测试（卡方检验属其中的一种）、游程测试等，见表 8-3。

表 8-3　15 种独立性检验方法

序号	英文名称	中文名称
1	The Frequency (Monobit) Test	频率测试
2	Frequency Test within a Block	块内频率测试
3	The Runs Test	游程测试
4	Tests for the Longest-Run-of-Ones in a Block	块内最长游程测试
5	The Binary Matrix Rank Test	二进制矩阵测试
6	The Discrete Fourier Transform (Spectral) Test	离散傅里叶测试
7	The Non-overlapping Template Matching Test	非重叠模板匹配测试
8	The Overlapping Template Matching Test	重叠模板匹配测试
9	Maurer's "Universal Statistical" Test	Maurer's 普通统计测试
10	The Linear Complexity Test	线性复杂性测试
11	The Serial Test	连续测试
12	The Approximate Entropy Test	近似熵测试
13	The Cumulative Sums (Cusums) Test	累积和测试
14	The Random Excursions Test	自由游程测试
15	The Random Excursions Variant Test	自由变量测试

关于测量数据的独立性

在工业（或商业）中，用来进行过程控制的数据多数都有时间属性，试想如果选择包含特殊特性（需要进行 $\bar{X}$-R 图控制）的 n 个连续产品进行测量，就能获得该特殊特性测量值的一个时间序列，这个序列就是所生产所有产品（总体）的测量值的一个样本。

控制图要求过程中的测量结果相互独立，简单的散点图就可用于检查独立性假设。我们先获取一个（不独立）测量值时间序列，分别做 lag（滞后）= 1、2、5、10 的散点图，即每个观测值与紧随其后的第 lag 个观测值之间的散点图，如图 8-13 所示。

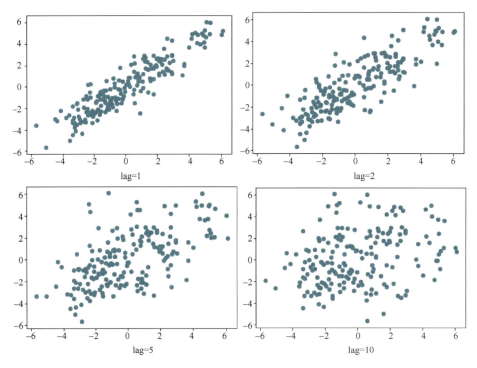

图 8-13　滞后为 1、2、5、10 的散点图

显然，用几乎所有人都熟悉的散点图就能"轻易"揭示出测量值与其滞后值之间的相关性，这种相关性就是时间序列的自相关，上述散点图也证明了测量值是不独立的，因此这个过程不合适使用 $\bar{X}$-R 控制图控制，若使用了 $\bar{X}$-R 控制图，则会出现如图 8-14 所示的异常情况。

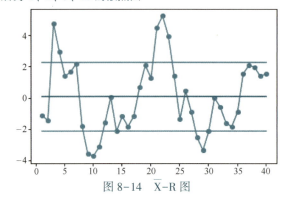

图 8-14　$\bar{X}$-R 图

测量数据的独立性检验

测量值的独立性意味着当前数据值与后续观测数据值无关。对于处于统计受控的独立过程，可用平均值表示对下一次测量值的最佳预测，而对于自相关的过程，对下一次测量值的最佳预测则是基于当前值和之前值的某个函数（需要统计建模才能知道函数的具体表达形式）。因为独立性非常重要，所以有必要继续讨论对测量值组成的时间序列的独立性检测。

也许读者已发现，以上用散点图来判断独立性的例子还间接说明了一个事实，由于没有名为"独立性"的这么一个统计量可用于测试，因此一般的做法就是对独立性的某些方面做出假设并对其进行测试。为每个滞后序列绘制散点图还是有一点麻烦，因此，也可以用其他方法来检测时间序列的独立性。除了散点图外，还有以下几种方法：

- 识别一个过程是不是自相关的，可首先考虑过程要素，如果一个过程高度地依赖于操作者，过程不太可能是自相关的。如果过程高度依赖于属于连续变量的其他要素（如材料），则自相关可能是显著的。
- Durbin-Watson 检验。
- 运行图。
- 游程检验（Runs Test）。
- 自相关函数图。
- 控制图。

许多统计软件都支持 Durbin-Watson 检验，运行图可用于识别数据中会引起错误判断自相关的异常模式。游程检验和自相关函数图是最常用的两种检验方法。统计软件或编程语言都可以实现游程检验，它属于非参数检验；自相关函数图的原理和前边提到的散点图一脉相承，在很多六西格玛培训和教程中都没有涉及这个知识，需要回顾相关知识的读者可回看本书第五章时间序列数据可视化一节。使用控制图的想法完全基于前文提到的经验二，但笔者没有从统计上证明过这个方法对于判定自相关的充分必要性，不过必要性似乎是明显的，经验二就利用了这一点。

由于 $\bar{X}$-R 图假设数据是独立的，如果通过检验证明了这个假设不成立，则应采用其他方案，比如降低采样频次、使用单值图或者统计建模等方法，在一些特定的情形下也可以使用异常检测手段来代替 SPC 控制图。

边缘控制节点

边缘计算的概念随物联网而产生，主要是为了解决物联网数据处理的实时性和网络带宽问题。在工业中，边缘计算和控制也是一种可用在改善项目中的控制手段或方法，它主要是指在靠近物或数据源头的一侧，采用网络、计算、存储、应用核心能力为一体的开放平台，就近提供最近端服务。其应用程序在边缘侧发起，产生更快的网络服务响应。边缘计算可提升物联网的智能化，在工业领域，工业边缘节点已成为支持两化融合的关键技术，它在提供互联互通机制的同时又支持人工智能和实时控制措施的部署，因此本节专门对工业边缘控制在持续改善项目中的应用进行介绍。

2015 年，边缘计算进入 Gartner 的技术成熟曲线（Hype Cycle），并在 2021 年的曲线中达到顶峰位置。2017 年，IEC 发布了 VEI（Vertical Edge Intelligence）白皮书介绍边缘计算对制造业等垂直行业的重要价值。2016 年，华为与中科院沈阳自动化研究所、中国信息通信研究院、英特尔、ARM 及软通动力联合倡议发起边缘计算产业联盟（Edge Computing Consortium，ECC）。

工业边缘节点

工业边缘节点在传感器和执行器附近存储和处理数据，具有快速、可靠、安全、经济的实用价值，可以满足工业在连接、实时计算、数据优化、应用智能、安全与隐私保护等方面的需求。典型的边缘计算部署视图如图 8-15 所示。

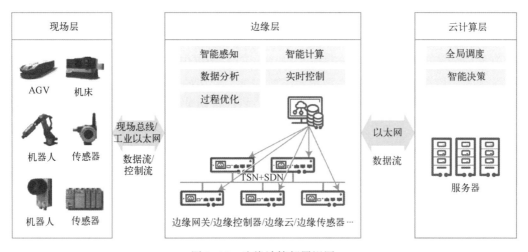

图 8-15　边缘计算部署视图

施耐德电气的 EcoStruxture™ 平台是支撑智慧工厂的一种三层架构，边缘控制包括可远程访问的控制平台、高级自动化控制系统等，如图 8-16 所示。

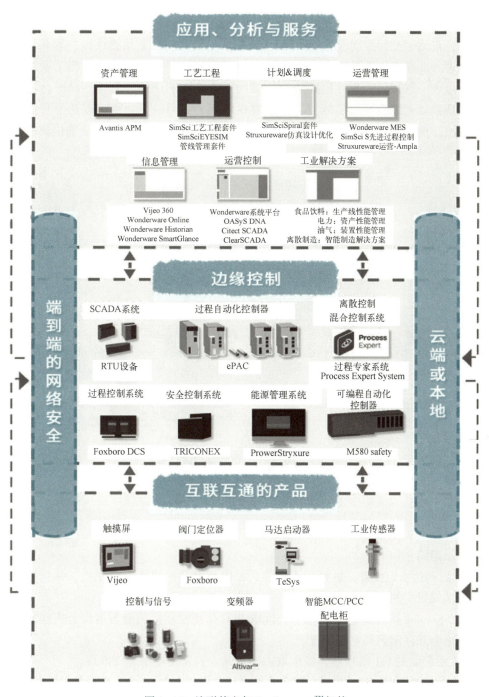

图 8-16 施耐德电气 EcoStruxture™ 架构

边缘节点在改善项目中的应用

当前,自适应过程控制改善以及基于 AI 的质量检测、设备预测性维护等场景已在制造过程中进入加速推广阶段。在生产环境中部署这些数字化改善手段依赖工业边缘计算和控制节点。一些知名企业(比如华为)推出了人工智能硬件与软件产品平台支持此类应用,具备自动化能力、建模能力、工业物联网相关能力的企业也可以选择自己搭建边缘控制系统,例如图 8-17 为实践中的一个利用人工智能相机进行产品缺陷检测的边缘控制框图。

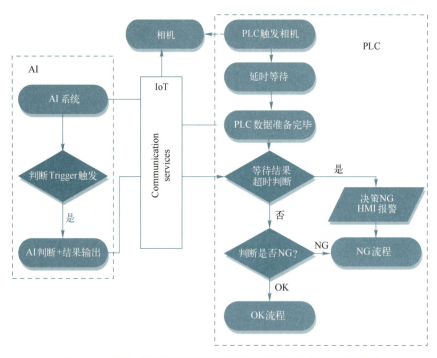

图 8-17 用人工智能相机进行产品缺陷检测的边缘控制流程图

工作原理简介如下:

① 产品到达指定位置,机械动作完成后,PLC 发送拍照指令给相机,并且同时将产品信息写入到对应的地址位。

② IoT Service 接收到 PLC 信号后,读取 PLC 信息及相机拍照数据流,按照既定要求将其重新命名并存储到固定的位置。

③ AI 系统收到 IoT 信号后,将读取的图片输入到算法模型进行推理。

④ AI 系统对模型推理结果进行整合及处理后,将整合的 OK/NG 结果传给 IoT Service。

⑤ IoT Service 收到 AI 系统结果后,将产品信息写入 PLC。

⑥ 设备根据产品结果判断是将产品放行,还是 NG 排出。

与边缘计算相关的还有雾计算，它是边缘计算的超集，它在云和边缘之间架起了桥梁。仍然需要数据密集、低延迟的处理，但也需要跨多个边缘解决方案进行集中计算。

根据我们识别的潜在应用机会，工厂里有不少异常检测等人工智能技术的应用场景，因此边缘计算和控制还有很大的利用空间。由于自动化领域一直以来在软件或硬件方面都相对封闭，各公司的软件或硬件互不通用，目前一些基于深度学习方案的应用开发也未能摆脱这一趋势，到目前为止实现的改善项目几乎都是采用完全定制的方案，技术和成本上的限制导致只有一少部分在当前技术水平下具有高投资回报率的场景实现了应用。鉴于此，一方面我们应当提倡企业提升自己的自动化和数字化能力，这样可以较快速和低成本实现应用，同时也期待人工智能和工业自动化结合的一些典型应用方案能够朝着即插即用的方向发展。

商业智能

本书在第五章讨论数据仓库时曾提到过，数据仓库与商业智能的结合应是一个关注重点，实际项目中人们也实现了一些基于业务目标的数据仓库项目，包括与商业智能看板的连接。在这里，我们再对商业智能做进一步的展开讨论。

当前，商业智能主要作为一种可视化分析工具，它也可以与 DMAIC 的控制阶段联系起来。正如将通常用于分析与改善的 DOE 用来探索测量系统改进方案一样，我们可以再一次从数据仓库和商业智能工具上看到，数字化六西格玛工具的功能界限比传统六西格玛工具更加模糊，一些工具既能用于分析同时又是可用于改善的重要方法，或者既是改善手段同时又集成了控制方法。甚至统计软件和机器学习软件之间的交叉也越来越多。

根据百度百科的定义，商业智能（Business Intelligence，BI），又称商业智慧或商务智能，指用现代数据仓库技术、线上分析处理技术、数据挖掘和数据展现技术进行数据分析以实现商业价值。

可以将 BI 认为是数据仓库的展现终端，BI 在业务上可以有一些典型的用途，比如：业务状态展示及与历史对比、趋势预测、业务绩效管理、数据挖掘等。将这些用途进行分类可以看到它起到了非常明显的控制作用，包括对业务状态的展示、业务绩效管理及趋势的预测等。

商业智能的概念在 1996 年最早由 Gartner 公司提出（与商业智能相关的应用在此之前以其他名字早已存在），Gartner 公司将商业智能定义为：描述一系列的概念和方法，通过应用基于事实的支持系统来辅助商业决策的制定。商业智能技术提供了使企业迅速分析数据的技术和方法，包括收集、管理和分析数据，将这些数据转化为有用的信息，然后分发到企业各处。完全意义上的商业智能同第三章介绍的数据仓库一样，其本身也可以是独立的项目，但在目前阶段几乎所有对商业智能的应用都可以说是狭义的 BI，主要指仪表盘。

传统的数据收集、处理、分析等都需要大量的人力劳动，而其实大量的这种操作都是在做简单的重复劳动。现在，越来越多的决策都依赖数据的支持；灵活、准确、适用性强的数据自动化功能可提高决策效率并降低公司运营成本。因此在工厂实际的持续改善项目中，既可以看到不少独立开发的 BI 仪表盘项目，也可以看到将仪表盘作为一种控制手段交付的持续改善项目。

对于使用商业软件实施商业智能来说，最难的一个步骤不是如何使用 Tableau 或其他商业智能软件，而是准确理解业务需求，大型的项目甚至需要专门的业务分析师。在持续改善项目中，项目团队最大的优势就是非常熟悉业务，因此持续改善项目如果有交付商业智能仪表盘的需求通常不会是太大的问题。

BI 的数据挖掘功能既可展现关于过程的更多信息，也可形成进一步的改善建议。不得不说，目前主流的商业智能软件（如 Tableau）有一个很大的缺点就是缺乏稍微复杂些的建模分析功能，因此可以说它们与完整的商业智能还有较大差距。这种情形也许和商业智能软件争夺市场定位有关，一些主流 BI 软件的可视化功能主要面向的是销售、市场、财务等职能庞大的需求。而对于持续改善相关的职能来说，目前需求还没有那么大，但已经可以看到有越来越多的需求需要建模分析。以本人为例，笔者曾建立过几个 BI 仪表盘，其中包括一个用于管理持续改善工作的仪表盘。在使用一段时间后，笔者还是产生了要建一个持续改善顾问系统的想法（需要数据仓库和一些其他企业资源的支持，目前还在筹备中），这一想法的提出正是由于 Tableau 的功能不满足要求的缘故。

无论是以一个独立的持续改善项目来开发商业智能应用，还是将其作为一种交付的控制手段，最好是能将商业智能与数据仓库紧密相连。

计算改善收益

精益六西格玛的目的是改善企业绩效，虽然六西格玛也可以促进创新，但六西格玛管理基于项目的特点注定了我们将会寄予它使企业获得财务收益的高期望。因此，笔者一直主张要尽可能计算和追踪六西格玛项目的财务收益。这一点，对于数字化六西格玛来讲仍然很重要，甚至更重要。因为企业必须了解单个改善项目的收益，也可能希望了解数字化转型带来提质增效的综合结果。

对于单个项目来说，在项目开始时预估收益以及项目结束后核算实际收益都是必要的，原因如下。

- 收益或投资回报率能够让业务领导或项目发起人了解项目的价值，以金额数字表示的预估收益通常更有助于获取他们的支持和资源。

- 预估收益可帮助确认项目优先级。通常,具有更高预估收益准则的项目其优先级更高。
- 对于需要较多现金投资的项目,预估收效是能否顺利通过财务批准流程的必要因素。
- 在项目关闭时,通过确认收益还可以帮助项目团队发现并确认在项目开始时可能并不明显的好处。

有时候计算项目(数字化六西格玛或其他项目)的真实价值影响是一项具有挑战性的工作,主要是由于将某些益处转化为金钱价值的模糊性。例如,培训员工会提高专业知识和生产力,但这如何转化为收益或收入增长?提高客户满意度也可能会增加额外的销售收入,但也很难衡量。所以计算收益需要制定相应的指导原则。

本章小结

自从 SPC 诞生以来,虽然其理论基础没有显著变化,但应用方法一直在发展。物联网的连接特性和数字化软件的应用为实施 SPC 带来了利好,包括易用性、实时性、功能性等重要方面都得到提升,在与其他系统间协同效应以及环保方面也都比传统方法更有优势。本章重点对基于数字化平台的统计过程控制方法行深入研究和探讨,阐明了实施的范围、益处、在线 SPC 系统的主要功能、系统开发要点,提出了适用于在线 SPC 控制图的判断准则,还阐述了实践中使用在线 SPC 系统的若干注意事项。

本章还专门用了两节篇幅对工业边缘控制和商业智能在数字化六西格玛项目中的应用进行了介绍,这两个新兴的技术分别在生产过程控制和业务管理中扮演着重要的角色。尤其是工业边缘节点已成为支持两化融合的关键技术,它支持广泛的功能,满足实时过程控制要求,因此它不仅是工业物联网互联互通的基础,更是在生产线实现人工智能和实时控制措施的重要手段。

表 8-4 是一个汇总的数字化六西格玛控制阶段工具集(这并不是一个全集),供读者参考。

表 8-4 数字化六西格玛控制阶段的工具和方法

数字化六西格玛控制阶段的工具和方法
防错/零缺陷、标准作业程序(SOP)、过程控制计划、目视控制工具、SPC、项目移交计划、团队反馈、项目回顾、基于电子平台的 FMEA、作业计划(WI)、控制计划、在线 SPC、预测/预报模型、边缘控制、商业智能、编程、模型管理程序/平台(RPA、机器学习等)、分享成功故事、奖励和认可

第九章

构建数字化改善能力

以数字化属性来看,企业有两种类型:数字化原生企业和数字化转型企业,极简、扁平、生态成为数字经济时代的重要特征。数字化转型已逐渐成为一种文化意识,自上而下、由内到外、从研发到服务、从创新到经营都需要纳入到数字化转型的快车道上来,用数字化思维方式去思考和分析问题,用数字化方案解决问题,这是前几章讨论的重点。

经验表明,数字化转型是一项自上而下的运动,每个领导都必须带领他的团队为数字化转型的实现做出应有的贡献。数字化转型不仅仅是围绕连接客户的部分,而是应该触碰甚至颠覆企业的方方面面,从业务和产品创新开始就应该进行数字化转型。数字化转型将改变业务模式、产业结构、企业文化、价值主张和人才培养等。

数字化是一种状态描述,转型是一个动词,许多人并没有意识到"数字化转型"这一广泛关注的短语中缺少了对于转型主体的描述,这是在思考数字化转型时不能忽视的一个问题,而且不能只是简单地描述为企业或者公司数字化转型。前文在探讨数字化转型的概念时提到了业务模式转型、生产模式转型和管理模式转型,这些转型都是关于主体的描述。除了业务、生产及管理以外,另一个非常重要的、必须"转"的"型"就是员工能力模型,构建能力本身也是运营和管理的一部分,但它又是支持数字化转型的基础(见图9-1)。因为如此特殊的地位,以至于我们必须专门讨论能力模型向

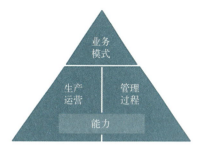

图9-1 数字化转型维度

数字化能力扩展,并采用切实可靠的办法来获得所需要的能力。

企业应将数字化能力培养作为转型工作的一部分,支持员工寻找新技术并将其应用于实际改善中。同时,针对以人力劳动为主的流程所做的自动化改进对员工和企业也都提出了挑战,需要规划与适应。

数字化改善能力的模型

企业、部门或团队最基础的组成部分是人,数字化转型企业不仅需要领导人才,还必须有数字化人才。数字化人才是拥有数据思维,有能力对多样化的海量数据进行管理和使用,进而在特定领域转化为有价值的信息和知识的跨领域专业型人才。

数字化改善要求数据思维以及数据分析和处理等价值实现的专业能力,这也是前几章所讨论的主题,也会涉及领导力与组织运营能力等。数据思维、数字化领导力、数字化工具应用能力以及数字化组织运营能力等构成了企业所需的数字化能力,显然数字化转型和数字化六西格玛必然要求人才观念的转型。

数字化工具能力模型是培育人才的基础框架,尽管制造业数字化能力模型因行业和企业具体情况的差异而不同,但总体而言实施数字化六西格玛项目的具体工具能力可在 DMAIC 框架下进行定义。据埃森哲调研,90%的企业认为 RPA、分析和人工智能三要素将全面推动企业实现业务优化。笔者在实践中构建的公司数字化能力模型包括统计与机器学习、工业物联网与自动控制、模拟仿真、数据仓库及商业智能、程序开发及机器人流程自动化几个维度;取决于企业的特点,对这个模型的增减和改动都是可能的。表 9-1 中各维度与 DMAIC 各行对应单元格中的"是"表明在改善项目中该类型工具可支持对应的 DMAIC 阶段,表格最后一行中列举了工具示例。

表 9-1 DMAIC 各阶段的数字化工具

	统计与机器学习	工业物联网与自动控制	模拟仿真	数据仓库及商业智能	程序开发及机器人流程自动化
定义(D)			是	是	是
测量(M)	是	是	是	是	是
分析(A)	是		是	是	
改进(I)	是	是	是	是	是
控制(C)	是	是	是	是	是
工具示例	数据挖掘流程、项目报告模板、EDA、数据挖掘平台、光学字符识别、语音识别、NLP、分类算法、回归算法、时序预测、时序异常检测、规则关联、强化学习、异常检测、可靠性统计、计算机视觉	传感器数据自动采集、Modbus、PLC、自适应控制、智能控制、E-SPC、E-WI	蒙特卡罗模拟、过程模拟仿真、CAE	数据仓库、项目管理仪表盘、既有流程数据、BI 可视化	项目管理平台软件、RPA 用于数据收集、RPA 流程、认知性 RPA、RPA + AI、基于软件的流程、低代码开发、模型管理

人才是实现数字化转型的关键要素,是企业数字化转型的根本保障。现实中的数字化人才培养面临着不少挑战,一方面人才现状不能满足需求,例如有研究表明,AI 和大

数据人才供需已严重失衡,AI 和大数据领域既要求人员具有人工智能、算法、互联网等方面的知识和技能,还需要产品、市场相关的知识储备;另一方面企业员工学习速度总体也比较慢(相对于企业战略需求迭代而言),相当一部分员工数字化学习效果不佳。

因此,如何构建数字化改善能力是推行数字化六西格玛的重点工作,是数字化转型负责人和数字化六西格玛管理者的头等大事。

数字化改善能力的构建

从上一节所展示的数字化改善能力模型可看出,数字化六西格玛涉及一些数字化工具的应用甚至 IT 技术的深度应用。因此,在企业数字化能力不能满足需要的情况下,一方面需要发现并引进外部专家人才;另一方面还要发掘和发展内部员工的数字化能力;可总结为"三个发"(发现、发掘、发展)或者"3D"(Discover、Dig、Develop)的人才培养思路,见图 9-2。

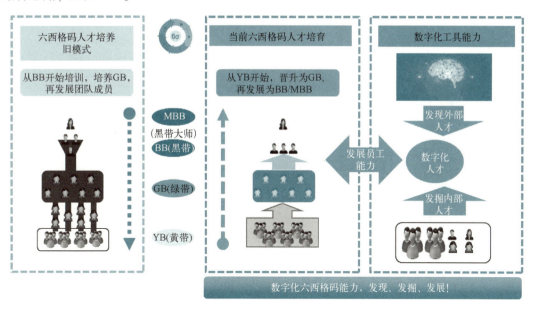

图 9-2 六西格玛能力培养方式

先讨论数字化能力构建的第一种手段:从企业外部**发现**(Discover)和引进人才。如今一些知名企业招聘数字化人才相对容易。据了解,国外一些大学普遍开设了数据分析和挖掘以及人工智能相关专业,国内的良好发展环境也在不经意间加速了留学生归国的步伐,一些大公司对他们的吸引力比较强。我国人工智能技术领域首个全面开展教学和科研工作的新型学院是中国科学技术大学成立的人工智能技术学院,成立时间是 2017 年。到 2020 年 8 月为止,大约有 50 所知名大学已开设了人工智能学院或研究院，其中一部分是新增学院，更多的是由原来的自动化学院或其他学院扩展而成。由高校（在政府鼓励和支持下）是除了企业以外最主要的人才培养方式，因此，笔者总结了一下近年来国内政府和大学的动态，从中可看出非常重要的政策趋势以及对未来企业用人的良好预期。

- 2017年5月28日，中国科学院大学发文成立人工智能技术学院。这是我国人工智能技术领域首个全面开展教学和科研工作的新型学院。
- 2017年7月，国务院发布的《新一代人工智能发展规划》中明确提出，大力建设人工智能学科，要完善人工智能领域学科布局，设立人工智能专业，推动人工智能领域一级学科建设，尽快在试点院校建立人工智能学院，增加人工智能相关学科方向的博士、硕士招生名额。
- 2018年4月，教育部印发的《高等学校人工智能创新行动计划》中提出，支持高校在计算机科学与技术学科设置人工智能学科方向，完善人工智能的学科体系，推动人工智能领域一级学科建设；形成"人工智能+X"复合专业培养新模式，到2020年建设100个"人工智能+X"复合特色专业，建立50家人工智能学院、研究院或交叉研究中心。
- 2018年3月，南京大学正式下文成立人工智能学院，由该校计算机科学与技术系主任、欧洲科学院外籍院士周志华兼任院长。
- 2018年6月28日，清华大学人工智能研究院成立。
- 2019年1月19日，中国人民大学人工智能学院正式成立。
- 2019年1月21日，西安交通大学人工智能学院正式成立。
- 2019年1月26日，华中科技大学人工智能与自动化学院、人工智能研究院成立。
- 2019年4月27日，北京大学人工智能研究院宣布成立。

我们可以以华中科技大学人工智能与自动化学院本科招生信息为例了解一下学科方向：该学院为了抢抓新一代人工智能发展的重大战略机遇，推动人才培养和相关学科快速发展，面向国家重大战略需求和国际科技发展前沿，着力打造人工智能高端人才培养基地，在计算机视觉、大数据、机器学习、类脑智能、无人系统、优化决策等领域开展研究，鼓励和引导学生参与其中，致力于培养人工智能领域的领军人才，为加快建设创新型国家和世界科技强国，提升社会生产力、综合国力提供强大支撑。

- 2020年，全国171所高职学校获批开设人工智能专业。
- 2020年5月，教育部办公厅印发《未来技术学院建设指南（试行）》，提出用4年左右时间在专业学科综合、整体实力强的部分高校建设一批未来技术学院，探索专业学科实质性复合交叉合作规律，探索未来科技创新领军人才培养新模式。在高校自主申报、专家论证的基础上，教育部在2021年按相关工作程序确定了首批12个未来技术学院（名单见表9-2）。

表 9-2 首批 12 个未来技术学院

序号	高校名称	学院名称	学科或专业
1	北京大学	未来技术学院	分子医学、生物医学工程、大数据与生物医学人工智能、国家生物医学成像学科
2	清华大学	未来技术学院	暂无官方通告
3	北京航空航天大学	未来空天技术学院	未来天空技术、信息计算与安全
4	天津大学	未来技术学院	智能机器与系统、储能科学与工程、智慧城市
5	东北大学	未来技术学院	工业智能
6	哈尔滨工业大学	未来技术学院	人工智能、智能制造、生命健康
7	上海交通大学	未来技术学院	能源环境、生命健康
8	东南大学	未来技术学院	芯片设计、信息材料、未来通信、信息感知
9	中国科学技术大学	未来技术学院	地球与空间科学、物质科学
10	华中科技大学	未来技术学院	生物医学成像、光电子芯片与系统、人工智能、智能制造
11	华南理工大学	未来技术学院	人工智能、数据科学与大数据技术专业
12	西安交通大学	未来技术学院	储能科学与工程、人工智能+X（混合增强智能）、医工交叉（计算物理医学）

首批未来技术学院明确将建设目标瞄准未来 10~15 年的前沿性、革命性、颠覆性技术，突破常规、突破约束、突破壁垒，强化变革、强化创新、强化引领，着力培养具有前瞻性、能够引领未来发展的技术创新领军人才，推动从"中国制造"到"中国创造"的转型升级，为建设高等教育强国、服务高质量发展、实现中华民族的伟大复兴奠定基础。比如中国科学技术大学将围绕量子科技发展等方向，打造体系化、高层次量子科技人才培养平台。华南理工大学未来技术学院围绕人工智能前沿技术和跨学科交叉领域，主要布局智能感知、大数据和 AI+融合技术三大研究方向。

可以预期，4~7 年之后，中国的人工智能领域人才一定会更加充裕，除人工智能专业以外，像大数据及数据挖掘等专业也会有越来越多的人才涌现，企业的用人选择空间也会大大增加。

数字化能力构建的第二种手段是从内部**发掘**（Dig）人才。在讨论如何从内部发掘数字化人才之前，我们以清华大学出版社出版的《人工智能本科专业知识体系与课程设置》为依据来了解人工智能本科阶段的主要课程（见表 9-3）。

表 9-3 人工智能本科阶段的主要课程

基础课程群	数学与统计课程群	工科数学分析、线性代数与解析几何、计算机科学与人工智能的数学基础、概率统计与随机过程、复变函数与积分变换、博弈论（选修）、信息论（选修）
	科学与工程课程群	大学物理（含实验）、电子技术与系统、数字信号处理、现代控制工程
	计算机科学与技术工程群	计算机程序设计、数据结构与算法、计算机体系结构、理论计算机科学的重要思想、3D计算机图形学（选修课）、智能感知与移动计算（选修课）
人工智能专业课程	人工智能核心课程群	人工智能的现代方法、自然语言处理、计算机视觉与模式识别、强化学习与自然计算、人工智能的科学理解（选修课）、游戏AI设计与开发（选修课）、虚拟现实与增强现实（选修课）
	认知与神经课程群	认知心理学基础、神经生物学与脑科学、计算神经工程、脑机接口导论
	先进机器人技术课程群	机器人学基础、多智能体与人机混合智能、认知机器人、仿生机器人
	人工智能与社会课程群	人工智能的哲学基础与伦理、人工智能的社会风险与法律
	人工智能工具与平台课程群	机器学习工具与平台、三维深度感知（选修课）、人工智能芯片设计导论（选修课）、无人驾驶平台（选修课）
	专业综合性实验	机器人导航技术实验、自主无人系统实验、虚拟现实与仿真实验、脑信号处理实验

从以上课程设置中可清晰地看到，数学与统计课程群、科学与工程课程群以及计算机科学与技术工程群构成人工智能专业的基础课程群。同时，人工智能核心课程群、先进机器人技术课程群、人工智能工具与平台课程群构成人工智能专业的主干课程群。认知与神经课程和人工智能与社会课程构成人工智能专业的交叉课程群。

在北京邮电大学人工智能系主任王小捷的一份报告中（见图9-3）也提到："北邮的人工智能课程体系最下面是数学基础、其次是计算机基础、再其次是智能基础；智能基础面向专业。"由此可看出，虽然因学校特色而有所不同，但各高校人工智能课程体系架构在本质上却非常相似，人工智能专业均以数学、计算机以及技术工程类基础学科为基石。

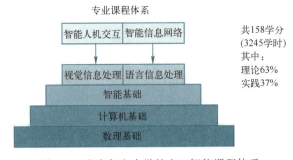

图 9-3 北京邮电大学的人工智能课程体系

我们再转而去看其他专业课程的设置，以自动化专业为例，表9-4是在进入人工智能时代以前几乎所有大学的自动化或电气自动化相关专业都会开设的主要课程（非完整清单）：

表 9-4　自动化专业的主要课程

分　类	课　程　名　称
数学	高等数学、线性代数、概率论与数理统计、复变函数
强电与弱电	电路、信号与系统、模拟电子技术、数字电子技术、电机与拖动、电力电子技术
工业自动化与过程控制	自动控制原理、现代控制理论、传感器技术及应用、过程控制、单片机与嵌入式系统原理、智能控制、电气控制与可编程序控制、数控机床及应用、模糊集理论与模糊控制
编程基础	Visual Basic、汇编语言、C 语言、C++、MATLAB
计算机基础	微机原理与接口技术、计算机网络、计算机辅助设计、计算机控制技术、系统仿真
语言	英语、专业英语

可以看出，自动化专业的本科生在数学、计算机以及工业自动化与过程控制等方面具有较好的基础，他们可以直接上手学习人工智能课程而不会有太大的障碍；同时，近年来不少高校已开始将"人工智能概论"以及"运筹学"等课程加入到自动化专业课程之中，无形中更进一步提升了该专业毕业生在人工智能时代的应用实践基础能力。除自动化类的专业外还有一些学科专业也都存在相似情况，可以说他们毕业时已带有一定的数字化属性。因此，企业可在内部发掘他们的数字化潜能（他们多数都一直在积极学习），同时也应考虑如何调动员工进一步参加在职培训（On Job Training）以满足企业对数字化能力的需要，这就涉及数字化能力构建的第三种手段了。

构建数字化（改善）能力的第三种手段是**发展（Develop）**内部员工的数字化能力。曾经，六西格玛的人才培养手段是自上而下，首先集中培训黑带（Black Belt，BB），通过黑带带动绿带（Green Belt，GB）培养工作以及使更多的员工参与项目并提升能力。21 世纪初，随着六西格玛的大力推行，越来越多的企业意识到这种方法在人才培训和保留、改善文化建设等方面不如自下而上的方式好，随后绝大多数有六西格玛基础的企业均开始采用自下而上的方式培养持续改善人才。

在结合当前实际情况与数字化转型需求的基础上，六西格玛黄带（YB）、绿带（GB）、黑带（BB）、黑带大师的培养体系与数字化能力构建可双轨并存并进行一定程度的融合。即着重构建数字化改善能力，尤其是数字化工具的使用能力，将数字化工具的使用同 DMAIC 结合以服务于整个组织的改进。由于拥有数字化能力同传统六西格玛改善能力一样是对员工的要求，因此还应该向既有六西格玛能力体系中融入数字化工具，使现有的六西格玛认证人员提升数字化技能，这既是不抛弃不放弃的策略，也是将持续改善项目作为促进数字化转型重要举措的有力保障。

通过社群运营方式发展数字化改善能力经证明是一个不错的手段，使能力培养有深度、有广度、有速度也有热度。

数字化能力社群运营

如前所述,数字化人才目前仍然处于紧缺的状态,数字化原生企业和数字化转型企业都在努力寻找人工智能、数据科学等方面的专业人才,在这个大背景下,政府、高校和企业都在努力培养人才,也产生了一些校企合作培养人才的案例。在企业内部发掘既有数字化人才和发展全体员工的数字化能力是一项值得坚持的人才战略举措。那么如何才能更好地发展员工的数字化(改善)能力呢?这是一个开放的问题,有的个人和组织还仍在思考和探索,也许更多企业已经付诸实践,有些已经成功了,有些还在探索成功的路上。下面简单介绍笔者在施耐德电气通过社群运营提升员工数字化能力所做的一些实践。

如今许多企业都保留了制定年度战略的优秀传统,施耐德电气的各个实体组织也不例外。几年前,施耐德电气将数字化转型明确写入到全球供应链的年度战略中,指导并要求每一个下辖的实体组织落实数字化转型。从 2018 年初开始,笔者就花了比以往更多的时间来探索如何提高数字化能力,同时也在思考如何提升工厂同事们的数字化能力,从而服务于持续改善工作。2019 年初,公司管理评审及年度战略讨论会议在神农架火热展开,会上我们明确提出要进一步提高数字化能力,这项决定最终促成了一个公司范围内的数字化社群的建立。

我们给数字化社群起了一个好听的名字:"极客堂"(Geek Town);也起草了明确的愿景、目标与行动价值观,当然这个价值观与公司的人才价值观是一脉相承的。我们创立社群并寄予较高的期望,希望在愿景与目标的指引下,提升数字化能力,并通过实现数字化改善项目作为对数字化转型的支持。

基于本章前面提到的数字化改善能力模型,按照能力聚合的维度,当时我们提出了一个数字化社群的能力模型(见图 9-4),并以此为基础构建了学习型的组织架构。

通过几年运作和不断迭代,目前的能力模型已经更丰富,围绕定义的能力模型进行社群运营所实现的结果比预期更好。除了在人才培养和数字化改善项目方面有超出预期的产出,如今"极客堂"的影响力也已经波及集团内的其他实体。施耐德电气的各个层

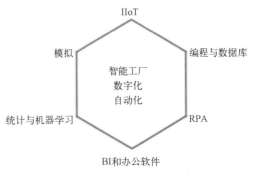

图 9-4 "极客堂"最初的数字化能力模型

级组织之间有着并不算严格的沟通边界,相互之间联系与互动非常频繁。"极客堂"是较早以社群形式发展数字化能力的先例,在示范效应的带动下,近年来各个实体及集团管

理部门也涌现了许多以发展数字化能力为目标进而带动数字化转型的社群。施耐德电气全球供应链近几年数字化转型的成果表明，这一举措是非常成功的。

在培养数字化工具能力的同时，社群本身也成了企业内的数字化能力中心，可承担类似于能力呼叫中心的角色。数字化社群迎合组织对数字化能力的迫切需求，因此能得到集团和各实体所有层级领导的支持；数字化社群也为所有员工提供了发展数字化能力的平台，当然能获得员工的积极参与。

数字化转型与员工职业发展

我们都会有收到 AI 语音机器人打来的电话的经历，既有推销电话，也有疫情防控相关的电话。据了解，2021 年全国有不少地方开始用 AI 语音机器人助力疫苗接种预约，语音机器人通过语音交互的形式代替人工与目标用户进行智能对话，语音机器人能够按照预先设定的对话场景和话术，自动对目标用户进行电话呼叫和语音交谈，并生成对话记录和统计表格输出。极大提升沟通效率、降低人工外呼成本，为疫苗接种及疫情防控贡献力量。

社区是疫情防控工作的第一线，工作人员对辖区的居民健康情况和流动情况进行排查是耗时费力的工作。一位社区工作人员说：“每人每天要拨打 200 通电话排查信息，每通电话问的问题差不多，容易疲劳烦躁。除了排查信息还有其他防控工作要做，工作量很大。”使用人工智能系统每天能通过一路电话拨打约 2000 通电话，完成对 1600 人次居民的健康和流动情况进行排查并生成文字报表，作为街道社区疫情防控工作的重要参考解决了大问题。

数字化时代，人工智能等科技深入社会的每个角落，对企业和员工职业发展产生了深远影响，下面以银行业为例收集了一些事实和数据。

- 2018 年，花旗银行计划 5 年内把投资银行部门的科技和业务人员裁去 50%，并用人工智能替代他们的工作。
- 2019 年，全球有 50 多家银行宣布裁员总数 7.7 万人。
- 2020 年，汇丰银行在重大重组中裁员 3.5 万人。
- 2020 年，全球银行业裁员总数超过 10 万人。
- 在中国，2020 年 ATM 机器数量连续第二年下降，从 2019 年的 109.77 万台降低至 101 万台左右，预计今后会下降至 100 万台以内。由于许多银行业务只需手机即可操作，导致大量 ATM 鲜有人使用。

全球经济增长放缓，银行利润有所下滑同时坏账增多。银行业的故事还在继续，但如果就此以为银行业不景气，没有新就业机会，那也许是错了。再看另一组数据：

- 2019 年，号称要裁员 50% 的花旗银行投资银行部门，招聘 2500 名程序员，拟通过程序员和数字科学家提供技术重塑业务（实现裁员目标）。
- 据不完全统计，工商银行、建设银行、中国银行2021年校园春季招聘总人数逾1.5万人，所招聘人员都是软件、数据、运营等数字化岗位。

没错，银行业一方面放弃提供一些传统业务的就业机会，另一方面却是实实在在地在"抢人"。因此，导致银行业裁员的最主要因素其实是科技的进步而不是纯经济因素。

企业一边裁员一边引入软件、数据、运营等数字化岗位新鲜血液，企业对数字化能力的需求和企业价值观决定了企业行为。由于数字化专业人才所具备的知识与技能很好地匹配企业的需求，相比具有业务知识和经验但欠缺数字化技能和发展潜力的老员工，企业更倾向于使用数字化人才，快速培养业务技能。

20世纪90年代末期受"下岗潮"影响的对象主要是产业工人，甚至过往历次工业革命受影响的也主要都是产业工人。目前的第四次工业革命对劳动力市场的影响虽还不构成"潮"，但显然已有一定的趋势，同之前的每一次智能革命一样，对劳动力市的冲击将不可忽视。从银行业来看，这一次受影响的不仅仅是产业工人；薪资和年龄也不是最主要的影响因素，虽然一直以来许多人讨论职场中年危机时往往集中在这两个维度；笔者认为背后的更重要的因素其实是能力，更具体说是数字化转型相关的能力。员工首先得具有企业需要的能力，然后才可讨论能力、薪资、年龄之间的关系。

对企业来说一些员工曾经具备过剩的数字化能力，现在刚好被需要，而且数字化能力也上升为与职业发展高度相关的重要因素，希望提升职业生涯又具备数字化能力的工程师们正迎来机遇。前文提到过大学里面关于人工智能和未来学院相关的专业设置，以及高职类的专业都普遍开设了人工智能专业，这些举措将来肯定会大大缓解人工智能人才缺口，初步的效果可能会在4~7年内开始显现，从现在到2026年左右人工智能与数据科学等领域一直会有较大人才缺口，再往后供需可能会逐渐平衡，一部分职业在未来的竞争可能会很激烈。

数字化转型事关企业的存亡，因此各个企业都非常重视并以之为战略。数字化转型也与企业员工息息相关，员工也必须有足够的重视与准备。新的发展趋势及其他影响因素给企业和员工提出了不少挑战，机器人将从人类员工处接管更多的工作，机器人流程自动化不可避免地导致局部人力冗余，数字化转型对数字化能力的高要求也可能对一部分现有员工提出挑战及岗位竞争。

对员工来说正确的态度应是离开工作舒适区，主动学习和实践。正如笔者在"极客堂"成立会议上给同事们展示的这张图片（见图9-5）所蕴含的道理：若将鸡蛋从外打破，会变成一道菜；若从内打破，则是生命。身处数字化时代的每个企业都面临着从外部打破鸡蛋的压力；企业中的每一位员工同样面临着从外打破鸡蛋的压力，而不断学习并在合适的社群中共同成长才是必然的选择，数字化时代最有用的能力是学习力。

主动学习与实践结合的一个很好的方式就是实施改善项目，尤其是寻求新的数字化技术来解决业务痛点问题。在传统六西格玛项目实施过程中，业务专家或者六西格玛领域内经验越丰富的人往往会在改善过程中发挥更大的权威性，在数字化改善项目中这种优势排序同样适用于具备数字化技能的员工。如果一个人在项目中发挥关键作用，通常会进一步提升他或她的能力和职业竞争力，只要给予适当的曝光机会，所有人都会看得到他或她的闪光点，这是员工可通过成功的六西格玛项目提升能力并获得职业发展的模式。

图 9-5　鸡蛋的打破方法

第十章

数字化六西格玛项目管理

我们已讨论了数字化六西格玛在数字化转型过程中的地位与作用。众所周知,虽然正确使用六西格玛工具很重要,但六西格玛不仅仅是一些工具的集合,为实施六西格玛还需要从员工、组织、项目管理等多方面进行规划。我们也已讨论了实施数字化六西格玛所需要的思维和价值观转变;鉴于DMAIC方法论本身在不断进化的同时六西格玛的每个阶段也都增添了不少的数字化工具,因此本书也在第九章中专门探讨了构建数字化改善能力的目标和手段等。六西格玛是一种以改善项目为手段的方法,它将企业的资源集中起来实现改进目标,因此六西格玛的项目管理对实现最终目标至关重要,本章将讨论如何开始实施六西格玛和六西格玛项目管理相关的主题。

开始实施六西格玛

从摩托罗拉开始,到如今实施六西格玛的许多企业,六西格玛已在制造、医疗、金融等行业得到了广泛的使用。但有一个现象使它在一些大型企业里应用得更多,许多中小型企业似乎因"负担不起黑带"或"六西格玛不适合小企业"等原因并没有或者没能很好地推行精益六西格玛。推行六西格玛的成功故事有千篇——千篇一律,推行六西格玛失败的借口也有万类——万类不齐。

精益六西格玛的DMAIC程序具有一定的灵活性,工具的选择也有较大自由度,因此笔者认为六西格玛不适合小企业的说法是一个伪命题,精益六西格玛方法论也从不将企业的规模和其他特性作为其适用的前提。鉴于数字化转型的要求与精益六西格玛的逻辑高度一致性,以及数字化六西格玛工具和技术的强大改进能力,实施六西格玛或相似的方法似乎已变成数字化转型的必然的选择,经验已表明数字化转型的最佳启动方式就是数字化六西格玛。由于数字化转型业已成为许多企业的共同选择,相信精益六西格玛将成为更多数字化转型企业的选择,数字化转型也应该促进精益六西格玛的进一步采用

（希望本书也能起到推波助澜的作用）。

对于已有六西格玛基础的传统企业和打算采用六西格玛的新企业来说，如何将许多工作理顺，将数字化工具和DMAIC方法结合，让企业通过数字化改善获得员工支持和看得见的收益，通过全员参与和项目成功的良性循环促进成功转型，这些都是值得探讨的主题。

对于还没有实施精益和六西格玛管理的企业，实施数字化转型的最大障碍可能是不知如何启动。我们在前文也曾提到过，数字化六西格玛可以是数字化转型的启动器，于是问题的关键就变成了如何启动数字化六西格玛，建议务必确保以下的所有要素。

- 确保高层管理者的支持，而且这种支持不能仅停留在口头上，数字化六西格玛工作应成为公司范围内的重要活动。这一条的重要性无论怎么强调都不为过，忽视它往往是导致失败的原因。
- 确保用数字化转型的愿景、使命与价值观来引领和驱动数字化六西格玛工作。
- 满足以上两点可给实施数字化六西格玛和数字化转型创造合适的组织内部环境，在此基础上应确保应用数字化六西格玛的DMAIC方法，并识别对数字化工具和能力的需求。
- 通过发现外部人才、发掘和发展内部人才并行的策略来确保获得需要的能力。
- 启动数字化六西格玛必须识别一些典型应用场景（可参考第四章），应用相应的工具和方法，通过完成这些典型案例来带动和影响企业各层级员工加入到改善活动中。
- 此外，还必须确保IT和其他相关配套资源的支持。

前面章节中已分别对项目机会识别、实施过程以及相应的一些数字化工具进行了深入讨论，也多次提到我们可以以数字化六西格玛为抓手来启动数字化转型。数字化六西格玛作为一种持续改进的方法论，它以客户和业务为主要关注点，以DMAIC方法论及相应的工具和方法为支撑，但从成功的经验中可看到仅依靠DMAIC和相应的工具是不充分的，成功实施数字化六西格玛还离不开组织和技术层面的规划、引领和支持。

比如在组织方面，一般实施数字化转型的企业都有一个专门的团队负责推进相关的工作。数字化六西格玛与数字化转型无论是在改善项目还是人员能力方面都有非常大的交集，因此无论最终的组织形式如何，必然是要建立一种新的工作和协作方式，这种工作方式必须保证跨部门和职能参与并培养相关技能和能力。

近年来，技术取得了巨大进步，尤其是在设备、人、物的连接和系统集成领域，这些技术使制造企业能扩展现有解决方案，而不是替换它们，还可以使公司以最小的增量成本扩展有影响的案例。数字化六西格玛项目的开展总体来说以解决企业痛点问题为关注点,现阶段的数字化转型路线图也为数字化六西格玛工作提供指引和驱动力,但数字化转型的路线图不能仅局限于六西格玛实现的业务场景应用案例,还应包括管理平台、网络安全、工业互联网、生态系统建设等。

实践中的数字化改善现状及趋势

通过对使用数字化工具的改善项目进行抽样并归类汇总,我们可看到一些与数字化改善项目相关的趋势和现象(取决于各企业的产品、过程、客户及实施数字化转型的程度不同,各企业之间可能存在较大差异,甚至在同一企业的数字化转型的不同阶段也会有差别)。

1)传统六西格玛项目大多集中改善产品和过程质量以及制造过程效率,在人事、财务、安全、厂务、采购等过程中改善项目相对较少;在数字化改善项目中,不仅仅是产品实现的各个环节,在几乎所有管理流程中都有较多的改善项目,真可谓遍地开花(见图10-1)。理解数字化六西格玛助力数字化转型的关系(第三章)可解释此现象。

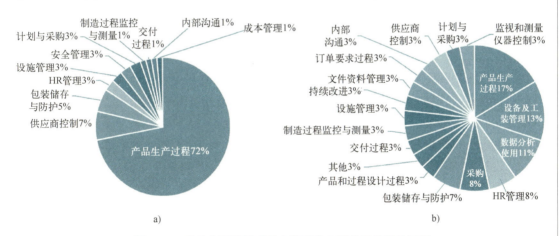

图 10-1 传统六西格玛项目与数字化六西格玛涉及的过程
a) 传统改善项目 b) 数字化改善项目

2)在数字化转型的初期,改善项目数量大幅增长。同时可发现在急剧增加的改善机会中,有关效率提升的项目增加最多。

3)大约三分之二的项目致力于寻找方案来解决问题,三分之一的项目使流程数字化并提供发现改善机会的途径,但项目本身不涉及面向具体问题的解决方案。

4)60%的改善项目将传统精益六西格玛工具与数字化软件结合使用。

通过以上这些事实可看出,得益于一直以来坚实的改善文化和能力基础,数字化转型作为企业战略吸引全员参与数字化改善,越来越多的业务决策由数据、仪表盘、实时触发器、报告和数据科学驱动。例如，考虑到与最近和历史趋势相比，进入过程的零件特性发生了显著的变化，利用历史数据和数据驱动的洞察可以主动调整过程以确保产品质量不会受到影响，使生产处于最佳输出状态。同时，实时触发器可以将事件通知利益相关者。

通过数字化转型，很多以往敢想不敢做的事，现在都已经实现了，可以说数字化改善和数字化转型在突破思维方面有非凡的意义。除了全员参与和循证决策外，一直以来 ISO 9000 的几大原则，还有过程方法、以客户为焦点等在数字化时代都得到了远超以往任何时候的重视与落实；从这个角度看，数字化转型必然也是管理转型，它大大提高了 ISO 9000 的应用水平。

虽然技术给一些企业带来了成功，但这显然并不意味着技术能使所有有转型意愿的企业都成功。根据德勤的一份报告，在以智能制造为目标的转型过程中，不到三分之一的总体成功归因于技术，而剩下的三分之二取决于流程、组织和能力转型。因此要成功实施数字化转型（包括数字化改善），企业及企业的各个职能部门也应关注除了技术以外的其他方面。

关于业务部门的数字化转型和改善

数字化转型过程中伴随着企业管理的转型，比如去中心化、扁平化、服务共享化等（前几章也曾讨论过）。只要企业有组织架构，无论它是敏捷型的还是传统科层制，改善项目终究需要依靠组织的基本单元和个体来落实。因此，从数字化转型一开始，容易按"套路"硬性或软性要求各部门识别并实施数字化改善项目。但也很容易发现紧扣数字化转型的改善（事实上所有的持续改善工作都是一样的）不能只依赖于自下而上的方式，笔者认为自下而上的方式实施改善是缺少方向感的，同时也经常会面临动力不足的问题，再有就是无法打破组织内部壁垒。

职能部门是组织中的重要组成单元，既然以部门为主要抓手有以上的弊端，这是否就意味着以部门为单位来要求开展数字化六西格玛项目并为此设立部门绩效指标是不合适的？如果不采用这种方式，是否有更好的方法推动数字化改善工作？这两个问题可能没有完美的答案，也许连参考答案都没有，不同的企业情况决定了不同的管理方式，其中有一些需要权衡的地方。

以质量部门为例，传统质量部门有项目质量管理、供应商质量管理、过程质量管理、客户质量管理、持续改进以及质量体系策划与维护等，因此传统概念中的质量部门通常承担着双重改善职责，一方面是质量管理职能范围内为达成质量目标而进行改进，另一方面又是企业内持续改善过程的负责部门，有义务和职责带领和推动企业内全过程的持续改进。认为质量部门应当承担持续改进的主要职责似乎是一种习惯性看法，但这种想法与 ISO 9001 所强调的过程方法相去甚远，根据定义，质量管理通常包括建立质量方针和目标相关的活动，以及为实现质量目标而进行的质量策划、质量保证、质量控制和质量改进过程活动。显然，这些质量相关的过程及其活动所涉及的部门范围比质量部门的职能要更宽泛，质量部门的双重职责可能会在无形中削减其他职能部门的主动意识，对于有较强部门壁垒的企业来说这种表现尤其明显。在这种情况下，如果对其他部门没有关于持续改进的明确要求和目标，持续改进工作的困难程度是可想而知的。

如今，在数字化改善项目中有一个非常明显的趋势是，工艺工程、设备工程、物流工程等跟生产过程紧密相关的职能有便利的条件通过改善项目来优化制造过程控制或管理过程，能源管理与人力资源管理过程中也有许多优化机会；这是在全员开展数字化改善的优秀企业中看到的一个现象，同时也看到一些有着被动的改善"文化"的企业，仍然依赖于某个部门（比如质量部门或者精益推进部门）甚至某个人（比如持续改进负责人）主导质量和效率改进，从整体上看这样的企业在持续改进的活力和由改善带来的业务绩效提升方面已显得落后，其数字化转型也当然不能得到系统性地落实。这一点给予的启示似乎正符合一直以来提倡的全员参与管理原则。

任何时候，全员参与都是持续改善工作的基础，只要是能从整体上实现全员参与改善的方法应该都是可取的。当前，包括产业链之间和组织之间的分工界限都在变得模糊，组织内部的清晰边界也不应该再成为阻碍改善的因素。自上而下地推动以职能部门为单位开展持续改进工作不是唯一的有效方法，有时候也不是最有效的方法。实践中发现有许多项目是工厂或企业级的，必须要多部门配合来完成，过程中的任意一个相关人员牵头改善都是可以的，而不论他或她来自于何部门。将自上而下的转型路线图指引与自下而上的员工声音相结合，在企业内以过程方法协调和部署数字化改善工作比以行政命令的方式要求以部门为单位提出和实施改善更有全局观和协同作用。

改善项目跟踪和状态管理

有国外学者对 1995~2013 年间关于精益、六西格玛和精益六西格玛的 56 篇论文进行回顾，发现了 34 个常见的失败因素。进一步总结如下：
- 缺乏高层管理人员的态度、承诺和参与；缺乏领导力和远见。
- 缺乏培训和教育；缺乏资源（资金、技术、人力等）。
- 项目选择和优先级排序不佳；存在组织战略目标的薄弱环节。
- 抵制文化变革；沟通不畅；缺乏对人为因素的考虑。
- 缺乏对精益/六西格玛的好处的认识；缺乏对工具、技术和实践的技术理解。

由以上可知，推行六西格玛的潜在失效模式和失效原因很多，在企业里持续开展成功的项目并不容易。六西格玛项目团队实施的是一种管理工作，一般位于企业管理的最底层，可以说是直接使用资源从事企业的基础建设任务。在实践中，笔者遇到的六西格玛项目拖延或不成功的表面原因主要是兼职的项目负责人（Project Leader）没有被赋予足够的时间带领团队实施项目或其能力不足。

团队成员能力不足也可能是影响项目成功的因素，比如数字化项目通常有应用特定的数字化工具的需求，例如 CAE 工具，若团队能力不足就会影响项目进展。在六西格玛项目中，如果团队成员都只具备初级技能，项目的进展通常和最欠缺的能力相关。

还有，项目发起人（Sponsor）必须关注项目进展情况，最好能经常审阅项目。如果把所有工作都压在项目负责人身上，管理层每个季度才审阅一次（也存在某些项目发起人从不参与项目评审的最差实践），项目有可能在审查之前会有好几个月都处于偏离计划的状态。

项目发起人在企业范围内推动项目开展，定期对项目进展进行审查是必要的。审查不仅是询问项目总体进度，而应涉及细节问题和进展，对于六西格玛项目而言，基于 DMAIC 的项目报告是必要的。一般可评估项目是否按进度开展和完成，是否实现目标以及项目费用是否在预算内等，如果项目团队遇到困难也要给予相应的支持。

尽管不是必需的，但建议对改善项目的管理使用一个协同管理平台。使用传统的 Excel 方式来汇总项目状态在操作上体验欠佳，正如基于数据仓库的数据服务平台可分别面向决策层、管理层、操作层提供不同的功能（见第三章）一样，项目管理平台也能在操作层、管理层、决策层提供不同的功能服务。相信在深化数字化转型的过程中，企业需要一个平台来实时呈现改善项目与业务层面的因果循环，并作为支持智能决策的输入因素。

第十一章

数字化六西格玛项目案例

本章将会呈现一些数字化工具在六西格玛项目中的真实应用案例（所涉及的技术内容都已经进行了脱敏处理），案例的目的不在于展现完整的包含所有细节的项目报告（事实上已对报告进行了大量简化处理从而主要展现项目中与数字化工具相关的内容），通过这些案例可以了解数字化工具在六西格玛项目中的作用以及项目经验等，在本书的随书下载资源中包含了更多信息和案例供有需要的读者参考。

案例一：用蒙特卡罗方法优化零件尺寸

本书在第六章中介绍了蒙特卡罗方法的实施步骤，并给出了一个案例。虽然蒙特卡罗方法并不是一个很新的方法，但由于其利用随机数进行模拟的思想具有非常广泛的现实意义，同时随机数思想是许多方法的基础，不少软件也都支持产生伪随机数，因此在本章将补充介绍一个实际使用了蒙特卡罗方法的 DMAIC 项目，通过该案例也补充介绍基于 Minitab 用一种"半自动"方法来实现蒙特卡罗模拟；用这种"半自动"方法在帮助读者掌握该蒙特卡罗方法的同时也加深对生成和使用随机数的认识。

定义和测量

某新型面板开关装配不良率连续 4 个月未达标，主要问题是面板的手感不符合要求。产品的不良外观如图 11-1a 所示，改善前的不良趋势，如图 11-1b 所示。在改善前，该问题曾多次在工厂晨会上作为重点问题讨论，但一直未有切实可行的技术改进方案，为此决定成立六西格玛项目，由一位已认证的绿带（GB）作为项目负责人实施改善。

在相关部门经理的大力支持下很快确定了团队成员并将改善目标设定为从 2000 ppm 降低至 500 ppm 以下，项目周期计划为 4 个月时间，项目任务书（Charter）经过项目发起人（Sponsor）确认后正式启动项目。

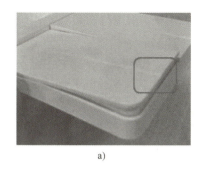
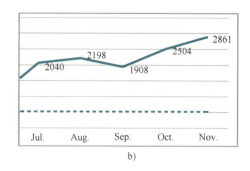

图 11-1　产品的不良外观及不良趋势
a）不良外观　b）不良（ppm）趋势

图 11-2 为通过 SIPOC 识别出的高阶流程图。

图 11-2　高阶流程图

团队识别出了 CTQ（按钮之间的间隙），对相应的测量系统进行了分析，发现测量系统合格且采取了改进措施，随后确定了数据收集计划并收集了数据确认等。接下来我们将重点介绍使用蒙特卡罗方法分析和确认间隙不良的原因。

分析和改进

1）该项目小组首先尝试（定性的）失效树分析（见图 11-3）。

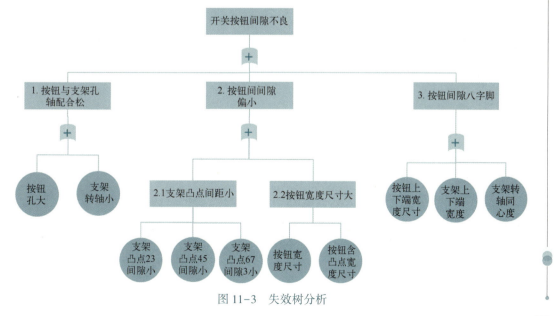

图 11-3　失效树分析

2）进一步，结合研发工程经验，小组确定所有影响按钮间隙的因素并使用确定的函数方程（见图11-4）。

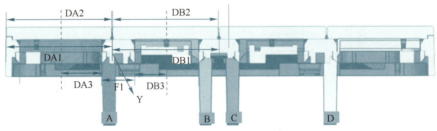

按钮间隙Y=F1-{(DA2-DA1/2-DA3)-(DA1-DA2)}-(DB1/2-DB3)
要求：0.1<Y<0.3

图11-4 确定函数方程

3）紧接着逐一确认涉及的相关尺寸是否满足规范要求以及分布情况。在此过程中，考虑到不同零件的注塑过程所用的模具数量与每个模具的穴腔数等具体情况，小组使用了过程能力研究、直方图、箱线图以及双样本假设检验等方法（见图11-5）。

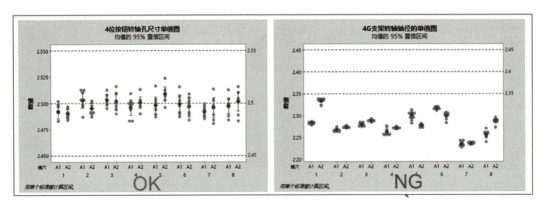

图11-5 尺寸确认结果示例

通过尺寸确认来了解各尺寸的均值和分布状况，有利于下一步进行蒙特卡罗模拟；同时基于各尺寸的描述性统计量团队可建立初步认识，也有助于未来确定改善方向。

4）使用蒙特卡罗模拟确认产品和当前Y的过程能力。从图11-6可看出，该次模拟使用了100000个模拟的随机样本，模拟$Cp=0.96$，$Cpk=0.35$。

为给读者一个直观的效果展示，图11-6首先直接给出蒙特卡罗模拟结果。在进一步介绍本案例之前，为了帮助读者掌握使用统计软件（Excel、Minitab等）进行蒙特卡罗模拟的方法并加深对生成和使用随机数的认识，以下对如何使用Minitab软件进行蒙特卡罗模拟进行简要介绍，模拟的步骤同样基于第六章介绍的实施蒙特卡罗模拟的5个大步骤。

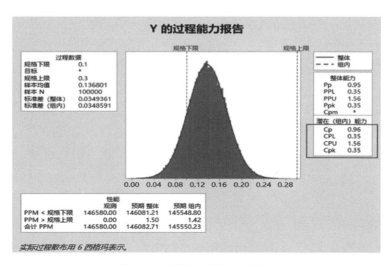

图 11-6　模拟并确认过程能力

- 识别转移方程。方程 $Y=f(x_1,x_2,\cdots)$ 用于解释输入和输出之间的关系。它可能是一个已知的公式，也有可能是基于 DOE 或回归分析创建的模型。本例中转移方程为已知的公式，已在以上步骤 2）中确定。
- 定义输入和输出。对于转移方程中的每个因子，确定其参数。例如，对于服从正态分布的输入，需指定平均值和标准偏差（一些输入可能遵循正态分布，而其他输入可能遵循三角形或均匀分布）。
- 创建随机数。对每一个输入，都按照以下方式生成随机数（以生成最常见的正态分布数据为例，其他分布数据的生成方式类似）。

① 依次选择 Calc→Random Data→Normal。
② 在"Number of rows of data to generate"文本框中输入 100000。
③ 在"Store in colum（s）"文本框中输入要存储数据的列，比如指定"D"。
④ 输入均值和标准差。
⑤ 单击"OK"按钮，工作表将填充从指定正态分布中随机抽样的 100000 个数据点，见图 11-7。

- 模拟。在已生成模拟数据的情况下，使用传递方程计算结果。考虑到输入的预期变化，通过模型运行足够多数量的模拟输入数据，这样 Minitab 就能可靠地指示随着时间的推移流程将输出什么。

① 创建一个新的列，可命名为"Y"或期望的响应变量名。
② 选择 Calc→Calculator 并输入转移方程的公式。

Minitab 将计算每行模拟输入的输出，最后我们将在 Y 列中得到 100000 个模拟输出数据。

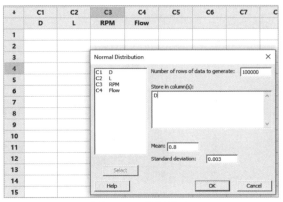

图 11-7 数据输入

- 分析模拟输出结果。分析结果可使用描述性统计工具、图表、过程能力等任何符合分析目的的工具。

5) 寻找改进方案。步骤 3) 中发现的均值偏离较大或模具穴号间差异较大的零件是可优化的潜在对象,为尽可能减少模具修改费用,项目小组希望在可优化的模具中通过尽可能少的模具修理来提高 Y 的过程能力。经过小组讨论,决定使用蒙特卡罗方法对可修改的零件尺寸分别进行模拟。

如图 11-8 所示,小组进行了多次不同的方案模拟,例如在只修改凸点尺寸的情况下预期将可使 Y 的 Cpk 提升至 1.0 以上的水平。通过模拟,小组最终决定对两个最影响 Y 的尺寸所涉及的模具进行调整。

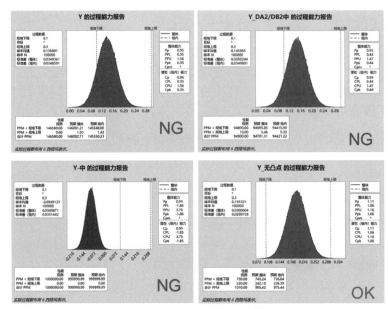

图 11-8 模拟不同的方案

控制及经验总结

经过对两个模具尺寸的调整，最后实现了0ppm不良，比项目预期目标更好（见图11-9），这个结果也超出了管理层的预期，更难得的是包括修改模具在内，小组只用了2个多月就完成了所有项目活动，提前关闭项目。

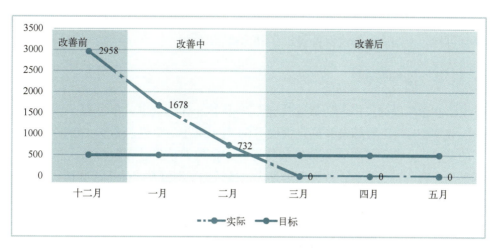

图11-9 改善前后不良率对比

通过第六章及本章中提供的两个实际DMAIC改善项目可看到蒙特卡罗方法的一些显著优点：
- 简单是它最大的特点，几乎不需要复杂的演算，具有基本统计知识的工程师都可掌握。
- 相比传统的试错法，蒙特卡罗方法可大大节省寻找和验证方案的时间。
- 可用于确定重要影响因素。
- 原则上，蒙特卡罗方法可用于解决任何具有概率解释的问题，在实际工作中尤其是对非线性关系的优化有很大帮助。
- 蒙特卡罗模拟的实现方式比较灵活，可以使用几乎所有的统计软件实现。
- 一些软件所附带的蒙特卡罗模拟功能包括均值参数优化和变差敏感性分析。
- 也可使用Python、R、MATLAB等科学计算常用的平台实现蒙特卡罗模拟，甚至使用C、Java等语言（只需要基础编程能力）也可实现。

案例二：基于机器学习的自适应过程控制

过去几年中施耐德电气实现了不少改善项目，笔者也留意到一些行业里都有类似的改善项目实现，并特意摘选了本项目案例，它源自于某电池生产工厂在 2021 年 JMP 年度大会上的分享。

定义：选择项目、确定目标

项目背景：某生产线当前的质量问题当中损失极耳错位现象占据第一位，已知主要原因是冷压停机位导致的极片厚度不均。

项目目标：控制冷压厚度保持稳定（具体规范略）。

测量：收集与处理数据

本项目测量阶段的工作包括筛选关键 CTQ 特性、评估数据采集过程、采集数据、数据理解、数据处理等。在筛选和确定关键 CTQ 时，基于历史经验初步了解响应对主要影响因子的敏感性，确定需要采集数据的特性。评估数据采集过程包括确认测量精度、确认数据采集位置、工况分类、数据采集方式，最后进行测量系统分析（MSA）。

数据理解和数据准备处理包括以下工作：

- 将数据按工况分类。
- 处理数据集中的异常数据和缺失值。
- 进行因子显著性分析。
- 分析和改善噪声因素。
- 输出建模用数据集，包括速度、操作侧压力、传动侧压力等主要影响变量。

分析：建立模型

建立初步数学模型：$Y_{冷压后极片厚度} = C + a_1 * 速度 + a_2 * 冷压压力$（见图 11-10）。

使用线性回归模型，分别得出操作侧和传动侧的回归方程，根据速度上边界预警计算出速度梯度和相应的压力值。

改进：确定自适应控制方案、模型验证和调优

- 确定系统控制策略：机器学习模型、自适应控制、自动报警。
- 确定各个显著因子的控制策略，对冷压压力可根据速度自适应调整。
- 基于产品规格和设备限制条件确定控制规则和限制条件。
- 基于数据采集频率、反馈时间、PID 延时控制和机构动作时间确定反馈回路规则。
- 基于控制限和预警值将模型区间化。
- 模型验证和调优。
- 设备自动化改造和确认。

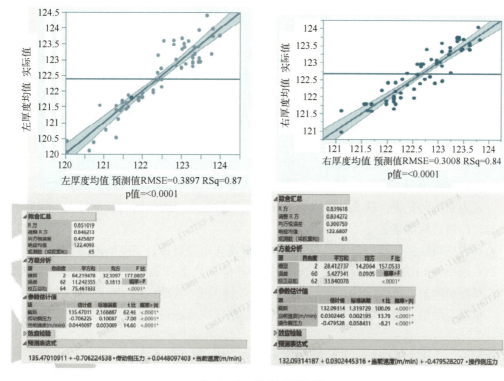

图 11-10 线性回归模型

控制：模型部署、生产验证

- PLC 编程。
- 小批验证。
- 批量验证。
- 实施效果（具体数值略）：
  ➢ 控制限缩窄；
  ➢ 冷压过程效率提升；
  ➢ 卷绕极耳错位比例降低；
  ➢ 导入自适应控制，减少了操作人员的工作负荷。
- 项目经验总结和推广（略）。

通过包括此案例在内的一系列的自适应控制项目我们可看到：

- 工业环境中在实现预测或过程自动化方面有大量数据分析的需求；机器学习作为一种高级数据分析方法，在数字化六西格玛项目中可达到数据理解、原因分析及寻找改善方案的目的，将机器学习模型部署到生产环境嵌入现场控制系统中可直接用于过程参数和产品质量控制。
- 迭代估计参数，然后应用估计参数更新控制器参数，这种基于数据来估计参数并用于更新控制的自适应控制方法在六西格玛项目改善中已有越来越广泛的应用。
- 使用传感器和智能仪表自动采集数据，这种方式从数据源头上给六西格玛注入了新的动力。自动数据采集不局限于生产设备过程控制，正如第五章所介绍，大量的数据给厂务设施的规划和管理也带来了很多便利。在数字化时代，对工厂的安全、能源管理、厂务设施管理等职能也可以展开很多改善工作，通过建立系统和使用数据改善之间的相辅相成可以助力安全化、节能化生产运营。
- 本案例中使用了边缘控制平台，再次印证了第八章所讨论的观点，工业边缘节点已成为支持两化融合的关键技术，它在提供互联互通机制的同时又支持人工智能和实时控制措施部署。
- 六西格玛项目的开展形式可与大数据分析流程完美契合。在本例的改善项目中，若采用单纯 CRISP-DM 流程可能会在业务理解和数据收集的过程中颇费周折，甚至漏掉对测量系统的确认（包括 MSA）等关键工作。采用 DMAIC 逻辑与 CRISP-DM 相结合的形式被证明是在制造业实施数据挖掘项目的一个好的实践。

案例三：用 RPA 将软件嵌入业务流程

在本书第七章中，我们探讨过 RPA 通过软件机器人模拟人类与计算机的交互过程，尤其是应用在耗时的业务流程中替代或辅助人类完成规则明确的重复性劳动。RPA 正好迎合了数字化转型需求，因此其技术及应用都发展得极其迅速。

作为一种数字化工具，RPA 与 CAE（计算机辅助工程）分析软件不同，它主要是作为一种改善工具用于实现流程的自动化，通常它会使软件成为流程的一部分，通过向管理流程中引入软件，形成基于软件的业务流程来达到优化的目的。RPA 的实现案例已经非常多，这里归纳总结了一些 RPA 在制造业中的典型应用，见表 11-1。

表 11-1 RPA 在制造业中的一些典型应用

序号	应用场景	描述
1	发票处理	RPA 可以实现扫描、阅读和检查采购订单发票，处理发票批准流程，将发票输入会计系统等工作
2	人事和财务流程	RPA 可用于薪酬支付、财务数据处理等
3	订单管理	RPA 可实现整个采购订单（PO）流程自动化，包括订单创建和管理等，从而实现 100% 准确和快速的结果
4	库存管理	RPA 可实现当前库存监控、通知，以及当水平低于设定阈值时重新订购产品

(续)

序号	应用场景	描述
5	自动化生成 BOM	RPA 机器人复制员工生成 BOM 中所执行的步骤，更快地创建和跟踪变更，同时避免人为错误，实现 BOM 流程的自动化
6	物流数据自动化	RPA 可以与运输管理系统集成，实时跟踪库存和交货计划，确保任务按时完成，并减少人为错误
7	记录管理及报告	RPA 可以自动执行数据提取与搬运；监控、访问和更新系统中的任何更改，并向业务的其他部分提供报告和实时仪表板等
8	沟通	RPA 可查找电子邮件及相关系统状态，代替人工与客户及供应商进行沟通
9	系统交互	RPA 可代替人工实现与 ERP、MES 等系统间的交互，有效增加运营的灵活性和透明度
10	数据迁移	RPA 机器人是数据迁移的最佳选择，RPA 机器人可以代替人工进行数据的搬运、转移工作
11	数据采集	RPA 可与 OCR 等技术一起使用实现数据采集，此外 RPA 还能和聊天机器人、语音识别技术等人工智能技术一起形成智能解决方案

一直以来，在工厂里创建采购订单（PO）的手动流程往往会占据物料计划员大量的工作时间，人工处理通常会导致延迟。由于采购订单未及时交付而影响向客户交付及时率的情况也时有发生，因此有越来越多的工厂生产计划责任人提出实现 PO 流程自动化的改善建议。下面就以创建和管理 PO 为例，通过已实现的改善项目案例来了解 RPA 项目流程。

定义和测量

- 提出改善建议，通常是自下而上或者自上而下方式相结合，本例中的 PO 流程改善要求是自下而上的员工声音。
- 确定改善项目并成立项目团队。
- 项目团队对当前 PO 流程进行梳理，可使用 SIPOC 工具确定流程的边界，也可以使用合适的流程图工具绘制流程图；在现状流程图中标明各步骤所需的时长。
- 确认当前 PO 流程的绩效。

分析和改进

- 使用流程图工具对现行流程进行优化与简化，比如去掉不必要的步骤；
- 对简化后流程的各个环节进行具体分析并采用 RPA 方案。典型的 PO 流程包括确定需求、生成 PO、发送 PO、按时提醒供应商发货、确认收货状态等，各个环节都可以使用 RPA 工具，根据企业具体流程不同，流程还可能包含根据库存和生产计划确定供应风险、根据设定规则变更交期、生成各种报告等，这些工作都可以使用

RPA 工具实现自动化。设计开发和测试部署 RPA 流程可由具有项目开发经验的人员和有业务知识的员工共同完成，在 RPA 实施过程中只有基于对业务的深入理解才能打造好的 RPA 机器人。

- 可对整个流程或关键过程步骤实施 PFMEA 分析以确定潜在问题并采取相应的措施提升流程稳健性；由于 RPA 流程属于软件的应用，因此可能需要充分的测试来发现并解决可能存在的问题。
- 部署 RPA 机器人。
- 验收 RPA 机器人。

控制及经验总结

在 PO 流程中嵌入 RPA 解决方案可以将整个 PO 流程自动化。RPA 流程投入生产后进入持续运行控制阶段，此时对 RPA 的管理就显得非常重要，现实中散落在工厂各个不同过程中的 RPA 往往缺乏相应的管理和运维。在控制阶段应管理：

- RPA 机器人的运行并监控其状态。
- RPA 机器人安全。
- RPA 的变更。

许多成功的 RPA 案例都表明 RPA 可通过最大化生产力来加快流程速度，通过最小化人为错误来提高流程质量，增强对端到端流程的控制和可视性，同时释放可以专注于更高效任务的资源，提高运营灵活性。

案例四：用计算机辅助工程（CAE）优化注塑模具

计算机辅助工程（Computer-Aided Engineering, CAE）是指广泛使用计算机软件来辅助工程分析任务，它包括有限元分析（FEA）、计算流体动力学（CFD）、多体动力学（MBD）、耐久性和优化等。也可将它和计算机辅助设计（CAD）及计算机辅助制造（CAM）等技术一起用缩写 CAX 表示，CAX 和近年来出现的数字孪生技术有着密切的联系。

CAE 涵盖的领域包括：

- 使用有限元分析（FEA）对组件和组装品进行应力分析；
- 使用热和流体流动分析计算流体动力学（CFD）；
- 多体动力学（MBD）和运动学；
- 用于铸造、成型和模压成型等操作的过程模拟分析工具；
- 产品或过程的优化。

CAE 作为验证、分析和解决问题的工具已经在设计和持续改善方面广泛使用。一般

来说,任何 CAE 任务都可分为以下三个阶段,且通常会反复多次:
- 预处理——定义模型和应用到它的环境因素;
- 分析求解器(通常在高性能计算机上执行);
- 结果的后处理(使用可视化工具)。

接下来以一个注塑成型的 CAE 分析为例,展示 CAE 技术作为分析和解决问题的一个工具在持续改善项目中的重要作用。

定义和测量

我们知道,在注塑成型过程中,塑料在型腔中的流动和成型与材料性能、制品的形状尺寸、成型温度、成型速度、成型压力、成型时间、型腔表面情况和模具设计等因素有关。对于注塑过程来说,模具内部的流动形态真正决定了产品品质,而不仅是注塑机参数设定或产品外观设计;最佳产品是需要完整考量、系统化的设计观念才有办法得到。注塑成型 CAE 分析可为模具设计和制造提供可靠、优化的参考数据,其中主要内容如表 11-2 所示。

表 11-2 注塑成型 CAE 分析要点

序 号	分 析 内 容	分 析 要 点
①	浇注系统的平衡,浇口的数量、位置和大小	各流道的压差要比较小,压力损失基本一致;整个浇注系统要基本平衡,即保证熔体能够同时到达、同时充满型腔;填充时间要尽可能短
②	熔接痕、气穴的位置预测	熔接痕、气穴的位置合理,不影响产品质量
③	型腔内部的温度变化	型腔内部温度须在一定范围内,不能过低也不能过高
④	注塑过程中的压力和熔体在填充过程中的压力损失	总体注塑压力要小,压力损失也要小
⑤	熔体的温度变化;剪切应力、剪切速率	填充结束时熔体的温度梯度不大

本例中待改善的问题为注塑模具薄弱镶件受注塑压力影响而易变形和断裂,下面先介绍项目背景和现状。

项目小组对近半年注塑车间晨会反馈问题统计发现模具损坏是影响注塑效率的主要问题,在所有模具损坏的事故中,镶件断裂和损坏(见图 11-11)是发生最频繁的问题。

通过进一步的数据统计发现,2021 年 1 月至 4 月份,镶件断裂和损坏维修共计发生 105 次(见图 11-12),仅维修镶件所导致的直接成本已超过 10 万元人民币。此外,由于绝大部分镶件结构较复杂,加工工序较多,加工时间长,镶件断裂/损坏后在没有备品备件及时更换的情况下会导致生产订单长时间等待,影响注塑生产订单的交付。

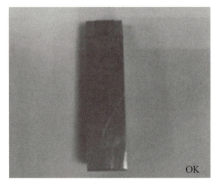 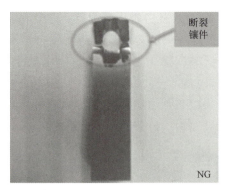

图 11-11 镶件断裂和损坏

对具体的模具镶件寿命进行统计发现，最常用的 A 模具上镶件的平均寿命只有 8600 模次。改善小组也详细调查了注塑参数设置，例如锁模力的设置值为 127T[⊖]。

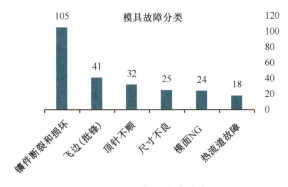

图 11-12 模具故障分类

分析和改进

1) 项目小组首先对模具镶件的受力进行模拟以验证镶件断裂发生的机理。

- 计算镶件受力：镶件受力面积/模具整体受力面积×锁模力×1000×9.8 = 2109.7 N
  注：以上公式中的相关参数值已省略，下同。
- 建立模型，通过 ANSYS 软件模拟分析模具在实际生产过程中对镶件施加 2109.7 N 的力，镶件最前端接触受力峰值达 1341.5 MPa（见图 11-13），接近钢材的屈服强度，故镶件在生产过程中易断裂。
- 进一步进行安全系数分析，由分析结果可以看出，沿着镶件圆弧线安全系数最低，即最容易发生断裂的位置，和实物断裂位置吻合，见图 11-14。

2) 接着项目小组尝试对镶件断裂的原因进行定性分析，通过和模具专家一起进行讨论，识别出模具镶件断裂可能的主要原因包括锁模力偏大、镶件配合位太紧、模具材质不合理、注塑参数不合理、模具结构不合理、产品设计不合理等；再结合经验及横向对比等方法，项目小组决定进一步调查以下鱼骨图中用方框圈出的三个最有可能的原因（见图 11-15）。

[⊖] 锁模力（又称合模力）是注塑机选型时的一个重要指标，即注塑机夹紧模具的力量，一般用吨或牛顿为单位，本书统一用大写字母 T 来表示。——编辑注

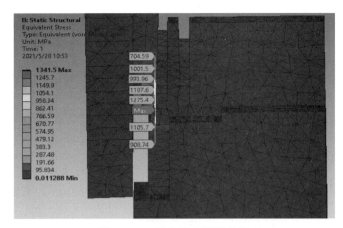

图 11-13　镶件受力模拟分析

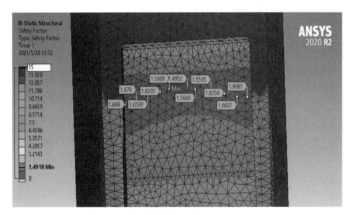

图 11-14　安全系数分析

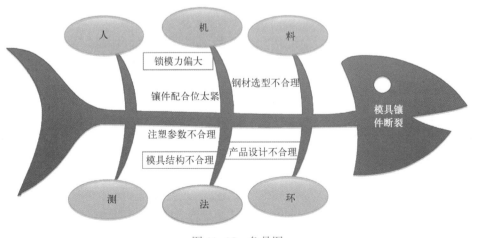

图 11-15　鱼骨图

① 锁模力偏大：模具前后模镶件配合处受力过大，影响镶件使用寿命；

② 模具结构不合理：前后模镶件配合面存在尖角和小平面碰穿，镶件局部受力过大，影响镶件使用寿命；

③ 产品设计不合理，使得模具上存在孤立、悬空的薄铁结构，强度不够影响镶件使用寿命。

3）通过 CAE 软件验证潜在原因。

• 锁模力分析。

运用 Moldflow 软件对注塑现状进行模拟分析，产品生产时所需锁模力最大为 87.58 T，考虑到该零件的所有特性影响，将锁模力设置为 87.58×1.2＝105 T 比较合理。而实际生产中锁模力设置为 127 T，见图 11-16。

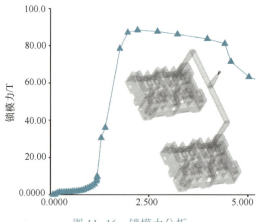

图 11-16　锁模力分析

若将锁模力减小至 105 T，按以上步骤 1）的方法计算镶件受力为：镶件受力面积/模具整体受力面积×锁模力×1000×9.8＝1744.3 N。通过 ANSYS 软件的分析，对镶件施加 1744.3 N 的力后，两镶件接触最前端达到峰值 1109.2 MPa，虽与现行方案相比已有显著下降，但仍然接近钢材的屈服强度，因此若只调整锁模力，对镶件受力的优化效果仍达不到要求。

• 模具结构分析。

由上述分析可知，镶件接触面大小直接影响着镶件受力大小，同时受力最大的位置是在接触面的利边。因此考虑优化方案为增加斜面接触。经计算，这将使镶件的受力面积由 36.6 mm^2 减少至 30.6 mm^2。再次计算镶件受力并再次使用 ANSYS 软件进行分析，当设置为 127 T 时镶件受力峰值为 286.99 MPa（如图 11-17 所示），比原结构大幅降低且远低于镶件材料的屈服强度。

此时安全系数最小值为 9.3893（见图 11-18），也显著高（优）于现行方案。

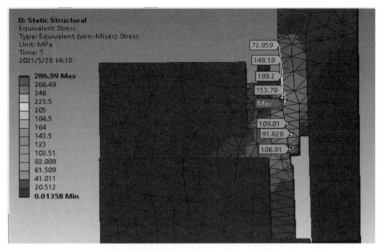

图 11-17　增加斜面接触后进行受力分析

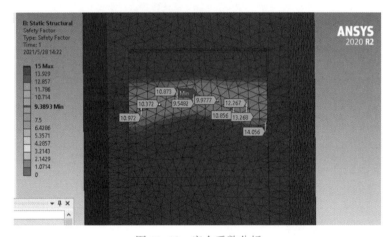

图 11-18　安全系数分析

- 产品结构分析。

产品现有设计会导致镶件材料薄铁及悬空没有支撑，断裂风险升高，因此也可考虑优化产品结构以消除镶件薄铁及悬空况状。通过 ANSYS 软件分析，采用此方案时对镶件施加 2109.7 N 的力得到镶件各处应力峰值为 1136.5 MPa，相比现行方案有明显下降，但仍然接近钢材屈服强度。

4）选择和确定改进方案。

根据模拟分析验证了模具 A 的镶件断裂与锁模力设置偏大、模具结构不合理都与产品结构不合理相关。团队从技术实现的难易程度、模拟改善效果和改善所需时长等方面进行综合评估，最终确定采用优化锁模力和模具结构相结合的方式进行改善，并对方案可行性进行模拟验证。

- 计算镶件受力：镶件受力面积/模具整体受力面积×锁模力×1000×9.8＝1458.6 N。
- 建立模型，通过 ANSYS 软件模拟分析对镶件施加 1458.6 N 的力后，镶件各处应力如图 11-19 所示，峰值为 237.27 MPa，优化效果最理想。

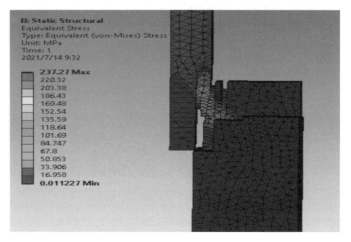

图 11-19　镶件受力模拟分析

进一步进行安全系数分析，由分析结果可以看出，优化锁模力和模具结构，对镶件断裂改善的预期效果非常显著。

5）实施改进方案

根据确定的改进方案，分别对模具和注塑过程进行改善（见表 11-3）。

表 11-3　改进措施

项　　目	改　善　前	改　善　方　案
模具结构		
注塑锁模压力/T	127	105

控制及经验总结

项目小组对过程控制进行了标准化，包括注塑参数设置相关文件的修改及员工培训。随后对改善后的镶块断裂现象进行持续跟踪，改善后的镶块在注塑设备运转达到 69000 模次时仍未断裂，比改善前的平均寿命 8600 模次已有大幅提高。项目预期收益会超过 10 万元人民币。

注塑是制造业中常见的工艺类型，本项目的成功实施具有较广的经验复制价值。通过本项目的成功开展，可获得以下重要的经验总结：

- 通过理论计算与工程经验结合的方式确定注塑参数优于完全依靠经验。
- 注塑机锁模力对模具镶件受力影响很大，可运用 Moldflow 进行理论分析再结合实际生产状况设置调机参数。
- 在持续改善项目中使用 CAE 分析还可用于改善零件结构。
- 使用 CAE 方法优化模具和注塑参数的方案可推广至其他注塑过程改善。
- 本项目的立项过程充分说明识别改善项目机会时应尽可能使用数据，通过数据分析来确定改善机会也是持续改善过程遵循循证原则的重要体现。
- 从本例中也可以再次看到，对于一些六西格玛项目，定义与测量可以在较短的时间内快速完成，原因分析、确定改善方案及对实施改善措施的策划也可通过类似于精益改善周的形式开展项目活动。
- 在持续改善项目中使用 CAE 方法通常需要领域内专家、分析师和业务工程人员共同完成模拟分析和验证过程，具有 CAE 分析技能的业务专家是这一领域内的人才培养目标。
- 本例特意选择了一个同时使用两类 CAE 软件的项目，目的是尽可能使读者加深将 CAE 软件用于分析和故障处理方面的认识。

模拟工具在数字化六西格玛中的重要作用还不仅局限于如本例所呈现的在改善项目中承担分析和寻找改进方案的角色，我们还可以从模拟输出中提取知识。例如可以建立了一个生产过程的仿真模型，利用模拟结果建立数据挖掘模型，该模型不仅有助于加深对模拟软件及实现原理的理解，更重要的是提取的知识可以复用于更广泛的场景。基于这个原因，应该更加重视推动数据挖掘与 CAE、运筹模拟等工具结合用于知识发现（显然这对相关领域的技能要求更高，数字化转型逐渐深化后有一定人才储备的情况下才适合往这方面进一步探索）。

后记

如本书开篇所述，18世纪蒸汽机的发明让人类实现了工业化生产，让我们再回顾一下当时世界上的一些主要国家对第一次工业革命的反应情况：第一次工业革命从英国开始，法国和美国都在18世纪末才开始，普鲁士是19世纪30年代，日本则是从明治维新（1868年）后才开始；但世界上的大多数国家，包括曾经不可一世的西班牙帝国都错过了第一次工业革命的发展机会，而当时的中国仍在闭关锁国，印度等地区则已沦落成殖民地，可以说世界格局自此开始出现进一步分化。

20世纪初，电力出现并成为主要的动力来源，它比蒸汽更容易使用，由此导致的第二次工业革命几乎同时发生在几个先进的资本主义国家，日本则是第一次和第二次工业革命交叉进行的，这些资本主义国家发展得非常快，世界格局因此出现进一步变化，随后便发生了两次世界大战。

一次次的工业革命和带来的影响都清晰地表明：落后就要挨打！如今，中国已是制造大国，有许多知名或不知名的国有企业、无数个大大小小的民营企业以及很多外资企业。每一类型都在国民经济中扮演着不同的但都非常重要的角色，但当前中国总体上来说还处在工业化时期，同时面临着工业4.0等新技术的交叉应用和发展，近几年高科技领域遭受的一次次"卡脖子"的经历表明，工程技术领域的创新和改善是社会进步的力量，也是我们的头等大事。

许多企业的改善实践证明，21世纪初精益和六西格玛两个学科的融合是成功的，精益六西格玛方法论在不少行业，尤其是制造业取得了巨大成功。

随着工业4.0的提出，相关技术使得人、机、料等生产要素之间的连接性增强，传感器和IT系统可以在价值链的各个层面收集数据；数据仓库和管理数据的云平台确保了数据可用性；高级分析手段以及自动化业务流程实现了对数据的有效利用。总体来看，通过应用工业物联网（IIoT）、机器人和人工智能等先进的信息系统和创新技术可使制造更智能，这似乎是制造业共同的愿景。

在这种背景下，一方面可看到企业有更强烈的数据洞察需求，但要将这些数据转化为可操作的决策仍然需要一种经过实践检验的结构化方法，因此业务所面临的挑战就是找出使用数据的最佳方法，对于改善实践者而言，这一直就是精益六西格玛的工具和技术可以发挥作用的地方。因此，数字化转型的刚性需求构成了实施精益六西格玛的燃烧平台，它本身就是需要实施精益六西格玛的理由。

另一方面，不得不承认的事实是，随着供应链复杂性的不断提高，产生了大量非结构化数据，依靠传统的精益六西格玛工具已无法轻易解决，因此急需进化精益六西格玛以支持快速从工业物联网支撑的大数据中提取关键洞察，可以说精益六西格玛面临的挑战首先就是计算机技术的大量使用；此外，客户对质量和个性化体验越来越高的要求也是精益六西格玛面临的挑战。

这些挑战同时也构成了机会。为迎接挑战必须从工具角度将数字化工具与精益六西格玛工具结合，还有从管理角度将数字化转型与精益六西格玛管理融合。智能制造提供的基础设施可以增强精益六西格玛能力，通过更快的数据收集、更精确的数据以及高级分析方法提高精益六西格玛项目的绩效，从而做出更好、更快的可靠决策。强大技术不仅使数据收集和分析更快，数据可用性更高，还有助于消除数据收集过程中的人为错误。

制造业中几乎所有的大型跨国公司，都在使用精益六西格玛作为持续改进的方法论，在这些企业里，为使精益六西格玛保持活力，必须以符合精益六西格玛文化的方式添加数字化，以借此助力企业数字化转型。在国内，据了解民营企业500强中的90%已经开始或已经计划开始数字化转型，但其中的相当一部分尤其是制造企业还没有采用精益六西格玛管理。为顺利开展数字化转型，仅仅应用新技术是行不通的，精益六西格玛是简化工作、消除浪费和减少变差的基础，它对于成功的自动化和新技术的使用至关重要，因此这些企业很有必要采用数字化工具与精益六西格玛融合的结构化方法来推动跨业务、组织和技术的端到端转型。基于这些情形，精益六西格玛与数字化工具的融合也是一种必然的选择，而融合之后的数字化六西格玛也应当比传统精益六西格玛拥有更强的生命力和更广阔的应用空间。

在一些企业里，通过数字化技术与精益六西格玛结合，在提升质量、降低成本和增加效率方面已经显示出了巨大的威力。目前，这种融合的方法在构建组织和供应链韧性方面也有帮助作用。

工业4.0和数字化转型是变革性的，但也是精益和六西格玛理念和逻辑的延伸。精益六西格玛一直依靠领导作用、改善方法和技术的一致协同作用取得成功，数字化转型带来了一些新的数字化工具应用，对于企业中的一部分员工，数字化转型意味着他们必须从很少带领和参与改善项目转变到利用数字化工具投身于全员改善的活动当中；对于持续改善过程的管理者（如我本人）来说，数字化转型首先应是确保企业的改善方法论和数字化能力进化，这种进化还必须与组织的环境和需求高度匹配，然后将它们用于指导企业的改善活动，同步提升员工的数字化技能。

在数字化时代，使用先进技术来改善归根结底仍然是一个通过过程改进来实现客户满意和业务目标的过程，为了能帮助更多企业和企业中的个人通过持续改进过程实现业务改进和个人发展目标，我花了很大工夫来探索持续改进过程，并将其中的点滴凝结为这本书。感谢读者的阅读，愿本书能对您有所帮助！

李春生

2021年10月10日于武汉

参考文献

[1] 迈耶-舍恩伯格. 大数据时代：生活、工作与思维的大变革 [M]. 盛杨燕, 周涛, 译. 杭州：浙江人民出版社, 2013.

[2] 李春生. 基于数字化平台的统计过程控制 [J]. 中国质量, 2022 (1)：45-50.

[3] 马逢时. 六西格玛管理统计指南 [M]. 北京：中国人民大学出版社, 2013.

[4] 李科杰. 新编传感器技术手册 [M]. 北京：国防工业出版社, 2002.

[5] 田春华, 李闯, 刘家扬, 等. 工业大数据分析实践 [M]. 北京：电子工业出版社, 2021.

[6] ROBERT H S, DAVID S S. Time Series Analysis And Its Applications：With R Examples [M]. Berlin：Springer, 2011.

[7] 马逢时, 等. 基于MINITAB的现代实用统计 [M]. 北京：中国人民大学出版社, 2013.

[8] BOX G E P, JENKINS G M, REINSEL G C, et al. Time Series Analysis：Forecasting and Control [M]. 5th ed. Hoboken：John Wiley and Sons Inc., 2015.

[9] 周志华. 机器学习 [M]. 北京：清华大学出版社, 2016.

[10] 姜启源, 谢金星, 叶俊. 数学模型 [M]. 北京：高等教育出版社, 2010.

[11] ASTROM K J, WITTENMARK B. Adaptive Control [M]. Boston：Addison-Wesley, 2008.

[12] 刘金琨. 智能控制 [M]. 北京：电子工业出版社, 2017.

[13] 李清泉. 自适应控制系统理论、设计与应用 [M]. 北京：科学出版社, 1990.

[14] 焦李成, 等. 人工智能学院本硕博培养体系 [M]. 北京：清华大学出版社, 2019.

[15] ALBLIWI S, ANTONY J, et al. Critical failure factors of Lean Six Sigma：a systematic literature review [J]. International Journal of Quality & Reliability Management, 1984, 31 (9)：1012-1030.